普遍性的追寻
——王弼本体思想研究

洪千里 著

中国社会科学出版社

图书在版编目（CIP）数据

普遍性的追寻：王弼本体思想研究 / 洪千里著．—北京：中国社会科学出版社，2020.6
ISBN 978-7-5203-6644-1

Ⅰ.①普… Ⅱ.①洪… Ⅲ.①王弼（226—249）—哲学思想—研究 Ⅳ.①B235.25

中国版本图书馆 CIP 数据核字（2020）第 099616 号

出 版 人	赵剑英
责任编辑	伊 岚
责任校对	张爱华
责任印制	张雪娇

出 版	中国社会科学出版社
社 址	北京鼓楼西大街甲 158 号
邮 编	100720
网 址	http://www.csspw.cn
发 行 部	010-84083685
门 市 部	010-84029450
经 销	新华书店及其他书店
印 刷	北京君升印刷有限公司
装 订	廊坊市广阳区广增装订厂
版 次	2020 年 6 月第 1 版
印 次	2020 年 6 月第 1 次印刷
开 本	710×1000 1/16
印 张	17
插 页	2
字 数	286 千字
定 价	99.00 元

凡购买中国社会科学出版社图书，如有质量问题请与本社营销中心联系调换
电话：010-84083683
版权所有 侵权必究

自　　序

　　魏晋玄学的发展主要围绕着有无、本末、自然与名教等几组核心概念展开，对本体之"无"、自然原则的追问无不展现了一种对普遍性、统一性的追求。在这种普遍性的追求当中，士人们的玄学思想展现出了各自不同的理论特质。王弼对普遍性的追求努力避免普遍原理与具体存在的分离，试图达到一种具体形态的普遍原理，表现出了一种"崇本举末"的理论特质。

　　从逻辑上看，普遍原理的提出可以将杂多的对象纳入到统一的整体当中；从社会现实看，失落的名教规范需要在一种一般性原则的统摄和指导下重新树立权威。对于这个世界存在和发展的终极根据和普遍基础，王弼提出了"以无为本"。"无"之所以能够统摄万物，就在于"无"排除了任何特殊规定性的限制。本体之"无"的运行法则在于自然无为，万事万物都应遵循自然原则，名教规范也不例外。通过自然原则的解释，名教规范重新获得了存在的合理性。普遍之"无"的提出，使得具体之"有"的存在有了形上的根据，使得理论的进一步展开有了可能。普遍之自然的提出，使得破碎的名教规范有了一个统一的解释框架。

　　但是，任何脱离具体存在脱离现实世界的普遍原理都只能是一种抽象的普遍原理，不能还原真实的世界。王弼同样试图避免普遍原理的抽象化空洞化，王弼认为本体之"无"必须通过具有之"有"展现自身，人们对本体之"无"的体认和把握必须通过具体之"有"实现。"有"虽是"末"，却是本体之"无"的现实基础。通过自然原则肯定名教规范的合理性也表明王弼所追求的理想与现实世界并不冲突，理想的自然之境并非原离现实的世界。王弼将普遍原理构建在现实的基础之上，注重普遍原理与具体存在的统一，这使他的思想更加有理论的生命力。

　　王弼这种"崇本举末"的理论模式也体现在性情之辨与言意之辨当中。在性情之辨当中，王弼一方面要求"性其情"，认为人类情感不能任意放纵，需要以普遍的人性予以引导和约束；另一方面又提出"圣人有情"，认为不能泯灭人类的情感欲望，在普遍人性的引导制约下，人类的情感欲望是合理的，情感也是普遍人性现实的具体的展现。在言意之辨当中，王弼一方面要求"得象忘言，得意忘象"，认为人类对这个世界的认识不能执著于语言文字，语言只是把握对象的工具，不可以替代对象本身；另一方面又认为"尽意莫若象，尽象莫若言"，指出语言文字作为人类认识对象的现实工具，完全抛弃语言文字是不可行的，超越语言文字只能是建立在语言文字基础之上的超越。

从魏晋玄学思想的发展演变进行考察，王弼玄学思想"崇本举末"的理论特质也将得到更为清晰的展现。何晏确立了"无所有"作为这个世界存在终极根据的地位，却未能合理解决"无所有"与"有所有"之间的统一问题，表现出对形上本体的片面肯定。王弼延续了何晏对普遍之"无"的追寻，并推进了本体之"无"与具体之"有"之间的统一，表现出既"崇本"又"举末"的理论特质。郭象否定了普遍之"无"的存在，认为个体存在的根据在于个体自身的自然本性，表现出一种个体主义的理论追求。同时，在何晏、王弼、郭象三人对自然原则的追求当中，三人都肯定了名教规范存在的合理性，代表了魏晋玄学在自然名教问题上的主流观点。而与此相对，嵇康在对自然原则的追求当中，要求"越名教而任自然"，表现出对现实社会的强烈批判，最终为社会和时代所不容。总体而言，王弼在对普遍原理的追求当中，试图实现一种具体形态的普遍原理，要求沟通普遍原理与具体存在，表现出"崇本举末"的理论特质。虽然他的玄学思想不可避免地还有各种理论的与历史的局限性，但同样取得了骄人的理论成果，展现出了自身特有的理论进路。

人们印象中的魏晋士人或是特立独行、纵情任性，或是超脱世俗、宁静致远，通脱率直的名士风度历来为人们所推崇。然而，正如鲁迅所说的那样，那种完全超出于人间世的名士风度终究是不存在的。通脱率直的背后仍然是江湖和庙堂之间的撕扯，是淡泊于功名的情怀和以天下为己任的担当之间的挣扎。不同于通常的理解，玄学的理论归宿并非超脱玄远之境，而是要为乱世寻安国立民之序，会通儒道构成了其基本的理论进路。王弼的思想是时代的产物，是时代撞击敏感而又苦闷的心灵所留下的烙印。事实上，那种苦闷心灵的撕扯和挣扎从未离我们远去，有时候是在宏大的历史变迁中，有时候是在柔弱的个体生存中，又再次迸发出思想的光芒照进我们的生活。

目 录

绪论 ·· (1)
    一　研究对象简述 ·· (1)
    二　研究现状、研究目标及研究方法 ·· (12)

第一章　普遍性问题的提出 ··· (19)
    第一节　普遍性的追寻何以成为问题 ·· (19)
    第二节　两汉的普遍性危机 ··· (29)
    第三节　王弼的回应 ··· (38)

第二章　明于本数——普遍之"无"的超越性 ··· (49)
    第一节　以无为本 ··· (49)
    第二节　名教本于自然 ··· (59)
    第三节　经学之弊 ··· (74)

第三章　系于末度——普遍之无的具体性 ··· (92)
    第一节　老子之失 ··· (92)
    第二节　王弼：崇本息末抑或崇本举末？ ··· (98)
    第三节　以无为用 ··· (112)
    第四节　因物自然 ··· (126)
    第五节　随时而变 ··· (140)

第四章　崇本举末的理论体系——性情之辨 ··· (154)
    第一节　性其情 ·· (154)
    第二节　圣人有情 ··· (170)

第五章　崇本举末的理论体系——言意之辨 ··· (184)
    第一节　尽意莫若象，尽象莫若言 ·· (184)
    第二节　得象忘言，得意忘象 ··· (199)

第六章　普遍性追求的历史演变 …………………………（211）
　　第一节　普遍性追求的先声：何晏 …………………………（212）
　　第二节　普遍性追求的衰落：郭象 …………………………（223）
　　第三节　普遍性追求的偏离：嵇康 …………………………（240）
　　第四节　王弼本体思想在玄学普遍性追求中的地位 ………（253）
参考文献 ………………………………………………………（260）
后记 ……………………………………………………………（265）

绪　　论

一　研究对象简述

在黑格尔看来，真实的历史不能简单还原为一些抽象的原则或者不可捉摸的神圣计划。在人类全部的历史变迁之中，"理性"或"神意"都要展现为一幅幅具体而又生动的画面。这些画面丝丝相扣，合乎逻辑地出现在确定的位置，构成一幅完整的拼图。黑格尔在他的《历史哲学》中写道："解释历史，就是要描绘在世界舞台上出现的人类的热情、天才和活力。"① 在哲学史的发展中，不时闪耀出的思想光辉总是让人心动不已。哲人们仪态万方，他们以自己独特的方式回应了时代的理论课题，其思想的绽放总是有着历史的和理论的根据。中国的魏晋之际正是一个天才涌现思想迸发的时代，动荡的心灵叩响了革新的大门以应对令人不安的局面，前此的精神财富为思想的自由翱翔提供了广阔的空间。思想释放出的活力在这个相对自由的年代大胆前进，甚至是横冲直撞，带来了思想理论上空前的创新和突破。王弼（226—249），一个少年天才，无疑是这个时期思想群体中的佼佼者，他的"圣人体无"之说使得他扬名于其时，他凭借对《老子》和《周易》的注释奠定了自己在中国哲学史上的地位。王弼的哲学思想围绕着"有无""本末""体用"等几组核心概念展开，其"以无为本"的思想被汤用彤先生认为"是脱离汉代宇宙之论（Cosmology or Cosmogony）而留连于存存本本之真（Ontology or Theory of Being）"②，实现了哲学发展的根本性转变。黑格尔试图将历史发展解读为一个合理的过程，每一具体事物的出现都有其合乎逻辑的缘由。同样，王弼本体思想的产生也有其理论和历史的依据。

---

① ［德］黑格尔：《历史哲学》，王造时译，上海书店出版社 2001 年版，第 13 页。
② 汤用彤：《魏晋玄学论稿》，上海古籍出版社 2005 年版，第 39 页。

美国心理学家加德纳在对爱因斯坦、毕加索等人的研究中指出："每一个创造性的突破都显示出有一个天真和成熟的接口。"① 这种对个人发展的描述同样适用于对哲学史发展的说明，假如用王弼自己所熟悉的表达就是"刚柔相推而生变化"②。原创性的哲学思想往往出现在历史的交接处，因为理论的积淀和创造的冲动对于哲学的创新发展都是不可或缺的。王弼出生于魏晋之际，这个时代刚刚经历了一个绵延四百多年大一统帝国的覆灭，又将迎来长达三百多年的动荡与战乱。曾经不可怀疑的官方哲学在这个年代失去了过往的权威，陷入了破产的边缘，道教和佛教在这个年代获得了系统的发展并在其后逐渐迎来了自己的繁荣。在这个历史转折期，以王弼贵无思想为代表的玄学显赫一时。玄学名士大都有着良好的家世背景，系统的教育使得他们能够熟练掌握前此的思维成果，权威的陷落使得他们避免了思不出位的重演。王弼的哲学思想就是在这样一个继承与变革相融的环境中成长起来的，正如德国学者瓦格纳所讲的那样："年轻且带着蔑视偶像的骄傲的王弼，在一个溃乱的王朝及其同样溃乱的世界观的碎片中一个枢纽的时刻降生，并利用这一短暂的喘息时机探索一种推论性哲学，这种哲学依靠论辩而非智慧的权威或教师的地位来为自己辩护。"③

王弼来自于汉魏之际山阳高平（今山东省金乡县一带）的一个豪门士族王氏。这个家族的声名来自位列三公的王龚、汉末清议领袖"八俊"之一的王畅、"建安七子"之一的王粲等人。王粲便是王弼的祖父④，王粲因与汉末大文豪蔡邕的友谊而获蔡邕相赠的近万卷书籍，王弼成为这些书籍的实际继承人。这样的家世背景使王弼获得严格的启蒙教育成为可能，王晓毅及瓦格纳认为王弼所受的教育和与其年龄、家世均相仿的钟会

---

① ［德］于尔根·奈佛：《爱因斯坦传》，马怀琪、陈琦译，中央编译出版社2008年版，第16页。

② 《周易·系辞上》，（魏）王弼《王弼集校释》，楼宇烈校释，中华书局1980年版，第43页。

③ ［德］瓦格纳：《王弼〈老子注〉研究》，杨立华译，江苏人民出版社2008年版，第800页。

④ 王弼的亲祖父为王凯，王粲系王凯的族兄，王粲的两个儿子因卷入魏讽之乱而遭诛杀，魏文帝曹丕念于旧谊，命王凯之子王业——即王弼之父——过继到王粲家为嗣子。

所受的教育应当近似①，钟会在其母亲的传记中谈及自己的启蒙教育时写道："年四岁授《孝经》，七岁诵《论语》，八岁诵《诗》，十岁诵《尚书》，十一诵《易》，十二诵《春秋左氏传》、《国语》，十三诵《周礼》、《礼记》，十四诵成侯《易记》，十五使入太学问四方奇文异训。"② 在王弼的著作中随处可见对经典的自如运用，这种从小对正统典籍的全面学习为王弼之后的思想发展铺平了道路。相比之下，王弼的家世更值得一提的是王弼的外曾祖父正是创立荆州官学的荆州牧刘表③。荆州官学的影响不仅在于在战乱年代收留了一大批流亡的文人学士，成为当时中国文化的中心，更在于在曹操占领荆州之后，荆州官学诸多士人追随曹操回到北方，他们重义理求简约好黄老的学风间接促成了魏晋玄学的产生。诸多王氏族人都受学于荆州，并与刘表保持着密切的联系。荆州学风造就了王氏后人好谈玄言、兼通儒道的传统，王弼思想中自由创新之精神可以说与荆州学风是一脉相承。④

在曹魏早期思想群体里起主导影响的是以何晏、夏侯玄为代表的正始名士，他们的贵无思想在当时的知识阶层当中广受推崇。何晏与夏侯玄的思想都鲜明地表现出与两汉经学的差异，崇尚自然无为，运用道家学说解释儒家经典。他们的贵无思想在清谈游宴中兴盛，大畅玄风，然而这并不能掩盖他们的观点依旧粗糙，带有宇宙生成论的痕迹，有着自身难以克服的理论困境。王弼正是在贵无思潮当中成长起来，并在与玄学前辈的交锋当中登上了学术舞台。何劭所著的《王弼传》记录了少年王弼与裴徽的一次会面：

> 时裴徽为吏部郎，弼未弱冠，往造焉。徽一见而异之，问弼曰："夫无者诚万物之所资也，然圣人莫肯致言，而《老子》申之无已者何？"弼曰："圣人体无，无又不可以训，故不说也；老子是有者也，

---

① 参见［德］瓦格纳《王弼〈老子注〉研究》，杨立华译，江苏人民出版社 2008 年版，第 15 页。同时参见王晓毅《王弼评传》，南京大学出版社 1996 年版，第 183—184 页。

② （晋）陈寿：《三国志·魏书》，（宋）裴松之注，中华书局 1959 年版，第 785 页。

③ 刘表系王弼亲祖父王凯之岳父，而非王粲之岳父。

④ 本段文字所述王弼之家世主要援引自王晓毅《王弼评传》之《附录一·王弼年谱》，南京大学出版社 1996 年版，第 362—363 页。

故恒言无所不足。"寻亦为傅嘏所知。①

《世说新语》对这次会面有着类似的记载：

> 王辅嗣弱冠诣裴徽，徽问曰："夫无者，诚万物之所资，圣人莫肯致言，而老子申之无已，何邪？"弼曰："圣人体无，无又不可以训，故言必及有。"老庄未免于有，恒训其所不足。②

这段对话表面上讨论的是儒道两家圣人的地位问题，实质上要解决的是"有"与"无"之间的沟通问题。早期玄学的贵无之说将"无"设定为万事万物之"本"，但是对本体之"无"与具体之"有"之间的关系未能作出合理的说明，表现出将"无"放在与"有"相对立相分离的另一端的倾向。早期玄学将"无"视作难以把握的超越存在，同时忽视现存之"有"的地位和作用，早期玄学的理论困境在处理"有"与"无"之间的关系问题时凸显。对此，王弼建设性地提出"圣人体无"之说，获得了众人的肯定。此处"圣人体无"之"体"取体会之意，体会这种把握对象的方式往往指摆脱了感官经验而指向精神性的理解。圣人对"无"的体会性把握为的就是应对"无不可以训"的难题，然而圣人"言必及有"，对"无"体会性的理解是建立在对"有"的常规性认识之上，通过与"有"的接触进而达到对"无"的体会把握。王弼从"有"的角度切入对"无"的理解，这是他的"以无为本"之说不同于早期玄学"以无为本"之说的特色。

当人们寻求这个世界存在的终极根据或第一原理时往往试图摆脱具体存在的特定形态，指向超言绝象的超越存在，魏晋之际的哲人对世界终极根据的回答便是无形无名之"无"。然而对此种远离现实世界的超越存在的追问不能只是停留在抽象的玄思当中，任何脱离具体存在的终极根据只能是一种虚幻的构造。这个世界真实的存在形态表现为一个自身不断展开的过程，而对这个世界的终极根据进行发问的人现实地生存于这个世界当中，这个世界同时表现为一个不断向人敞开的过程。对这个世界的终极追

---

① （魏）王弼：《王弼集校释》，楼宇烈校释，中华书局1980年版，第639页。
② 同上书，第645页。

问不能停留于具体存在，可同样不能脱离具体存在，不能脱离人现实的生存过程。所以当早期玄学不能对终极之"无"与具体之"有"之间的关系作出合理说明时，便不得不面临终极之"无"失去现实依据的危机。王弼不同于早期玄学之处便在于不仅仅以"本末"来解释"有"与"无"之间的关系，如果仅仅是以"无"为"本"，以"有"为"末"，那么"有"与"无"便处于对立的两极，强调的只是"无"所处的主导地位。王弼进而以"以无为用"来界定"有"与"无"之间的关系，"有"表现为形上之"无"的现实展现，对形上之"无"的认识离不开对具体之"有"的认识。当"无"自身与常规认识相隔绝之时，就为通过"有"切入对"无"的把握提供了契机，这使得对世界终极根据的认识有了具体的现实的切入点。在王弼这里，以"有"体"无"的背后，依旧是对抽象化的绝对之"无"的追求，对世界本源的追问停留在哲学的思辨之上，而非从这个世界具体存在本身展开辨析，有其理论的局限性。可是王弼在中国哲学的发展当中所具有的理论独创性和理论价值就在于这种以"本末""体用"来分析"有无"关系的哲学构建，也就是汤用彤先生所说的本体论转向。

对于王弼的哲学思想，诸多学者都将其判定为一种本体论的学说，这其中最著名的当属来自汤用彤先生的论断。汤用彤先生在其《贵无之学（上）——王弼》一文中认为："汉人与何晏之说为本质的学说，王弼之说为本体的学说。前者认为万物之性以外有本质。本质无名，而与有名为两个东西。后者则认为体用不二。"① 王弼的玄学思想能在"有"与"无"、现象与本质之间达到体用不二，呈现出一种本体论的思维方式。朱晓鹏教授在其《智者的沉思——老子哲学思想研究》一书中指出："魏晋玄学的本体论取代由战国黄老之学到汉代道家所代表的宇宙论这一事实，则从历史和逻辑两方面表明了魏晋玄学已在道家本体论思想史上较为彻底地剔除了宇宙论的影响，达到了道家形上学体系构建的完成形态。"② 以王弼为代表的魏晋玄学是对道家本体思想的自觉继承和发展，并通过剔除两汉道家宇宙论思想的影响，实现了道家本体思想的复兴。王晓毅教授在其《王弼评传》一书中提出："王弼比刘劭的高明之处在于，

---

① 汤用彤：《魏晋玄学论稿》，上海古籍出版社2005年版，第124页。
② 朱晓鹏：《智者的沉思——老子哲学思想研究》，杭州大学出版社1999年版，第120页。

一方面将'无名'进一步抽象为'无',另一方面则表现在其没有停留在人材哲学领域,而是上升到整个宇宙观的高度,完成了本体论的哲学升华。"① 王弼从具体对象中抽象出"无"作为整个宇宙的根据,所以他的玄学思想可以被认为是一种本体论的学说。余敦康教授在《魏晋玄学史》中说道:"在汉代的四百年中,人们大多是从神学目的论或者宇宙生成论的角度来理解(道),王弼则把三部原典(《老子》、《论语》、《周易》)中所说的道统统归结为无,从本体论的角度来理解。"② 与汤用彤先生一样,余敦康教授同样认为王弼以无为本的学说实现了从两汉的宇宙生成论到魏晋的本体论的转变。冯达文教授从王弼与老子的关系指出:"王弼把老子哲学的本源论转变为本体论,则表现于他把'形上'的'道'与'形下'的'物'的关系,化作'本体'与'末用'的关系。"③ 同时,也有部分研究对王弼哲学的本体论特性表示了怀疑,如冯友兰先生便认为"王弼所说的母和子的比喻,也是说明'派生'的关系",王弼哲学和《老子》一样,"没有把宇宙发生论的讲法和本体论的讲法区别清楚,往往混而不分,引起混乱"。④ 诚如冯友兰先生所言,包括王弼在内的魏晋玄学以"本"和"末"说明"有无"之间的关系包含着一定的生成论的成分。然而我们应当看到,王弼玄学思想的创新就在于通过"以无为用"突破"本末"关系的局限,将它们纳入一个统一的理论体系当中去。一种哲学难免包含多种成分,哲学史的发展当中也不存在一种所谓纯而又纯的理论体系,王弼哲学所包含的"宇宙生成论"成分并不妨碍大多数论者将王弼的玄学思想视作一种本体论哲学。"有无""本末"以及"体用"等概念均非王弼首次使用,然而王弼自觉地赋予这些概念以清晰明确的哲学内涵,以这种概念的框架对世界的构成和发展作出解释和说明,在中国哲学史上开创出了有自身特色的本体思想。

同时需要注意的是王弼玄学思想当中所谓的本体论与西方哲学当中的

---

① 王晓毅:《王弼评传》,南京大学出版社1996年版,第200页。
② 余敦康:《魏晋玄学史》,北京大学出版社2004年版,第290页。
③ 冯达文:《王弼哲学的本体论特征》,《中山大学学报》(社会科学版)1999年第6期。
④ 冯友兰:《魏晋玄学贵无论关于有无的理论》,《北京大学学报》(哲学社会科学版)1986年第1期。冯友兰先生在该论文中同时指出:"王弼认为一般是特殊的'所由之宗',或'所由之主',可见他并不认为母子关系的那种比喻是恰当的。"冯友兰先生的观点在于指出魏晋玄学对于本体论与宇宙生成论并未作出明确区分,处于交错未分的状态。

本体论仍然有着较大的差异,德国学者瓦格纳对此指出:"他(汤用彤)认为王弼哲学是'本体论'的观点,也是有道理的,以西方哲学的术语看,王弼的确是在讨论本体论区分。……对于某个在西方哲学术语中成长起来的读者而言,本体论可能有助于给出某种一般性的思想,但王弼的思想步调是颇为不同的。"其原因是"它将思想推到了这样的位置:必须同时肯定'所以'的存在和不存在"。① 对于西方哲学而言,本体论更多是在探讨有关"有""是者"或者"存在"的问题,而非"无"或者"不存在"。有关中西哲学对"本体"概念的不同理解,俞宣孟教授在其《本体论研究》一书当中有着系统的梳理。 "本体论"是对英文"ontology"一词的中文翻译,对"ontology"一词还有另外几个有着不同含义的中文译名,如"存在论""万有论""是论",这些译名的差异源自对"ontology"的研究对象、研究方法的不同认识。以"本体论"翻译"ontology"是用中国古代哲学当中的"本体"二字比附"ontology"所得的结果,"本体论"是当今中国学术界最常见的用法,却不是十分恰当。西方最早对"本体论"一词进行定义的沃尔夫认为:"本体论,论述各种抽象的、完全普遍的哲学范畴,如'是'以及'是'之成为一和善,在这个抽象的形而上学中进一步产生出偶性、实体、因果、现象等范畴。"② 俞宣孟教授提出:"所谓本体论就是运用以'是'为核心的范畴、逻辑地构造出来的哲学原理系统。它有三个基本的特征:(1)从实质上讲,本体论是与经验世界相分离或先于经验而独立存在的原理系统,……(2)从方法论上讲,本体论采用的是逻辑的方法,主要是形式逻辑的方法,……(3)从形式上讲,本体论是关于'是'的哲学,'是'是经过哲学家改造以后而成为的一个具有最高、最普遍的逻辑规定的概念,它包含其余种种作为'所是'的逻辑规定性。"③ 由上可见,西方传统意义上的本体论是对最高最普遍的"是"进行逻辑分析的哲学学说,不同于中国传统意义上的"本体"二字。"本"与"体"二字在中国文字中早已有之。《说文解字》将"本"字解释为"木下曰本"④,原意指树木的根

---

① [德]瓦格纳:《王弼〈老子注〉研究》,杨立华译,江苏人民出版社2008年版,第855、853页。
② 转引自俞宣孟《本体论研究》,上海人民出版社2005年版,第20页。
③ 俞宣孟:《本体论研究》,上海人民出版社2005年版,第27页。
④ (汉)许慎:《说文解字》,中华书局1963年版,第118页。

部，引申为事物的根本、根据、本源等意。"体"字在《说文解字》当中的解释为"总十二属也"①，十二属是指人身上的十二种器官，"体"字本意指身体、形体，进而有实体等意。"本体"二字合用意指超越具体事物之形象而求天地之根本，其单字字意的使用与"本末""体用"中所用之意相同。"本体"一词自觉地以哲学概念的形式大量出现还是自宋以后，这表现在理学对"气之本体""性之本体"等的反复考察当中。中国古代哲学对"本体"的追寻不仅仅表现在宋明理学中自觉地以本体形态出现的"理"和"心"当中，同样表现在老庄之"道"和魏晋玄学之"无"当中。这些概念所具有的涵义各有不同，但都源自中国古代哲人对万事万物之"所以"、宇宙恒常之理或终极本源的追寻，不同于西方本体论对抽象之"是"所进行的逻辑分析。笔者认为，中国传统哲学中的"本体"概念与西方传统哲学中的"本体论"之间存在较大差异，然而都是各自哲学传统当中最为重要的内容，都是对世界最高最普遍的终极问题的回答，都是思想试图超越具体存在的努力，都是思维探索在形上之维所取得的成果。王弼的玄学思想对形上之"无"展开了深入的辨析，毫无疑问也展现了对世界最基本最一般问题的沉思，所以我们在这里不妨仍将王弼的形上哲学称作本体思想。

王弼本体思想的出现回应了为名教具体的形式规则设立普遍的指导原则的时代课题，强调以"无"为"本"是为了进一步说明"无"是"统众"之"一"，这在王弼《周易略例》一文中有着鲜明的展现。在王弼看来"众不能治众"，所以"众之所以得咸存者，主必致一也"，只有"统之有宗，会之有元"，才能"繁而不乱，众而不惑"②。万事万物以多样的形态存在于世界当中，它们彼此相异，却必然有着共同的根据。通过对作为万物之"本"的"无"的阐述，万"有"被纳入一个有序的整体当中。王弼认为"举卦之名，义有主矣；观其象辞，则思过半矣"③，同样，思想理论也需要一些核心的观念和原则以组织自身。王弼对传统经典的注释不同于两汉经学就在于以"得意忘言"的方法，超越具体文字的束缚，寻求文字背后的统一性原理，为名教提供了一套一以贯之的原则，即自然原则。

王弼这种对普遍原理的兴趣源自现实社会的动荡与战乱。东汉末年的

---

① （汉）许慎：《说文解字》，中华书局1963年版，第86页。
② （魏）王弼：《王弼集校释》，楼宇烈校释，中华书局1980年版，第591页。
③ 同上。

农民起义及其后的群雄争霸使整个时代处于分裂和不稳定当中，哲人对焦虑和无常有了更多直接的感受。在魏晋之际这个短暂的和平时期，哲人在思想上有着寻求稳定统一的迫切需要，以弥补现实的混乱。此时若再停留在秩序的怀疑而非秩序的建设上，那就要陷入"建安七子"和"竹林七贤"那种虚无和迷茫当中去了。因此，反思名教不变的超越根据成为时代的理论任务，破碎的现实世界需要一种普遍原理作为自身的理论指导。在魏晋之前，中国哲学史上对普遍原理的思考最有理论建树的当属老子的道论。老子之"道"既非遥远的神意，也未停留在形而下的世界当中，相比孔子又对天道有了更多的关注。魏晋玄学延续了注释的传统，老庄道家成为他们最重要的理论资源。王弼对老子的注释以"得意忘言"的方法完成了全新的形上本体思想的构建，或者说王弼只是借用了老子之书表达了魏晋时期对普遍原理的需要，并借此完成了对两汉经学的革命。王弼摆脱经学对细节的拘泥，直接给出了名教的第一原则——自然。只有超越了特殊规则的限制，魏晋时期的理论思维水平才能提升至对统一性原理展开发问。在形而上的视域之下，玄学推进了"有"与"无"、"本"与"末"、"体"与"用"之间关系的追问。玄学对这些关系的剖析有其不足，可其有益的启示就在于将理论的视野推向形上之域。

  王弼表现出对形上世界的强烈关注也是以两汉思想在经学的考据当中窒息了生命为背景的，与两汉大一统帝国相对应的是两汉经学过度地陷入文字的纠缠，注经常常是穿凿附会烦琐支离，僵化的名教只剩下空洞的形式。总体而言，两汉的思想发展缺少了构建普遍原理的兴趣，其烦琐的剖章析句并不像宋明理学对经典的注释那样有着宏大理论的支持。这种对形上世界追求的缺失，使得两汉的思想发展总体上表现出一种日趋经验的风格。在天人感应与谶纬迷信当中，似乎包含着某种对形上之"天"的敬畏，超越的天道支配着现实的人事，但正如陈锐教授所说的那样："巫术和迷信的特点就在于它们是特殊、个别和偶然的，其权能只限于有限的空间之内。较小的神灵意味着较小的威胁，较大的神灵意味着较大的威胁，偶然的神灵所意味的威胁是短暂的，上帝意味着威胁是永恒普遍的，不可逃避的。"[①] 两汉时期的"天"已不再是无所不在的必然法则，对天人关系的描述、对阴阳灾异的预测都有着任意附会的特点。赵敦华教授指出：

[①] 陈锐：《思想与生存》，中国社会科学出版社2004年版，第217页。

"秦汉时期以及其后的时期，天作为最高主宰的象征，仍然是国家祭祀的对象。但无论如何，天已没有了原初那个至上神所具有的绝对权威和具体的人格；天与上帝、上帝与帝王之间的关系模糊不清，此时的祭礼也发生了错位现象。"①可见，在两汉思想中作为形上根据出现的"天"所展现的普遍性是相当有限的。王充疾虚妄的思想是对谶纬迷信的一次反动，可是其思想带着浓厚的经验论的色彩。王充的思想方法是"事莫明于有效，论莫定于有证"，"论则考之以心，效之以事"。②如徐复观先生所说是有"合理主义"的倾向，是"常把耳目直接所及的现象，拿来解释本来非耳目所能及的问题"③。与此相对应的是王充把偶然性因素看成无所逃避的命运，忽视了事物间普遍必然的联系，王充的思想同样缺少了对超越的普遍原理的反思。不能给予普遍原理足够关注的一个直接后果就是对具体规则的统一解释出现了困难，名教作为一套规则体系需要普遍的原理作为自身设立和运行的根据，否则只能是无生命的规则。事实上，两汉时期浩如烟海的注疏让名教走上了末路，虚伪放纵已经意味着礼教的破产。可正如黑格尔所说的那样，"变迁虽然在一方面引起了解体，同时却包含有一新生命的诞生"，④当思想在形而下的世界当中失去活力，同时也蕴含着复兴形上思考的需要，以王弼为代表的魏晋玄学正是在两汉经学破产之后重新燃起了对普遍原理的追求。

　　思维有其凝聚点，才能全面地展开对世界的认识和对人自身的认识，才能将认识推向普遍的永恒的必然的规律，才能对理论在任何具体时空中的运用抱以信心。哲学若不能提供整体的理论框架，而只是表达一些局部的暂时的偶然的纷杂意见，那哲学也就没有存在的必要了。王弼本体思想所具有的历史意义就在于突出了对普遍原理的构建。《圣经·旧约·传道书》里说："日光之下，并无新事。"佛教《心经》中说："是诸法空相，不生不灭，不垢不净，不增不减。"近代自然科学也提出了能量守恒定律和质量守恒定律。在这变动不居的世界里，那恒常不变的到底是什么，又是什么处于不停的运动变化之中？普遍性问题从来都是哲人所追问的主要问题，那些对普遍性进行怀疑挑战的观点也从反面加深了普遍性问题的思

---

① 傅有德等编：《跨宗教对话：中国与西方》，中国社会科学出版社2004年版，第289页。
② 黄晖：《论衡校释》，中华书局1990年版，第962、1183页。
③ 徐复观：《两汉思想史》第二卷，华东师范大学出版社2001年版，第366—367页。
④ 周中之选编：《趋赴真理——黑格尔如是说》，上海文艺出版社1996年版，第113页。

考，对普遍性问题的不同解答都是哲人自身所处境域在思维上的一次展现，可以说对普遍性的探索伴随着哲学史的进展。普遍性问题所关涉的是人对杂多的对象进行统一的解释，往往指向世界的终极根据。在人类文明的开端，人越是面对破碎的经验世界，就越是有对普遍原理的需要。黑格尔说："在文化的开端，即当人们刚开始争取摆脱实质生活的直接性的时候，永远必须这样入手：获得关于普遍原理和观点的知识，争取第一步达到对事情的一般的思想，同时根据理由以支持它，按照它的规定性去理解它的具体和丰富的内容，并能够对它作出有条理的陈述和严肃的判断。"① 宗教中的神便是人类文明对普遍性问题的最初回答。普遍原理的确定构成了认识开展的基础，它使得一切对象得以纳入一个整体的框架之中，它表明所有事物遵从一个共同的法则，它意味着文明秩序的建立。假如不能从这个多样的世界当中抽象出共同的基础，人们也就无法将杂多的对象在思维中组织起来。只要人的认识不停留于特殊的事物之中，自然会寻求事物的共同本质。一个原理若有更高的普遍性，也就能将更多的事物纳入自身的解释范围之中。在人类历史的早期阶段，人对世界的认识还未像后世那样具体深入地开展，所把握的普遍原理难免具有简单抽象的性质，可往往提供了最高的普遍性。这种普遍原理也就成为人认识世界的一个中心点，一个支点，人们围绕着这个点不断丰富自身对世界的认识。

现实地看，普遍原理并不表现为一些抽象的原则，超越于这个世界之上，而是具体地展现于这个世界当中。正如杨国荣教授所指出的那样："从终极的意义上看，存在的统一性首先也在于只有这一个世界。所谓只有这一个世界，既意味着不存在超然于或并列于这个世界的另一种存在，也意味着这一个世界本身并不以二重化或分离的形式存在。……形上之道与形下之器并不是二种不同的存在，而是这一个世界的不同呈现方式。"② "只有这一个世界"表明任何对这个世界的本质或根据的探寻都不能脱离这个世界本身，这个世界的普遍原理只能内在于这个世界，万事万物均是普遍原理的显现。对普遍原理的把握要超越特定形态的限制，避免普遍原理的抽象化则要扬弃形上形下之间的分离，实现普遍原理与具体存在的沟通。王弼在强调"存言者，非得象也；存象者，非得意也。……

---

① ［德］黑格尔：《精神现象学》，贺麟、王玖兴译，商务印书馆1979年版，第3页。
② 杨国荣：《存在之维——后形而上学时代的形上学》，人民出版社2005年版，第48页。

得意在忘象，得象在忘言"。的同时，也说明要"立象以尽意"①，指出了对具体存在的超越并不意味着对具体存在的抛弃。王弼对"本体"之"无"的体认要建立在具体之"有"的基础之上，对"有"与"无"之间统一关系的解读正是对抽象之"无"的超越。王弼通过普遍的自然原则肯定现实的名教规范，更是为从人的视域切入普遍原理与现实世界之间的沟通提供了可能。本然的世界无所谓形上形下之分，这个世界只有进入人的实践之后才形成各种差别对立，甚至所谓的"自然""本然""自在"也只是人的认识所指向的结果。克服认识当中形成的各种分离形态离不开对人类有限视角与无限世界之间关系的解读，要从造成各种认识的分离形态的原因——人自身出发实现对世界统一形态的把握。这其中就包括对人化世界的合理性进行探析，王弼的"名教本于自然"之说就是为达到人道和天道之间的统一所进行的一次理论上的尝试，在王弼看来，人化世界与自然世界从根本上说并无二致。当然，王弼对自然与名教之间关系的说明，并不完全等同于从人自身的生存过程展开对现实世界的认识，依然有其难以避免的理论局限，其理论意义在于克服人类世界与自然世界之间的对立，肯定这个世界的统一性。

从时代要求出发，王弼完成了哲学视域的转换，表现出对普遍原理和现实世界进行理论整合的深沉思考。王弼的玄学思想着重于分析统摄万"有"的"无"作为"本体"内涵，彰显了不同于两汉经学的形上进路。同时，对于形下之域王弼并未拒斥，肯定了具体之"有"作为形上之"无"的现实依据的地位，并进而对人化世界进行了关注。王弼思想当中所具有的这二重向度构成了王弼本体思想的一个基本特征，历史地展现了人类在处理形上世界与形下世界之间关系时所取得的理论成果。如何避免形上世界与形下世界的分离，走向形上世界与形下世界的统一从来都是哲学思考的重要方面，王弼理论构建中的得与失将为当代的哲学追问提供有益的启示。历史地回溯理论资源是哲学研究的一个基本方法，王弼思想当中的历史局限性和理论局限性并不能掩盖其思想所具有的原创性，进一步分析王弼本体思想的特性将使我们不断发现王弼思想深沉的理论意蕴。

二 研究现状、研究目标及研究方法

魏晋玄学在中国哲学史上有着承上启下的地位，玄学对《论语》《老

---

① （魏）王弼：《王弼集校释》，楼宇烈校释，中华书局1980年版，第609页。

子》《周易》等先秦经典的创造性阐释为其后佛教和宋明理学的发展作了理论上的积淀。近几十年，境内外学界对魏晋玄学的研究不乏成果问世，但相比学界对宋明理学与当代新儒家的研究热算不上显学。针对王弼哲学思想的研究仅就专著而言，笔者所搜集到的有十余本，其他多散见于关于魏晋玄学的研究专著当中。对于王弼的哲学思想，当代学界的研究主要集中于以下几个方面：贵无论的本体论特性、注经的解释学方法、有无之境的美学意蕴、时代背景下的政治哲学与道德哲学表现、易学特色、与儒道两家及两汉思想的联系等。当然，这些研究内容并非总是各自独立，而是常常相互交叉，如瓦格纳便通过对王弼注经方法的分析以说明王弼思想所具有的本体论特性。王弼思想当中有关"本"与"体"的内容是王弼著作呈现给读者的一个基本方面，也是笔者所关心的主题，下面笔者对当代学界在王弼本体思想的研究上所得成果做一简要介绍①。

如前所述，对于王弼的哲学思想是否能被视为一种本体论学说，汤用彤先生认为以王弼为代表的魏晋玄学实现了中国哲学发展的本体论转化，冯友兰先生则认为王弼对其思想当中的本体论成分与宇宙生成论成分还未作出明确区分。与两位先生观点相近的文章此后均有所发表，但是论者不管是否认为王弼思想仍具有一定的宇宙生成论成分，总体而言对王弼思想具有鲜明的本体论特性都不表示怀疑。② 对于王弼本体思想具体的理论特性，论者所做研究各有侧重，大致可以分为以下三类。

（一）从特定角度入手说明王弼的贵无思想之所以可以被认定为是一

---

① 王弼本体思想中的核心概念"无"所具有的哲学内涵在当今学界的研究现状，康中乾教授已经在其《有无之辨——魏晋玄学本体思想再解读》（人民出版社2003年版）一书中作了详细的梳理。康中乾教授认为，对于王弼"无"的哲学内涵，当今学界主要有五种观点：1. 认为王弼的"无"是抽象的一般，汤一介、萧萐父等持这种观点。2. 认为王弼的"无"是一种共相，冯友兰、朱伯崑、许抗生等人持这种观点。3. 认为王弼的"无"是万物的"本始"或生成者，侯外庐、金春峰、王葆玹、王晓毅、葛荣晋等人持这种观点。4. 认为王弼的"无"相当于黑格尔的"纯无"的意义，陈来持这种观点。5. 认为王弼的"无"是某种作用方式或原理、原则，其内容指自然无为，楼宇烈、高晨阳等人持这种观点。康中乾教授认为"无"范畴这种多义性正说明了"无"范畴的过渡性和不成熟性。参见康中乾《有无之辨——魏晋玄学本体思想再解读》，人民出版社2003年版，第161—167页。

② 如笔者在上文所述，鉴于西方哲学所谓本体论与中国传统哲学所谓本体存有差异，对王弼的哲学思想不妨称作本体思想，但是论者以习惯用法称王弼的哲学思想为"本体论"学说亦无妨。

种本体论学说的原因。如王葆玹教授从"万物"和"天地"两概念的差别出发,在其《正始玄学》一书中指出:"王弼象王充一样,只承认万物有始,不承认天地有始。或者说,只讲阴阳合成万物的宇宙构成论,不讲宇宙发生论。"王弼在"否认天地有始的同时,极力强调'道'或'无'对天地以下万物的作用"。① 高龄芬教授在其《王弼与郭象玄学方法之研究》一书中提出,"西方哲学的形上学都是讨论实有层上的本体",而王弼的"无"很难有实有层上的解释,"王弼以'不塞''不禁'去解道生、德畜,即是以境界的作用义去建构其'以无为本'的本体论",是"一种形而上学的实现原理"②。田永胜教授在其所著的《王弼思想与诠释文本》一书中强调,王弼作为一个诠释者,他对《老子》的注释主要在于再现《老子》的思想,《老子注》中的"无"并不全然为一个本体论意义上的概念,王弼本体论的思维方式更多展现在他平日的辩论以及《易经注》《论语释疑》当中。③ 瓦格纳在其《王弼〈老子注〉研究》一书中指出,王弼使用一种推论性的阐释策略,"对'所以'的两个不可分割的方面(既是存在者可能性的条件——'由'又是'玄')"进行逻辑推演,进而"将《老子》中的宇宙论话语解读为'所以'与存在者之间结构性关系的隐喻",标志着中国哲学史在本体论上的一大突破。④

(二)分析王弼思想作为一种本体论学说的理论得失以及发展脉络。如汤一介教授在其《郭象与魏晋玄学》一书中认为王弼受老子"崇本息末"思想的影响,并不能真正做到"体用如一""本末不二",往往过分地强调了"本体"的绝对性,似乎成了"万有"之上的绝对。⑤ 朱晓鹏教授认为:"魏晋玄学特别是其中以何晏、王弼为代表的玄学贵无派把先秦道家的道论推到了形上学思辨的最高水平。"以王弼为代表的魏晋玄学可以说是老子形上思想的最终完成者。⑥ 而余敦康教授在其《魏晋玄学

---

① 王葆玹:《正始玄学》,齐鲁书社1987年版,第199—212页。
② 高龄芬:《王弼与郭象玄学方法之研究》,台北花木兰文化出版社2008年版,第31—40页。
③ 田永胜:《王弼思想与诠释文本》,光明日报出版社2003年版,第229—244页。
④ [德]瓦格纳:《王弼〈老子注〉研究》,杨立华译,江苏人民出版社2008年版,第794—856页。
⑤ 汤一介:《郭象与魏晋玄学》,湖北人民出版社1983年版,第39—51页。
⑥ 朱晓鹏:《智者的沉思——老子哲学思想研究》,杭州大学出版社1999年版,第118—119页。

史》一书中指出，王弼比起何晏的高明之处在于不仅能"明于本数"，也能够做到"系于末度"，然而在余敦康教授看来王弼思想体系中的"有无"实际上仍处于分离的两极，或"无"高于"有"，或"有"重于"无"，理论上的不足为裴頠的"崇有论"和阮籍、嵇康的"越名教而任自然"思想的发展留下了空间。① 王晓毅教授认为王弼思想能由两汉的象数思维转向本体思维受到了刘劭圣人材质"中和无名"观点的影响，刘劭对圣人材质的讨论标志着魏晋思想的主题由宇宙转向社会政治人事，构成了玄学整个宇宙本体论体系的基础。王晓毅教授还指出除去传统的儒道两家，佛教译经所展现的抽象思辨亦启发了何晏本体思想的形成，并进而促成了王弼本体思想的完善。② 康中乾教授在其《有无之辨——魏晋玄学本体思想再解读》一书中对魏晋玄学中的本体思想进行了详细的梳理，对于王弼的本体思想，康中乾教授认为其"无"范畴包含有本体义、生成义、抽象义、功能义和境界义等五方面的含义，却并没形成一个完整的层次性。总体而言，"王弼的'无'本论是关于宇宙存在的原因论"，与"亚里士多德的'四因论'说倒是有或多或少的一致性"。康中乾教授又指出，"无"本论中存在的抽象义与生成义具有逻辑上的不连贯性，导致的理论结果是"其演化的趋向是向抽象和具体两途趋进"。③

（三）与理论问题相结合阐发王弼本体思想所具有的内涵。如胡海教授在其《王弼玄学的人文智慧》一书中提出王弼的本体解释展现了人文智慧的观点，胡海教授认为"学界对王弼玄学是一种本体论已经达成了共识"，而"本体论作为追求知识的认识论和方法论是不能成立的，它只有走向人文价值论，才具有真正的价值"。王弼对《老子》的本体解释与老子的本体论哲学以及中国古代文论都展现了一种人文的理想，包含着对人自身的关怀，而不是对人之外的世界的知识探索。④ 何善蒙教授从"情"的角度出发，在其《魏晋情论》一书中认为王弼的思想里"性为本体，情为功用，性是情之依据，情是性之表现。同时情与性统一于自然之

---

① 余敦康：《魏晋玄学史》，北京大学出版社2004年版，282—295页。
② 参见王晓毅《王弼评传》，南京大学出版社1996年版，第194—201页；王晓毅《儒释道与魏晋玄学形成》，中华书局2003年版，第54—65页。
③ 康中乾：《有无之辨——魏晋玄学本体思想再解读》，人民出版社2003年版，第157—211页。
④ 胡海：《王弼玄学的人文智慧》，人民出版社2007年版，第28—37页。

中，都是属于自然的，而自然在王弼这里就是无，具有本体的意义"，因此"情也具有了本体的含义"。①

可以说，对王弼玄学思想的研究离不开对其本体思想的研究，本书的研究将沿着上述第三种研究进路，结合普遍性问题对王弼的本体思想展开分析。普遍原理对于人和社会来说不可或缺，社会需要凝聚的中心建立秩序，思维需要统一的框架把握杂多的对象。规律之所以为规律，就在于它的普遍适用性、可重复性和可预测性。人类认识的本性决定了认识要追寻普遍必然的规律，而不是去思考那些暂时和偶然的对象。王弼本体思想对统众之"无"和自然原则的肯定正是展现了对普遍原理的追求。然而，这种对普遍原理的信念也不时受到怀疑和挑战，如波普尔就认为不可能对历史发展作出预测。魏晋之际的社会弥漫着类似的虚无气息，"建安七子"和"竹林七贤"的诗文构成了对社会统一体的挑战，在此之前的两汉经学对普遍原理的构建也存在诸多不足，王弼以何种方式完成对普遍原理的重建值得分析。同时，普遍原理的构建也面临着如何与现实世界相结合相统一，避免普遍原理抽象化的问题。在人类认识的发展当中有着偏重认识的某一方面的可能，或是强调对超越存在的尊崇，如老子对道的向往，或是彰显个体的价值与意义，如郭象对个体独化的强调。好比人类自身就是灵魂与肉体的结合体一样，哲学的发展就是在这种对立观点的交锋中被不断推进的。普遍之道的内容需要具体的说明，否则只能沦为空洞的玄思，达到一种统一形态的普遍原理是哲人理论工作的努力方向，恩格斯认为思维规律与自然规律必然是相互一致的，自然科学家普里戈金尝试着将其耗散结构理论用于解释人类社会的发展。王弼思想当中的"名教本于自然""性其情"以及"圣人体无"等内容表达的正是一种相合而非相离的理论进路，其理论上的得与失将为当代的普遍性问题研究提供有益借鉴。通过与普遍性问题的结合讨论，将有助于发掘王弼本体思想所具有的理论内涵。

对于本书的研究方法，以下两个方面需要作一简要说明。

（一）比较的方法

在时空中任何单独的点是无法加以认识和把握的，人们需要建立确定的坐标、参照系才能对一个点加以描述和说明。任何一种坐标、参照系都

---

① 何善蒙：《魏晋情论》，光明日报出版社2007年版，第87—95页。

会将人的认识视野限制在某一个具体的角度之内，但也使人的认识更加明确、清晰。通过不同的坐标、参照系进行认识会产生不同甚至相反的认识结果，如在18世纪的理性主义者那里，牛顿被树立成"理性时代的圣贤和君王"的形象，而他"内心的异端思想和经院信念"遭到了隐瞒①。单个坐标依旧是平面的，更全面的认识需要更丰富的坐标、参照系，人们不能通过一个角度获得对象的全景。事实上也不可能存在着无方法的研究，因此，在对研究对象加以论述之前需要的是对研究所选用的坐标和参照系加以说明，如马一浮便说其"统摄论"所采用的方法是"自己定出一个范围，使所言之义不致凌杂无序或枝蔓离宗"的"楷定"，而不是"似不可移易，不许他人更立异议，近于自专"的"确定"②。在一个坐标、参照系之内，可以对两个或多个对象加以比较认识。在比较当中，对象之间的差异、各自的特性和所处的方位得以在一个共同的基础之上加以明确，使得对象的形象更加饱满地展现。本文对研究对象的认识与比较将在普遍性问题的框架下展开，对不同思想理论所具有的普遍性进行比较研究，如对王弼本体思想与两汉经学思想当中的普遍理论进行比较研究。

（二）问题的方法

差别建立的同一的基础之上，比较建立在共同的坐标之上。这里所谓的问题的方法是指将历史上各种不同的哲学思想看作对一些共同问题的不同回答，在对同一个问题的回答中哲学家展现出各自思想的差异，具体就本研究而言是指哲人对普遍性问题的追问。在哲学的发展变迁中，许多观点之间并不是表现出自觉的继承或批判。如本文所说的王弼思想与两汉宇宙生成思想之间的联系，并没有任何充分的证据可以表明王弼思想的产生源自对两汉宇宙生成思想的直接回应，一切论述都是建立在理论的推断之上，以实证的角度而言这种联系的说明可以视作不严谨。可是假如我们将这些观点都看作对一个相同问题的不同解答，将其放在历史的过程中按序排列并加以比较，我们就可以对它们之间的异与同加以说明分析，并对它们之间的联系作出理论上的推测。在这无限的历史长河当中，每一点都与其他的点相异，却又与其他的点处于联系当中。这样我们就可以避免那些

---

① 《蔚蓝的思维——科学人文读本》，上海教育出版社2005年版，第130—141页。
② 马一浮：《马一浮集》第一册，浙江古籍出版社1996年版，第10页。

"门户派别"的局限，就如马一浮所说的"儒佛禅道总是闲名"[①]那样，从而将各种哲学的思想放在一个共同的坐标上加以比较。这种思想上的联系的基础是因为现实的世界是一个无限的连续的整体，那些哲学思想不管观点有着何种差异，使用的概念方法多么不同，都是这个整体在思维上的投射。

[①] 马一浮：《马一浮集》第一册，浙江古籍出版社1996年版，第542页。

第一章　普遍性问题的提出

无论是现实的社会生活，还是理论思考，人们都无法回避普遍性问题。现实社会的有序运转离不开普遍规范的约束和引导，普遍规范又以普遍的价值原则作为其设立的根据。为证明价值原则的普遍性，哲人们又常常诉诸一种普遍的形上本体。哲学思考总是包含着对普遍性问题的探讨，但是片面地强调普遍性，而忽视这个世界特殊性的一面，只会导致一种抽象的普遍性，因此哲人们同样需要推进普遍原理的具体化现实化。以此种普遍性视角进行考察，我们可以发现两汉社会暗藏着普遍性危机。一方面，大一统的两汉社会强化了礼法规范及其价值原则——仁道原则的普遍效力。另一方面，普遍的礼法规范的设立忽视个体原则和自愿原则，难以为人们普遍地接受，人们也逐渐丧失了对仁道原则及其形上根据——"天"的真诚认同。依赖于国家权力，普遍的礼法规范被强制推行，其合法性却不断遭到质疑。王弼玄学思想的产生正是对两汉普遍性危机的一次回应，对于这个世界存在的终极根据和普遍基础，王弼将其设定为"无"，本体之"无"以及"无"所支配下的万物所普遍遵循的运行法则是自然无为。因此，遵循自然原则对于人类构成了一种普遍的价值要求，普遍的名教规范的设立正是以普遍的自然原则为价值内核。同时，王弼努力避免这些普遍原理的空洞化与抽象化。在王弼看来，本体之"无"通过具体之"有"展现自身，普遍的自然原则具体展现为个体的自然本性，普遍的名教规范的设立不能忽视个体的个性。王弼对普遍性问题的探讨展现了一种"崇本举末"的理论进路，这种"崇本举末"的理论进路展现在他整个玄学思想体系当中。

第一节　普遍性的追寻何以成为问题

在哲学的发展史当中，一直存在着一种追寻普遍性的传统，与这种普遍性的追寻相伴随的是种种对普遍性的怀疑和挑战，可以说对普遍性问题的反思和探讨贯穿了整个哲学史的发展。这种对普遍性的追寻展现在哲学研究的各个层面，转化为不同的哲学问题。在形而上学的层面，人们追问普遍的上帝何以可能；在认识论的层面，人们追问普遍的知识何以可能；在价值论的层面，人们追问普遍的价值何以可能？对普遍性问题的回答关系着哲人整个思想体系的进一步展开，也关系着现实社会的方方面面。

首先，从现实的社会层面来看，社会的有序运转离不开普遍规范的作用。社会规范具有多样的表现形式，社会规范的普遍性也展现为不同的方面。社会规范既要求普遍适用于所有特殊的场景，也要求普遍适用于不同的个体。社会规范既要求具备普遍的价值内涵，也要具备普遍的形式化规则。普遍性是内在于社会规范的规定性，是由其自身的目的所决定的。从社会规范的产生来看，就是要为不特定的所有人和不特定的所有场景设定一种共同的约束和引导，社会规范不是为某个特定个体或某个特定场景提供独特的目标。当人类脱离自然状态，进入到社会当中之时，便不可能以一种完全独立的形式存在，而是处于普遍的社会关系当中。处于普遍社会关系当中的个体的行为所带来的影响不只是限于个体自身，同样会对他人以及社会整体带来一定的后果。因此，个体的行为必须摆脱随意性和偶然性所造成的局限，社会整体必须使个体的行为得到一种普遍的约束和引导。普遍规范的设立使得个体与他人之间的交往具有共同的基础，社会共同体的产生无法与普遍的规范相分离。现实地看，对普遍规范的违反都被视作对社会共同体本身的一种挑战。为维系社会共同体的稳定和有序，人们如果违反普遍规范，需要承担不同程度的不利后果。如违反法律的人便会受到一定形式的处罚，甚至被关入监狱，与社会隔离开来。古往今来，无论是强调法律规范的权威性，还是突出道德规范的崇高性，哲人都无法回避社会规范的普遍性问题，社会规范的这种普遍适用性是其产生现实效果的基础。

正如陈嘉映教授所指出的那样，普遍性也要区分为"理性的普遍性和经验的普遍性。所谓经验的普遍性，尽管也可以达到百分百，达到周遍，……但原则上仍然可以设想反例。理性的普遍性或逻辑的普遍性则不是这样，……在逻辑学中，普遍命题通常被界定为：在一切语境中、环境中为真的命题。引入'可能世界'概念，则普遍性可以被界定为'在一切可能世界中为真'"①。理性的普遍性（universality）就是在逻辑上达到绝对必然的普遍性，毫无例外可言，如数学定律。这一类普遍性以理性作为其可靠性的保证，可以通过推演得以证明。经验的普遍性（generality）也就是我们平常所说的"通常""一般"，常常用作某种目标在大多数情况中得以实现。这一类普遍性可以在理论上被描述为在一切情境中都得以实现，但是在现实当中并不尽然，这一类普遍性无法得到绝对必然的保证。显然，社会规范的普遍性属于经验的普遍性，我们可以设想社会当中所有个体在所有时刻都遵守社会规范，不过在社会规范的实际运行当中，违反社会规范的行为也总是会发生，违法犯罪行为便是最简单的例子。社会规范作为一种当然之则，其所展现的普遍性是社会共同体对所有个体的普遍要求，要求所有个体都应当如此。普遍规范所描述的是一种应然的状态，而不是一种实然的状态，更不是一种必然的状态。现实地看，普遍规范并没有得到普遍的实现。不过，普遍规范作为当然之则，作为人们的一种期待和理想，显然不会因为现实运行当中的例外而被放弃。社会的现实运行离不开规范的普遍约束和引导，人们所要做的就是说明某种社会规范为何可以作为一种普遍的要求被提出，社会规范之所以如此设立的根据又是什么？

　　社会有设立普遍规范的需要，但是其设立并不是随意的，需要有确定的依据。从以上的说明我们可以看到，社会规范的普遍性是一种经验的普遍性，所表达的是一种普遍的要求，在实际运行当中并不必然地实现。这使得哲人去寻求理性的普遍性的帮助，以理性的普遍性去解释社会规范之所以如此设立的原因。对此哲人往往诉诸社会规范所蕴含的价值内核，认为价值内核所具有的普遍性是一种理性的普遍性，是社会规范设立的根据，即被规范设定为"应当"实现的，在价值上首先要被视作是"好"的，普遍规范所展现的是一种价值上的普遍要求。哲人首先论证某种价值原则是一种绝对必然的要求，然后说明社会规范之所以被普遍要求是因为其价值原则被普遍要求。社会规范从其外在表现来看，是一套形式化的规则系统，是一种形式规则上的"应当"，所谓的对社会规范的例外，正是对这种外在的形式规则的例外。社会规范的价值内核才是一种实质内容上的"应当"，它们是一种价值上的要求，往往被哲人论证为一种理性的普

---

① 陈嘉映：《普遍性：同与通》，《中国文化》2010年第1期。

遍性，对于所有个体而言都是无法例外的。现实地看，一种价值原则的确立无法与人自身的存在相分离，价值原则并不像数学定律那样，是一种客观法则。但从历史发展来看，的确许多哲人将一种价值原则绝对化必然化，以此凸显此种价值原则的权威性。哲人认为人们需要普遍地服从于这些价值原则，因此人们也要普遍地遵守以这些价值原则为根据树立起来的社会规范，践行这些普遍的价值原则才是人们遵守普遍的社会规范的实质所在。

对于社会规范的价值内核，马克思主义从现实的社会关系出发，总结出社会发展的必然规律，进而提出普遍的价值要求，马克思主义对社会规范的构建正是以此种普遍化的价值要求作为设立根据。与马克思主义不同，历史上的诸多哲人对社会规范的价值内核的说明并不是建立在社会现实之上的，而是远离社会现实、将某些价值观念绝对化的。在这些哲人看来，任何从经验世界出发所得到的价值标准都难免有相反的例证。因此他们认为一些价值观念，如"善""自由"等，它们本身就是一种绝对的必然的法则。从性质上看，这些绝对的价值观念是一种客观的存在，与主观的意识和主体的欲求无涉。它们的存在既不以经验世界为基础，也不受人类行为影响，它们不以实证的方式证明自身，它们的有效性不受经验世界任何活动的支配和干涉。事实上哲人们认为，这些价值观念反而支配着经验世界，它们将所有形式化的规则组织起来，它们为人们的价值判断树立绝对的标准。它们的绝对必然性同时也就说明了它们的普遍性，它们的存在并不受制于经验世界，因此它们可以成为在所有个体之间共通的准则。对于人类而言，这些绝对的价值观念也就是一种绝对的目的，在现实社会当中去实现这些价值观念构成了一种普遍的义务。

将价值观念绝对化主要出现在有关道德问题的研究上[①]，康德对道德律令的探讨正是典型地体现了这样一种理论进路。康德从其一贯的理性与

---

① 这里需要注意价值上的"好"与道德上的"善"之间的区别与联系。社会规范不仅仅有道德规范，也有非道德性的程序性规范、操作性规范。它们都具有普遍约束和引导人类行为的作用，都具有自身的价值内核。道德规范以道德上的"善"为其价值内核，非道德规范则以一般性的价值上的"好"为其价值内核。"善"从属于广义上的"好"，是一种正面的价值，但"善"不同于单纯从对象（物）当中所获得的对人的"好"，它包含有主体自身所特有的存在价值。对于"善"与"好"之间的区别与联系可参考杨国荣《道德的形上内蕴》，《华东师范大学学报》（哲学社会科学版）2001年第5期。

经验的二重划分出发，认为理性的道德律是经验世界开展道德实践的前提。康德指出：“道德律完全先天地（不考虑经验性的动机，即幸福）规定了所为所不为，即规定一般有理性的存在者的自由的运用，而且我认为这些规律绝对地（而不只是在其他经验性目的之前提下假言式地）发出命令，因而在任何方面都是必然的。”① 道德律是纯粹理性先天给出的，决定了道德的行为应当如何，而纯粹的道德律以绝对命令的形式展现自身，这确保了它能成为一种普遍有效的道德要求。康德认为，所谓绝对命令不同于假言命令，不包含任何外在的目的，而以自身为目的。正因为绝对命令排除了一切条件性的前提和经验性的要求，表现为一种无条件的命令，因此具有可普遍化的形式。在康德看来，一种道德要求只有具有可普遍化的绝对形式，它自身不受任何经验性条件的束缚，不受制于某时某地，才可以成为一种一般性的准则，去规范人类现实的具体的行动，否则只能是一种特定条件下的特定要求。在人们现实的实践当中，固然这些绝对的道德命令不总是能够得到实现，所谓的道德的世界也仅仅是假定出来的理知的世界，但是绝对的道德命令作为先天依据，其作用在于决定了道德实践应当发生，也决定了道德实践为何如此发生。这些道德要求哪怕在现实世界从未发生，人们所要采取的行动也应当以此为标准。它们在规范人类行动时之所以具有此种地位，正因为它们源自纯粹理性的要求，表现为一种绝对的命令。它们已经回答了"应当如何"的问题，它们绝对的形式赋予了它们普遍的效力，人们需要的就是听从这种理性的呼唤去展开行动。无论何时何地，只要依据此种道德律的要求展开行动，而不需要考虑任何现实的环境和后果，都可以被视作是合乎道德的行为。一种道德规范以此种绝对的道德命令为基础，自然也就普遍地有效。

通过绝对命令的形式，康德使道德律所具有的普遍性得以突出和强化，这些源自理性的道德要求在康德看来绝不能有任何例外。现实地看，对这种绝对的道德要求的论证脱离了现实的社会关系，最终只能是一种空洞的抽象的道德要求。这些道德要求所获得的普遍性是一种缺少实质内容的普遍性，从其自身理论框架进行考察，它们可以被视作建立在理性的基础之上，毫无例外可言，但从其理论框架之外进行考察我们可以发现，它

---

① ［德］康德：《纯粹理性批判》，邓晓芒译，杨祖陶校，人民出版社2004年版，第613页。

们更多是建立在一些天才式的断言之上，而不是通过现实的理性进行论证。事实上，普遍的价值要求的提出并不与现实的具体存在相分离，其真实的存在形态反而表现为与具体存在的相统一。康德指出道德要求以绝对命令的形式展现，其理论作用在于突出了作为形式规则的价值内核的道德理想所具有的普遍性内涵，使人们去关注道德规范的设立所需要的普遍性依据。绝对命令的形式固然缺少现实的基础，却使价值内核的这种普遍性得到一种更为极端化与理想化的展现。社会规范具有普遍有效性的根本原因在于其价值内核所具有的普遍有效性，假如社会规范缺少普遍有效的价值内核的支撑，普遍的社会规范也就不会存在。

通过以上说明我们可以看到价值内核的普遍性对于规范构建的重要性，价值内核才是包含于形式化规则之中的实质内容。这些被赋予普遍性的价值观念的提出为回答"什么是好""应当如何"等问题奠定了基础，不过一种价值观念的提出并非凭空而来，而是有着确定的根据。如上所说，马克思主义的价值观念的提出以现实的社会关系为理论前提，康德哲学的价值观念的提出以纯粹理性为理论前提。所以，在设定一种普遍的价值观念之前首先需要解决它自身的根据问题，对此种根据的认识就关系到对这个世界整体的根本认识，即进入我们一般所说的本体论的研究范围。哲人们对这个世界存在的终极根据和普遍基础有着多样的解释，这也影响着他们在价值问题上的探讨。柏拉图在追问这个世界存在的真实形态当中指出，理念世界是独立于经验世界之外的真实世界，经验世界只是对理念世界的一种分有或模仿。"善"也是众多理念当中的一种，而且还是最高的理念，人类的善行正是以理念之"善"为根据。正因为理念世界当中有理念之"善"的存在（是），所以才有经验世界人类开展善行的要求（应当）。在柏拉图这里，对理念之"善"与善行之间的划分，只是他本体论上对理念世界与经验世界的划分在价值论上的进一步展开。

但是也有一些哲人认为，这个世界"是什么"与主体"应当如何"之间不存在关联。休谟认为，主体采取实践行动的动力来自于主体的情感意愿，而非对这个世界的理性认知，通过理性认知所得到的事实上的判断并不能转化为价值上的判断，并不能构成人类"应当如何"的根据。的确，事实上的判断并不能直接转化为价值上的判断，但是休谟就此否认事实判断与价值判断之间的联系显然忽视了事实判断在价值判断的产生当中所起的基础性作用。杨国荣教授指出："在现实存在中，事物在物理、化学等事实层面的规定与价值规定并非彼此悬隔；事物本身的具体性、真实性，也在于二者的统一。"① 无论是对这个世界"是什么"，还是"应当如何"的回答，都已经内在地包含了人化之维，在主体对对象的认识过程当中，价值判断是在事实判断基础上的进一步展开。脱离了对这个世界"是什么"的回答，人们也就无法提出"应当如何"的要求，对这个世界"是什么"的回答所达到的广度、深度以及方式，也限制了人们提出"应当如何"所达到的深度、广度以及方式。

在事实判断与价值判断的统一当中，特定的事实判断关系着特定的价值判断，而可普遍化的事实的判断也就关系着可普遍化的价值判断。比如"生命在于运动"这一论断就包含了事实判断与价值判断的统一，广义上它指出了运动是一切事物的根本属性，狭义上它指出了生物体的生命力的旺盛需要通过运动来得到维持。这种事实上的判断进而表达了一种价值上的判断（并非道德上的判断），它指出了运动对于人是"好"的，人们"应当"运动。在这里，所谓可普遍化的事实判断就是指对普遍规律的认识。也就是说，服从普遍必然的客观规律对于主体而言是"好"的，人们所"应当"做的就是遵从普遍规律，普遍的价值要求要以普遍必然的客观规律为基础。

所谓本体论，往往关系到对这个世界存在最根本的认识。它所要提供的不是关于特定事实的判断，而是要对世界整体的存在形态展开追问。本体论对这个世界"是什么"的回答，是对这个世界存在的终极根据和普遍基础"是什么"的回答。因此，哲人在形上之域有关"是什么"的论述对价值要求的提出有着更为深刻的影响，对这个世界的本质"是什么"的不同解答就会导向不同的价值要求。本体论影响价值论的一个重要方面便是对价值要求所包含的普遍性的影响。对于这个世界存在的真实形态，一些哲人反对这个世界具有某种终极的本质，一些哲人则试图从多样的世界当中寻求统一的基础。哲人在对这个世界存在的真实形态的解读当中，无论持何种立场，或是肯定或是否定，其中始终包含着普遍性之维。哲人在本体论当中越是以一种普遍性的视野去展开对这个世界的解读，在价值论上越是会提出普遍的价值要求。那些不关注这个世界存在的普遍基础的哲人，往往也不热心于提出普遍的价值要求。

---

① 杨国荣：《存在之维——后形而上学时代的形上学》，人民出版社2005年版，第70页。

根据宗教信仰所提出的价值要求，正典型地体现了本体论包含的普遍性对价值论包含的普遍性的影响。宗教信仰对现实世界的理解最终所指向的是神所起的作用，神是现实世界的支配力量，价值上的要求根源于神的要求，甚至直接出自于神的意志或命令。神对现实世界的支配力越是具有普遍有效性，其所提出的价值要求就越具有普遍有效性。比如在基督教当中，上帝是造物主，是一种无限的存在，是一种全能全善的存在，其所展现的是一种最大的普遍性。基督教将全能的上帝视作人类道德律法的源泉。《圣经》里说道："因为在你那里有生命的源头，在你的光里，我们必见得光。"（《圣经·旧约·诗篇》36：9）"光明所结的果子就是一切良善、公义、诚实。"（《圣经·新约·以弗所书》5：9）人世之光源自上帝之光，关于善的法则就包含在这光里，人类的德性和德行都是上帝之光普照的结果。同时，上帝自身的全善全能保证了其提出的道德要求是绝对必然的。《圣经》里说道："神就是光，在他毫无黑暗。"（《圣经·新约·约翰一书》1：5）"凡事受了责备，就被光显明出来，因为一切能显明的就是光。"（《圣经·新约·以弗所书》5：13）上帝是全善的，这就意味着其所提出的道德要求是绝对的完善合理，绝不包含任何消极否定的成分；上帝是全能的，这就意味其所提出的道德要求是一种必然的强制，人们必须要依照上帝的道德要求去行动，上帝之光最终也会揭示这个世界的真相。因此，上帝的道德要求就是一种绝对的命令，具有最普遍的效力，绝无例外可言。在基督教当中，对上帝所具有的普遍效力的设立构成了道德要求具有普遍效力的本体论前提。与此相对，多神论宗教所提出的道德要求就很难获得此种普遍的效力。马克斯·韦伯便认为："一种以伦理的和有条理的态度操持生命的理性主义，乃是一切宗教先知的必然产物；这种宏伟的理性主义，业已排除了上面所述的多神论，取而代之的是'惟一必然之神'。"① 在韦伯看来，一神论是价值体系构建的基础，多神论带来的是多元的价值的冲突，最终导致价值体系的崩塌。

以上种种对普遍性的肯定，展现了人类在知行过程当中所具有的普遍性的视野，展现了哲学发展过程当中重视普遍、追寻普遍的致思进路，表达了一种普遍主义的立场。普遍性的确立在理论研究和现实生活当中都可

---

① ［德］马克斯·韦伯：《学术与政治》，钱永祥等译，广西师范大学出版社2004年版，第180页。

以产生积极的效用,理论上克服相对主义虚无主义的怀疑离不开一种普遍前提的设立,现实社会的和谐统一有赖于个体对一种共同价值的认同。可以说,普遍主义是人类在知行活动当中无法回避的一种维度,抛弃普遍性只能是盲人摸象。但是人类的知行活动并不是只有普遍性这一种维度,普遍主义的立场并不意味着一种唯普遍主义的立场,片面地夸大这个世界普遍性的一面同样会带来诸多的理论的和现实的问题。现实的存在是具体的存在,具体的存在所包含的是普遍性与特殊性的统一。肯定普遍性的同时不能否定特殊性,普遍性对特殊性的超越所寻求的是两者在更高层次上的统一。唯普遍主义的立场所要求的却是对普遍性的盲目崇拜,它将对普遍性的把握和践行视作人类知行活动不可动摇的权威,它所导致的是对特殊性的压制。唯普遍主义所追求的是抽象的普遍性,一种忽视或否定特殊性的普遍性,甚至是将普遍性从对象当中分离出来作为独立存在的普遍性。在唯普遍主义的立场下,被淹没的是现实世界真实的生命,被遗忘的是个体特有的个性,被遮蔽的是人文的精神。当代社会唯科学主义的泛滥,大国霸权主义的推行,其背后无不存在一种唯普遍主义的立场。

对过度偏重普遍性所带来的危害,哲人们同样不缺反思。哲人们以自己特有的方式回应着普遍性的片面化抽象化,试图克服对普遍性的追寻与现实世界的分离。在柏拉图对理念世界与经验世界的二重划分当中,理念世界是经验世界存在的普遍基础,却又是与经验世界相分离的独立存在。经验世界必须以理念世界为原型,理念世界的存在却不依赖于经验世界。亚里士多德反对以一种分离的视野去展开对这个世界的追问,这个世界的本质只能在于自身。在亚里士多德看来,形式与质料是内在统一的,只有在形式与质料的统一当中才有现实的事物,并不存在一个纯粹的形式的世界。在对这个世界本质的追问当中,形式与质料的统一在一定程度上克服了理念与经验的二重划分。基督教的上帝是现实世界的绝对权威,却又远离人世,遥不可及。但是相比于犹太教的上帝与现实世界的隔离,基督教的耶稣与现实世界已经有了更多的联系和沟通。道成肉身的出现,正在于克服神与人之间的分离和紧张。从各自所处的思想背景来看,亚里士多德哲学与基督教哲学所展现的思维模式都起到了推动普遍性追寻与现实世界相统一的作用,虽然这种推动还不可避免地有自身的局限性。

在推动普遍性追寻与现实世界相统一的理论工作当中,黑格尔所做的工作尤为值得注意。黑格尔认为:"哲学的目的就在于认识这唯一的真理，而同时把它当作源泉，一切其他事物，自然的一切规律，生活意识的一切现象，都从这源泉里面流出来。"① 这作为一切事物及其规律的源泉的唯一真理就是理念，不过黑格尔也指出，对理念的认识不能将其置于一种静止的视域当中，而是要借助发展与具体这两个概念对其展开解读。黑格尔指出："真理、理念不是由空洞的普遍所构成的，而乃包含在一种普遍里，这种普遍自身就是特殊。……理念就内容而论，是自身具体的，也是自在的，而它的兴趣即在于由自在发展为自为。把自在和自为两个观念结合起来，我们就得到具体事物的运动。"② 理念从其本性来说是自在自为的，其发展过程就是自身潜在的实现过程，它在自身发展的过程当中成就自身展现自身。在自身的发展过程当中，理念既维持着自身的同一，又展现为不同的形式。处于发展运动当中的理念就是一种具体的存在，理念的具体性表现为它自身包含着不同的规定性的统一，即普遍性与特殊性在发展过程中实现具体的统一。理念所包含的普遍性不是一种抽象的普遍性，正在于其普遍性是与特殊性相统一的普遍性。在对普遍性的研究当中，抽象的普遍性只是理智所得到的一种片面的表面的结果，与特殊性相统一的普遍性才是现实存在的，现实的具体存在才是思维的真实对象。也只有当理念是一种具体的存在时，思维对理念的认识才有了现实的可能性。只是黑格尔最终将绝对理念视作绝对的静止，走向自身的反面。从哲学的发展演变来看，黑格尔提出发展与具体两大原则，所要解决的就是康德哲学当中纯粹理性与经验世界的分离问题，也要避免康德对自在之物不可认知的规定。在当代，发展与具体两大原则对于克服普遍原理的抽象化，仍然具有不可忽视的理论意义。

如何克服普遍性的抽象化，如何论证说明规范系统、价值要求、形上本体所具有的普遍性及其产生的作用，这些探讨所涉及的只是普遍性问题的一些方面，普遍性问题还涉及普遍知识、普遍的社会联系等诸多重要的内容。这里之所以围绕以上几方面展开说明，一方面是因为它们展示了人类在知行过程当中所包含的普遍性之维，另一方面是因为本书的主人公——王弼所构建的玄学思想与以上几方面的问题有着重要的关联。王弼思想的主要内容围绕着以上几方面的问题展开，当然，将这些问题视作王

---

① [德]黑格尔：《哲学史讲演录》第一卷，贺麟、王太庆译，商务印书馆1959年版，第24页。

② 同上书，第29页。

弼所要解决的理论问题只是一种抽象的表述，并不意味着王弼已经自觉地提出普遍性问题并展开反思。在王弼的思想当中，这些理论问题以当时社会和当时时代所特有的形式展现，展现为名教与自然之间的关系、有与无之间的关系等问题。魏晋之际，名教规范的权威遭到了道家自然思想的质疑和挑战，王弼所直接面对的就是名教的合法性问题。而为了解决名教的普遍有效性问题，又进而衍化出名教的价值原则问题，价值原则的形上根据问题等关联问题。王弼玄学思想的产生，正是对以上几方面问题的一次回应。

第二节 两汉的普遍性危机

理论地看，王弼玄学思想的产生是要解决与名教相关的普遍性问题。历史地看，王弼玄学思想的产生是对两汉时期的普遍性危机的一次回应。相比先秦时期，两汉大一统封建国家的建立使得当权者不断推进权力的集中，强化对社会的管治。在政治上，中央政府逐渐削弱地方政府的权力；在思想上，要求罢黜百家，独尊儒术；在法律上，礼与法不断得到融合①。毋庸置疑，在这样的环境当中，社会的各个方面，无论是理论上还是实践上，对普遍性都有了更多的需求。作为社会管治的主要手段，社会规范所包含的普遍性是最直接的，两汉对普遍性的需求首先就表现在对社会规范的普遍性的需求。两汉时期社会整体的扩大意味着社会当中所包含的多样性和偶然性的增多，这也加大了社会管治的难度。为实现大一统社会的有序运转，两汉社会必须建立一套普遍有效的规范制度。

两汉时期这套规范制度表现为礼法，国家权力的保障使得两汉时期的礼法相比先秦时期有了更为全面的融合。在儒法合流的理论背景下，德主刑辅的原则得到树立，春秋决狱的制度得到全面推行。礼与法的融合加强了这套规范系统所具有的普遍有效性，礼彰显了礼法规范的设立所具有的道德合法性，法彰显了礼法规范的运行对于个体所具有的强制效力。从上文的说明我们可以看到，一种规范系统由其外在的形式规则与内在的价值原则组成。现实地看，一个社会的道德规范与法律规范在基本的价值要求上是相通的，两者的差别更多地在于外在形式的不同。法律规范相比道德

---

① 在先秦时期，礼与法的关系更多表现为礼与刑的关系。

规范具有更强的约束力，法律规范依靠司法机构强制实现对个体的约束，道德规范依靠外在的舆论与自身的认同实现对个体的约束。道德规范相比法律规范具有更广的约束范围，道德规范注重通过对个体内心的塑造实现对个体行为的影响，法律规范更注重约束个体的外在行为及其后果。法律规范仅仅调整由国家法律规定的权利义务关系，道德规范则指向一般的道德之域。在先秦时期，礼与刑之间同样存在许多交叉之域，但在礼不下庶人、刑不上大夫的要求下，礼与刑之间的差别还是得到了更多的区分。在两汉大一统国家的要求下，道德规范与法律规范之间的界限被模糊，礼与法之间的融合被加强，它所带来的是法的强制效力被扩展至更大范围的道德之域。两汉加强礼与法的融合，正表现出他们试图通过加强礼法规范的普遍强制性来加强对社会的管治。

两汉强化礼法规范所具有的普遍性还表现在对其价值内核所具有的普遍性的强化。正如马克斯·韦伯所说的那样，更多的神也就意味更多元的价值。同样，更多的理论学说也带来更多价值上的纷争。春秋战国时期，涌现出大量的理论流派，造就了思想上的繁荣。百家的争鸣固然带来了一个自由的学术氛围，却也使社会难以统一价值原则。这种思想上、价值上的争论不利于普遍的社会规范的设立，显然不能为一个大一统社会所接受。两汉需要通过确定官方哲学，来肯定一种价值原则的合法性，并以此构建普遍的社会规范。经过汉初的无为之治，汉武帝最终推行罢黜百家、独尊儒术的政策。虽然两汉的儒学夹杂了大量法家、阴阳家等其他流派的思想，已经不同于孔孟的儒学，却是作为一套统一的完整的思想体系被推行，普遍的礼法规范就是以这套思想体系所包含的道德要求作为自己的价值内核。儒学的道德要求从仁道原则出发，孔子将仁视作人所普遍具有的善良情感，仁的相通构成了人与人之间的交往道德化的基础。仁道原则又具体化为孝、悌、忠、信等内容，体现在不同的社会交往当中。两汉正是以孝、悌、忠、信等仁道原则作为礼法规范的价值内核，强调了它们作为价值原则的普遍有效性。

依赖于国家力量，儒家的仁道原则作为唯一被认可的价值原则通过官方的权力体系被强制推广。而且不同于孔孟等先秦儒家对仁道原则的论证，两汉儒者为突出这些原则的普遍有效性，在论证中进一步将其神圣化权威化。如对忠的说明，孔孟更多围绕君臣之间的伦常关系及内心本性展开，董仲舒则通过君权神授的理论，强调了臣事君以忠的绝对性。董仲舒认为:"故下事上,如地事天也,可谓大忠也。"① 董仲舒通过天与地之间的关系,将臣事君以忠视作一种必然的要求。儒家仁道原则作为礼法规范的价值内核被普遍地要求还体现在春秋决狱的制度当中。一方面,春秋决狱制度所关注的不仅仅是人们的行为及其后果,更关注行为者的动机,以行为者的动机是否合乎价值原则作为审判的依据。不同于一般的法律规范注重对行为的调整,春秋决狱制度进行"思想审判",突显了礼法规范所包含的仁道原则相对于其形式规则的优先性,肯定了礼法规范具有普遍有效性的核心在于其价值原则的普遍性。另一方面,春秋决狱制度本身所提供的只是大量典型的个案,而非形式化的规则,但是这些判例却可以被原则化,被普遍地推行,其原因正在于这些个案体现了普遍的价值原则。显然,作为官方的意识形态,儒学的仁道原则获得了无上的地位,成为礼法规范具有普遍效力的价值根据。

两汉的礼法规范作为一套普遍的规范系统,以儒家的仁道原则作为自身的价值内核,以礼与法作为自身外在的形式规则。如上所述,礼法规范的价值内核及外在的形式规则所具有的普遍性都得到了特别的肯定和强调,这是礼法规范作为一套普遍有效的规范系统被推行的理论基础。从实际运行来看,礼法规范也的确成为两汉社会生活有序运转的重要基础。礼法规范的作用不仅仅体现在司法审判当中,个体名誉的获得、官员的选拔晋升等等都离不开礼法规范的作用,普遍的礼法规范构成了两汉大一统国家体系不可或缺的组成部分。然而这些并不是礼法规范的全部,这样一套被普遍推行的规范制度,我们围绕着上文所提及的几个普遍性问题对其展开分析,却可以发现其中暗藏着普遍性危机。两汉礼法规范所具有的普遍效力被特别强调,实际带来的最终结果却是普遍效力的缺失。

其一,两汉所设立的天作为这个世界的形上根据事实上并不具有超然的绝对地位,这导致以形上之天去论证仁道原则显得证明力不足。如上所述,价值上的"好"与规范上"应当"的认定都有赖于事实上"是"的确立,价值原则的普遍有效以形上本体的普遍有效为理论前提。先秦儒家就十分重视对仁道原则的形上根据的理论构建,孔子说:"天生德于予,桓魋其如予何。"② 在这里,天构成了个人德性和德行的形上依据。《中

---

① 《春秋繁露·五行对》。
② 《论语·述而》。

庸》在开头便说道："天命之谓性，率性之谓道。"①《中庸》将是否合乎人的本性作为人类知行活动的评判标准，而人的本性之所以具有此种地位是因为人性源自天的赋予，人性以天作为自身的形上担保。总体而言，以孔子为代表的大多数先秦儒家注重从人自身的角度切入对人的存在的探讨，但是形上之天作为人类确立价值原则和展开道德实践的终极根据的地位并没有被否定。春秋时期，天还作为这个世界的主宰力量出现，政治的兴衰、个体的命运都还不能摆脱天的影响。对于孔子而言，天不仅仅是一种理论上的预设，孔子在强化人自身力量的同时，对天也保留了一种神圣的崇敬。"《论语》中有关天的叙述表明，孔子心目中的天，正是一个这样的'神圣者'，对这个神圣者的崇敬，则是孔子信仰世界的核心，也是儒家学说宗教性的依据与由来。"② 这种对天的崇敬进一步构成了对天所赋予的德性、价值原则的崇敬，构成了人类切实开展道德实践的情感基础。孔子对天的此种崇敬并非凭空而来，而是源自早前殷商、西周对天命的信仰和崇拜，孔子的进步在于提高了人自身的作用和地位，淡化了天的神秘性。两汉对这个世界存在的终极根据的说明依然沿袭了此种进路，而且似乎有进一步将天神圣化绝对化的倾向。但是通过考察我们可以发现，事实上并非如此。

对于价值原则的确立，两汉的儒者将其归因于天。董仲舒认为："人之受命于天也，取仁于天而仁也。"③ 在董仲舒看来，天人同构，而且同类相感，天具有仁的属性，所以人也要行仁。《白虎通义》将父子、君臣、夫妻三纲视作对"地顺天"的效法，社会秩序依据天的运行法则制定。在两汉儒者看来，天道运行所展现的是普遍必然的法则，所以效法天道的人道也是一种普遍必然的要求。的确，天作为形上根据的确起到了论证人道的作用，但是这种论证效力是不足的。两汉的儒者将天视作这个世界存在的终极根据，不过此时的天已经不再是遥远的神秘的却又主宰一切的至上神，而是夹杂了大量阴阳、五行等"物质性"因素。董仲舒描述了天所派生的十端，《白虎通义》描述了天创生世界所经历的太初、太始、太素三个阶段。儒者以一种理性解析的方式将天的形象展现于人的面

---

① 《中庸·第一章》。
② 赵法生：《孔子的天命观与超越形态》，《清华大学学报》（哲学社会科学版）2011 年第 6 期。
③ 《春秋繁露·王道通三》。

前，反而消解了天作为主宰者所具有的神圣地位。

相对于外在的形式化规则，社会规范的价值内核所提供的是一般性的原则，起到统摄形式规则的作用。就价值原则自身的形式而言，以简单性为其基本的表现。但是在两汉对天的说明当中，作为价值原则的形上根据的天却被烦琐化了，最终导致价值原则设立的复杂化。天自身有多种成分构成，这意味着天包含有多样的规定性，这也将导致多样的价值要求。根据天特定的规定性去推导价值要求，也将导致此种价值要求的特殊化，限制其所适用的范围，而不能从更大的范围将其一般化原则化。天生成世界有一个繁冗的过程，这意味着天与价值原则之间的联系并非直接的，而是有一个生成过程的"阻隔"，这也致使从形上之天到价值原则的树立需要复杂的推演过程。事实上，两汉儒者在说明天自身以及天对现实世界的影响时，往往夹杂着阴阳、五行展开复杂的推演，进而导致价值原则设立的复杂化，最终也就降低了价值原则在解释世界所具有的效力。

天作为这个世界存在的终极根据，既可以表现为持续发生作用的主宰者，也可以表现为只发生一次作用的创生者。两汉儒者对天的描述同时包含了以上两个方面，但是相比于前人，对作为创生者的天给了较多的关注。对于天创生万物的过程，两汉儒者给予了详细的说明。在创生的过程当中，天与万物在时间上和空间上是外在于对方的，这意味作为创生者的天与被生成的万物之间存在着相互分离的倾向。天与万物之间分离的倾向减弱了天与万物之间的联系，万物有摆脱创生者对自身支配的可能，天并不总是对万物发生作用。《中庸》曾提到："道也者，不可须臾离也，可离非道也。"① 显然，这个与万物具有分离倾向的天所指示的价值原则所具有的效力是值得怀疑的。假如天不是持续重复地发生作用，那么依据天所设立的价值原则也就不能持续重复地发生作用。事实上，两汉儒者在对天与万物之间的线性联系所进行的说明当中，天的作用所指向的更多是与其直接发生联系的对象，如受命于天的天子，而与天发生较少联系的普通老百姓只能受命于天子。固然两汉的儒者一再强调天是周而复始地发生作用，但是对与万物有分离倾向的创生之天的关注，削弱了天作为主宰者所具有的普遍效力。

我们可以看到，两汉时期真正被权威化神圣化的是受命于天的君主，

---

① 《中庸·第一章》。

而不是授命于君主的天。被视作终极主宰的天在授命于君主之后便已经与万物发生分离，此后由掌握天意的君主展开对这个世界的支配。两汉对天的描述最终造成了对神圣之天的解构，人们实际上缺少对天的真诚的崇敬之情，这种崇敬已经被转移到君主身上了。所以，作为终极根据的天对价值原则的论证所具有的效力是不足的，君主的意志才是真正的设立价值原则的普遍根据。

其二，依托于国家权力，两汉的礼法规范被普遍地推行，但在礼法规范的现实运行当中，其价值原则未被普遍地接受。价值内核的普遍性被视作社会规范具有普遍效力的基础，不过在实际运行当中，社会规范能否普遍地实现还有赖于其价值内核是否被普遍地接受。一种价值原则能否被普遍地接受，其关键在于这种价值原则是否如其主张者所说的那样具有一种绝对的理性的普遍性，不能有任何例外。诸多哲人将其所主张的价值原则所具有的普遍性视作一种理性的普遍性，无论在现实的运行当中能否得到普遍的实现，这种价值原则对于所有个体而言都是正确的，都应当被普遍地要求。将一种价值要求视作普遍地有效是哲人在理论上的一种设定，事实上并不总是如此。一种真正具有普遍效力的价值要求必定建立在现实的基础之上，这样才能为所有个体普遍地接受。那些建立在抽象普遍性之上的价值要求只能是宣称具有一种普遍效力，在现实的运行当中是无法被所有个体普遍地接受的。两汉礼法规范的价值要求在现实运行当中不能为人们普遍地接受，一方面是因为人们缺乏对形上之天真诚的崇敬，进而对依据形上之天设立的价值原则也不能给予真诚的崇敬。另一方面，两汉儒者在对普遍的价值要求的构建当中，忽视了自愿原则和个性原则，将价值原则建立在抽象的普遍性之上。这种忽视自愿原则和个性原则的价值要求，固然被国家强制地普遍推行，但在实际的运行当中势必遭到人们的抵触和反抗。

一种价值原则为人们所接受，不仅需要被人们自觉地认识，也需要得到人们情感上的自愿认同。这意味着一种价值原则的提出即使是基于必然的法则，也要经过主体自由意志的选择，才能内化为主体自身的价值原则。然而两汉儒者在提出价值要求时，更多是强调此种价值要求的必然性，以及人的不可违抗性。董仲舒认为："人受命于天，有善善恶恶之性，可养而不可改，可豫而不可去。"[①] 在董仲舒看来，人所受于天的是

---

① 《春秋繁露·玉杯》。

命，是无法改变的必然。人类辨别是非善恶的能力是天赋予的，人类必须依照此种本性去生存，人们只能在这种本性所提供的范围内开展活动。董仲舒又认为："凡人欲舍行为，皆以其智先规而后为之。"① 对于自身明辨善恶的本性，人们所要做的就是加以自觉地认识，然后在此种认识的基础上采取行动。对于人在把握普遍的价值原则过程当中所需要的意志自由问题，董仲舒并没有给予足够的关注。一种价值原则如果未经过人们自由意志的自愿选择，即使人们已经实现了对它的自觉认识，它对于人们而言依旧是一种外在的要求，一种外在的必然性。在现实实践中，这只会造成此种价值原则对人的强制和压迫。事实上，两汉这些官方价值原则的必然推行最终所依靠的是国家权力的强制性，而不是人们对一种必然法则的自愿选择。

两汉时期这些官方价值原则之所以不能为人们普遍地接受，不仅仅在于儒者未能关注人对价值原则的自愿选择问题，更在于这些价值原则的设立忽视了个体的个性问题。一种被认为普遍适用于所有个体的价值原则如果要得到现实的推行，不能与个体的个性相分离，否则只能是一种抽象的普遍要求。董仲舒认为："夫义出于经。"② 这里对义的说明一方面指出了义出自于儒家经典，另一方面指出了义代表一种普遍的永恒的价值，不可变更。董仲舒又进而提出"以义正我"③，义对个体自我而言构成了一种普遍的要求。个人的存在离不开普遍的约束和引导，但在董仲舒"以义正我"的要求当中，这种约束和引导所指向的却是对自我的抑制和否定。个体通过对自身个性的消解，实现与普遍价值要求的相合。在义对个体的塑造过程当中，个体只是被动的方面，这种塑造的最终目的是使个体融入群体，使每一个个体都具备普遍价值原则所要求的一面，而不是使个体的个性得到凸显。这种被消解了自身特有个性的个体只是没有生命的机械物，在"以义正我"的过程中并不能得到自我的成就。就两汉大一统专制国家而言，他们所需要的也就是个体的服从，强调整体对个体的优先地位。

两汉时期，人们对礼法规范的践行很多时候的确是出自对其所包含的价值原则的真诚认同。但是，当这种价值原则的设立忽视了自愿原则和个

---

① 《春秋繁露·必仁且智》。

② 《春秋繁露·重政》。

③ 《春秋繁露·仁义法》。

性原则，在实际推行中势必招致许多反对。这种价值原则之所以能够被普遍地要求，其所依赖的是国家的权利。在许多时候，人们对礼法规范的践行只是迫于一种外在的压力，而不是出于内心的真诚。所以我们可以看到，在东汉末年礼法规范似乎依旧能够得到践行，却夹杂着大量的虚伪狡诈之事。一旦国家的强制权力崩塌，这套礼法规范也就不再具有普遍的约束力了。

其三，两汉对普遍价值的追求最终湮没在经学的烦琐学风当中。从学术方法而言，通过对圣人经典当中的文字进行注解来阐发其中所包含的义理，或者在天人感应的模式中通过天道推论人道，都具有不可忽视的理论意义。不过这些论证方法只是儒者为获取义理所采用的工具，并不是儒者所追求的最终目的。儒者在阐发义理的过程当中，一旦过于注重论证的过程，反而容易遗忘了义理本身。两汉经学特别是今文经学，自称穷究微言大义，看似取得繁盛的学术成果，实际上在浩瀚的章句注释与荒诞的谶纬迷信当中，背离了求真求善的本意，忽视了对普遍仁道原则本身的追求。

两汉经学特别是今文经学在对经文的注释当中，极其重视对义理的阐发，认为在圣人之言当中包含着亘古不变的真理，从经文当中人们可以获取对普遍仁道原则的洞见。经学家试图依托圣人经典的权威，来论证普遍仁道原则的合理性。只是到了最后，这种论证穿凿附会，杂乱无章，甚至是任意捏造，有的只是支离破碎的细节，而没有统一的原理。对此庞朴先生说道："若秦延君之注《尧典》，篇目二字之解说竟达十余万言，但说'若曰稽古'四个字就有三万言。又如光武时经学大师桓荣《尚书章句》达四十万言，朱普之解三十万言，浮辞繁长，多过其实。即桓荣授显宗，减为二十三万言，桓荣之子桓郁复删定为十二万言。可见浮辞繁多。再如离于学官的《齐诗》，伏黯为章句繁多，经其子伏恭为之减浮辞，仍有二十万言，伏恭又作《齐诗解说》九篇。……如此烦琐的学风，除了造成自幼童而守一艺，白首而能言的结果外，又能使学者从中获得多少真知呢？"① 对几个字的注释就动辄数万言，人们遗忘义理本身也就没什么奇怪了。儒学在两汉获得官方哲学的地位，不过对仁道原则的追求却被对仁道原则的注释的追求所取代，思想生命为烦琐的学风所窒息。

两汉儒者关注的重心逐渐偏离仁道原则，还因为儒者过多地纠缠于谶

---

① 庞朴主编：《中国儒学》（一），东方出版中心1997年版，第125页。

纬迷信。在两汉的社会生活当中,特别是在神化王权以及限制王权当中,谶纬迷信都起到了巨大的作用。但是谶纬迷信所提供的只是一些荒诞不经的灾异符瑞之说,既不同于宗教信仰,更不同于理性的哲学思考。谶纬迷信所作的预言往往是随意的,甚至是恶意的,基于谶纬迷信所提出的要求往往指向特定方面,而且缺乏现实性合理性,没有被普遍推广的可能。或许谶纬迷信能带来一时的心理安慰,但绝对不能取代正统儒学在社会生活中的地位。可是因为两汉的政治现实,谶纬迷信却长期兴盛,经学总是与谶纬迷信夹杂在一起。两汉的儒家学说被裹挟于谶纬迷信之中,这相比浩瀚烦琐的注经工作,所起的负面作用可以说是有过之而无不及。当人们沉浸于谶纬迷信当中,基于理性思考和人文精神的仁道原则就被忽视了。正如庞朴先生所指出的那样:"其学其术虽然奏效,但毕竟似乎巫师,而完全背离了经典儒家的精神。……由此连带的儒学信仰则势必发生深刻的危机。"① 所以我们可以看到,儒学的价值原则在两汉时期虽然一再被强调,但在人们心中所占的比重并没有它自身所宣称的那么多。

其四,两汉儒者片面突出礼法规范所包含的价值原则的地位,反而削弱了礼法规范的效力。规范系统的价值内核所提供的是一般性的要求,相比于价值内核,规范系统的外在形式规则所提供的是具体的要求和规定。价值内核是外在形式规则设立的基础,起到了统摄具体形式规则的作用。但是在规范的现实运用当中,价值内核并不能取代外在的形式规则,形式规则所展现的具体性确定性是规范适用于个体的基础。相比于个体,形式规则仍然是一种一般性的规定,但是相比普遍的价值原则,形式规则已经更加具体化明确化,使得规范有了现实的可操作性。如法律规范更多的时候表现为成文的规定,其所规定的内容明确肯定,可以直接适用于对象。即使所谓判例法,也要求具有明确的判决和较强的可适用性。然而两汉春秋决狱制度的推行,却消解了法律所具有的确定性。就《春秋》自身而言,只是一部编年体史书,并不具有规范作用。春秋决狱制度的设立是期望推行《春秋》所暗含的仁道原则,但是春秋决狱制度要求直接适用仁道原则,而不提供一套可实际操作的形式化规则系统。这使得仁道原则的现实运用缺少确定的形式,缺少必要的稳定性和一贯性。的确,法律规范不可过于僵硬,对法律规范的适用需要一定的自由裁量空间,但是这种自

---

① 庞朴主编:《中国儒学》(一),东方出版中心1997年版,第126页。

由裁量权也需要必要的限度，这种限度需要在法律规范当中明确规定。司法人员凭借一种价值原则开展审判活动，具有过大的变通空间，可能导致在价值原则的适用上任意附会，造成冤假错案。这种对价值原则的任意附会，最终反而导致价值原则失去效力，失去人们的信任。两汉时期的审判活动常常以一般性的价值原则作为判决依据，脱离了价值原则外在的明确的形式化规定。这种无法让人们获知明确内容的要求，势必无法让人们普遍地去遵守。将仁道原则凌驾于具体的形式规则之上，破坏了规范系统的合理结构，反而使礼法规范的现实运用遭遇危机。

第三节　王弼的回应

以王弼贵无思想为代表的魏晋玄学的产生可以说正是对两汉礼法规范的普遍性危机的一次回应。魏晋之际，社会规范及其价值内核之间的关系问题具体展现为名教与自然之间的关系问题，名教规范的合法性遭到道家自然思想的质疑和挑战。现实社会生活的有序不能没有名教规范，玄学名士必须论证遵循名教规范的必要性。围绕着名教与自然，王弼进行了理论上的反思与探索，并进而展开了全面的理论构建。以上文所提及的普遍性问题对王弼的玄学思想进行分析，我们可以发现王弼的玄学思想的确包含着一种对普遍性的追求。

如上所述，哲人为论证社会规范及其价值内核所具有的普遍性，常常寻求一种本体论上的依据。两汉时期，人们为说明礼法规范的绝对有效，强调仁道原则的设立源自形上之天的赋予，形上之天的绝对性权威性保证了仁道原则的普遍效力。然而两汉儒者更多地基于一种宇宙生成论的模式对天与万物之间的关系进行说明，意味着形上之天与万物之间有着相互分离的倾向。对天过于烦琐的说明也逐渐导致形上之天被复杂化、庸俗化，形上之天并不具有儒者所宣称的绝对地位，人们也缺少对形上之天真诚的敬畏。如果形上本体自身不具有足够的效力，那么也就无法论证以它为根据所设立的价值原则具有普遍的效力。所以王弼在其整个理论体系的构建当中，十分重视形上本体所具有的普遍性。王弼所设定的形上本体就是"无"，对"无"的说明既构成了王弼整个理论体系的核心部分，也构成了王弼论证名教合理性的理论基础。

王弼将本体之"无"视作这个世界存在的终极根据和普遍基础，这个世界一切的事和物都依赖于本体之"无"。对于这个世界具体存在的事和物,王弼将其称作"有"。具体存在的事和物之所以是"有",是因为它们有形有象,有特定的规定性,这在王弼看来就意味着有所分别,有所限制。王弼指出:"有分则有不兼,有由则有不尽。"① 有限之"有"是无法成为这个世界存在的终极根据的,一种可以作为所有事物存在根据的本体不能被限制于任何特定的规定性。因为本体作为这个世界存在的终极根据,必须对任何特定的事和物都具有效力,必须普遍地适用于一切"有",而不是只适用于特定范围。所以王弼获取形上本体的方法就是不断地排除特定的规定性,从所有具体事物当中抽取出共同的本质,这种排除和抽取的最终结果就是"无"。王弼认为:"无形无名者,万物之宗也。"② 本体之"无"是无限的,没有任何特定的规定性,无形无象,甚至没有确定之名。在王弼看来,本体之"无"正因为不具有任何特定的规定性,才可以成为具体事物存在的根据,才可以普遍地适用于一切事物。王弼指出:"无状无象,无声无响,故能无所不通,无所不往。"③ 本体之"无"虽然不具有任何特定的规定性,但是王弼并不将本体之"无"视作绝对的空无,本体之"无"作为这个世界存在的终极根据,仍然产生现实的功用。本体之"无"的作用显现于任何时间与任何空间,指向一切具体存在,没有任何例外。现实地看,这样一种不具有任何规定性的本体之"无"只能是空洞的思维的产物,不会具有任何现实的可能性。以排除特定规定性的方式寻求形上本体的理论意义在于认识到事物特定规定性的有限性,人们要从多样的世界当中寻求事物之间的"同",而不可局限于"分"。

无论是"天"还是"无",都是对这个世界存在终极根据的一种解释。固然作为形上本体的"天"和"无"都远离经验世界,却也表达了以形上本体统摄一切经验事物的努力。相比之下,在对特定规定性的排除当中,本体之"无"所具有的普遍适用性得以突显。老子认为"无名天地之始",王弼则将其解释为"未形无名之时,则万物之始"。④ 在这里,王弼保留着宇宙创生的观念,但本体之"无"并不是只对应天地的创生

---

① (魏)王弼:《王弼集校释》,楼宇烈校释,中华书局1980年版,第196页。
② 同上书,第32页。
③ 同上书,第31页。
④ 同上书,第1页。

者，而是对应于万物的创生者，"无"直接与万物发生联系，不经过任何中介的作用。本体之"无"的功用不仅普遍地适用于万物，而且对于万物而言，"无"的这种功用也是必然的，不可违抗的。王弼指出："天不以此，则物不生；治不以此，则功不成。"① 不依赖于本体之"无"，任何事和物都不会实现其本性所规定的内在目的。只有凭借本体之"无"所施加的作用，事物才可以达到自身本性的实现。对于万物而言，本体之"无"的这种功用不仅是必然的不可缺少的，而且也是全面的绝对的。王弼指出："将欲全有，必反于无也。"② 事物要完全实现自身的本性，必须依赖本体之"无"的作用。这意味着这个世界事实上不需要寻求"无"之外的其他任何根据，只要凭借本体之"无"所施加的作用，就可以使事物自身的本性得到完全的实现。本体之"无"所施加的作用不是指向事物的某一部分，而是事物的整体。通过说明本体之"无"以上这些作用，本体之"无"作为形上根据的地位得以全面的确认。

  王弼对本体之"无"的说明是对这个世界终极根据"是什么"的说明，不过这并不是王弼对这个世界"是什么"说明的全部，王弼也没有直接推进至"什么是好"的说明。王弼是由本体之"无"的运行法则"是什么"的说明，过渡至遵循此种法则对于人具有价值上的"好"的说明。"无"作为形上本体是种存在者，其存在的运行法则在王弼看来就是自然无为。王弼认为"道顺自然"③，这里的"道"就是指本体之"无"，"无"的运行法则就是自然而然，无为无造。"无"作为形上本体，自身运行的过程就是对万物施加作用的过程，所谓本体之"无"自然而行，就是指本体之"无"是以一种自然而然的方式对具体事物施加作用。王弼指出："道以无形无为成济万物。"④ 本体之"无"对具体事物所施加的作用就是无所为，维护事物本身的自性，不妄加作为，使得事物依照自身的本性去运动发展。正是依赖于本体之"无"的自然无为，具体事物的本性才得以施展发挥。王弼认为："万物以自然为性，故可因而不可为也，可通而不可执也。"⑤ 本体之"无"之所以不对具体事物的存在妄加

---

  ① （魏）王弼：《王弼集校释》，楼宇烈校释，中华书局1980年版，第195页。
  ② 同上书，第110页。
  ③ 同上书，第65页。
  ④ 同上书，第58页。
  ⑤ 同上书，第77页。

干涉，是因为具体存在的事物的本性也就是自然，只能因顺事物的本性，而不可违逆事物的本性。在王弼看来，事物的自然本性是自足的、客观的、内在的，所以要遵循自然的原则，遵循事物的自然本性。具体事物都是有限的存在，事物的自然本性必然都有所偏。但是就事物自身而言，其自然本性却是自足的，是一物之所以为一物的根本原因。王弼指出："自然已足，益之则忧。"① 事物本性自足，事物遵循自身的自然本性，便可以实现自我，任何增或减反而会损害事物的本性。同时，事物的自然本性是内在于事物自身的客观规定性，对事物的任何"有为"都是对事物外在的强加与干涉，是以外在的目的去评价或改造事物的现实存在。遵循自然就是让事物的自然本性成为自身存在的基础，而不以外在的目的作用于事物本已自足的本性。

所以，王弼将自然原则视作一种普遍必然的法则。遵循自然是普遍的，无论是形上本体，还是具体存在的万事万物，都不能违背自然的原则。遵循自然意味着事物以自身的尺度衡量自身，而无须外求，这对任何事物来说都是可行的。具体事物之间的本性固然不同，但是事物遵循自身的自然本性，自然而为，对于所有事物而言都是相同的。遵循自然是必然的，王弼指出："物有常性，而造为之，故必败也。"② 事物本性是自足的，任何事物的运行若不遵循自然的原则，必将招致失败。事实上，本体之"无"正因为以自然无为作为自身的运行法则，所以才可以普遍地适用于万物。王弼指出："有为则有所失，故无为乃无所不为也。"③ 有所作为便有所偏重，有所遗漏，并损害事物的自然本性。自然无为则意味着本体之"无"不对具体事物施加任何外在的作用，使得一切事物的自然本性都能得到实现，这就是指一切事物都处在本体之"无"的"作用"之下。王弼将自然原则视作普遍必然的法则，是认识到了一切事物的存在都是建立在自身自然本性的基础之上。不足的是在"无为"的要求下，王弼并没有注意到现实存在的事物处于与外界环境的互动与沟通当中，在这种互动与沟通之中，个体的本性是不断地发展和变化的，而不是静止不变的。

王弼将自然原则视作这个世界存在的必然法则，自然原则不仅适用于

---

① （魏）王弼：《王弼集校释》，楼宇烈校释，中华书局1980年版，第47页。
② 同上书，第77页。
③ 同上书，第128页。

自然物，同样适用于人类与社会。王弼进而认为遵循必然的自然法则对于人类而言也意味着价值上的"好"，自然原则对于人类而言是普遍有效的价值原则。王弼认为人们遵循自然便会带来积极正面的效果，最为理想的社会管理就是无为而治，王弼指出："圣人达自然之性，畅万物之情。故因而不为，顺而不施。"① 所谓圣人是一种理想的人格境界，王弼眼中的圣人就是指完全实现了对自然原则的把握，所以圣人对社会的管理就是自然无为，顺从他人的自然本性，不将自己的目的强加于他人，使得人们能够依照自己本性采取行动。与此相反，违反自然原则必将带来消极负面的后果。王弼指出："若乃多其法网，烦其刑罚，塞其径路，攻其幽宅，则万物失其自然，百姓丧其手足，鸟乱于上，鱼乱于下。"② 这里所反对的并不是"法网""刑罚"，而是"多""烦""塞""攻"。所谓"多""烦"，意味着超出本性的限度，所谓"塞"、"攻"，意味着外在的干涉和妨碍。人们若不因顺事物的本性采取行动，最终会扰乱自然状态下的和谐秩序。在这种视野之下，是否遵循自然原则成为评价行为好或坏的最终标准，仁道原则所提供的只是片面的要求。如果人们采取的行动不是基于自然原则，哪怕其本意是好的，是出自于自己的仁爱之心，最终的结果也只能是负面的。与此相对，圣人固然将百姓比作刍狗，看似不仁，却是为了使百姓施展自身的本性，能带来正面的效果。所以在王弼看来，自然原则是普遍适用于所有人所有行为的价值标准，没有例外。

在王弼看来，自然原则对于人而言不仅构成了评判行为好或坏的价值标准，同时构成了人们理想的价值追求。对自然原则的遵循并不是对人的一种外在强制，这是人们基于正确的价值判断而设定的行动目标，最理想的人格形态便是达到了一种自然的境界。王弼指出："自然，然后乃能与天地合德。"③ 一个人行为处事如果都能做到因顺自然，注重他人本性的实现和发挥，而不是将自己的标准强加于他人，那就是至于圣人之境了。从魏晋之际的社会状况来看，自然之境的确成为人们理想的价值追求。人们对自然之境的向往出自于自身的认同，人们乐于在自己的生活与玄学思想当中展现一种顺应自然的风度。向往自然之境在魏晋之际风靡一时，这种对自然的追求成为王弼说明自然原则与名教规范之间关系的重要基础。

---

① （魏）王弼：《王弼集校释》，楼宇烈校释，中华书局1980年版，第77页。
② 同上书，第130页。
③ 同上书，第186页。

自然原则得到了众多士人的认同，这是因为自然原则注重事物自身本性的展现，所以自然原则的推行注重个体自愿的接受，而不是将其强加于人。王弼指出："我之教人，非强使从之也，而用夫自然。举其至理，顺之则吉，违之则凶。故人相教，违之必自取其凶也。"① 在这里王弼还没有深入到个体的自由意志问题，但是已经注意到人们对一种价值要求的接受一定要基于自身情感的自愿。要让个体自己认识到是否遵循此种要求所带来的后果，进而让个体自己决定是否遵循此种要求。就仁道原则的推行而言，原本是十分注重自愿原则的，但在几百年的发展当中，自愿原则在汉代逐渐被忽视。所以，注重个体自愿接受的自然原则在魏晋之际为士人们所推崇。

在魏晋之际，许多士人认为注重个体个性的自然原则是对日趋僵化的仁道原则的一次反动和批判，因此自然原则与以仁道原则为价值内核的名教规范并不相容，甚至对立。但是名教规范对于社会生活的有序运行不可或缺，如何协调人们所追求的自然原则与名教规范之间的关系成为士人们不可回避的问题。王弼对这个问题的回答就是，名教规范的设立恰恰是以自然原则作为自身的价值内核，人们要普遍地遵循自然原则，所以人们也要普遍地遵循基于自然原则设立的名教规范。王弼上承老子，崇尚无为之治，认为"大人在上，居无为之事，行不言之教"②。不过王弼并不就此否认名教规范存在的必要性，在王弼看来，名教规范是道在分化为万物的过程当中必然的产物。王弼指出："真散则百行出，殊类生，若器也。圣人因其分散，故为之立官长。"③ 名教规范（官长）由道（真）分化（散）而来，道在分化为万物的过程当中，必定产生多样的事物，事物之间的自然本性必然存在各种差别，至于自然之境的圣人便根据事物各自的自然本性（因其分散），设立名教规范。因为名教规范的设立因顺事物各自的自然本性，所以可以称作"无为之事""不言之教"，其现实运行能够得到积极的效果，使事物各自的本性得到实现。在王弼看来，事物之间本性的差别是现实存在的，无视这种差别是不符合这个世界真实状况的。假如不根据事物本性的差别去设立名教规范，而是使用一种不变的方式去作用于事物，反而是违反了事物的自然本性。所以在名教问题上，真正遵

---

① （魏）王弼：《王弼集校释》，楼宇烈校释，中华书局1980年版，第118页。

② 同上书，第40页。

③ 同上书，第75页。

循自然原则不是不要设立名教规范,而是设立合乎事物各自自然本性的名教规范。因此王弼指出:"用不以形,御不以名,故仁义可显,礼敬可彰也。"① 追寻自然并不意味着抛弃仁义,只要遵循自然的原则,名教规范的现实作用反而可以得到彰显。在自然原则的担保下,魏晋之际遭遇合法性危机的名教规范所具有的作用得到了确证。

名教规范所指示的是"应当如何",在王弼看来,人们应当做的就是根据自然原则采取行动,名教规范以自然的标准约束和引导人们的行为。自然原则既是这个世界普遍必然的运行法则,也是普遍适用于人类的价值原则。名教规范若要实现普遍的推行,必须以普遍的自然原则作为自身的价值内核。与此相对,名教规范若违背自然的原则,必将招致失败。王弼指出:"立正欲以息邪,而奇兵用;多忌讳欲以耻贪,则民弥贫;利器欲以强国者也,而国愈昏弱;皆舍本以治末,故以致此也。"② 在这里自然是本,名教是末,如果名教规范的推行没有因顺人们本身合理的正当的自然本性,反而以外在的形式规则压制人们的自然本性,并不能实现社会治理的目标,只会使得社会状况愈加恶化。所以人们所要否定的并不是名教规范,而是不符合自然原则的名教规范。名教规范的设立只有以自然原则作为自身的价值内核,才可以得到普遍的推行,才是现实有效的。

名教规范就外在形式而言是具体的行为准则,这些具体的行为准则的设立正因为遵循自然的原则,所以才能为人们普遍地遵守。一方面,名教规范的目的就是对人们具体的行为施加约束和引导,所以必须考虑人们行为所施加对象的特性。在自然原则的指导下,以事物自然本性为基础,名教规范确认了事物自身本性的范围以及事物彼此之间的界限,并进而制定具体的确定的行为准则。根据名教规范所指示的范围和界限,人们在行动当中可以恰当地选择"动"或"止",而不会侵犯事物的自然本性。对自然原则的遵循使得名教规范有了明确清晰的内容,这样就使得名教规范可以对人施加明确清晰的引导和约束。这种约束和引导所提供的不再是一种抽象的一般性的原则,而是根据具体事物特性制定的具体准则,避免了规范作用的空洞化。另一方面,自然原则注重个体自然本性,作为个体的主体同样有着自身特有的本性,这要求名教规范的设立也要考虑作为名教规

---

① (魏)王弼:《王弼集校释》,楼宇烈校释,中华书局1980年版,第95页。
② 同上书,第150页。

范实施者的主体的自然本性。名教规范的设立不能仅仅关注主体行为所施加对象的特性，如果名教规范不能为行为主体所接受，就不能得到现实的推行。这就是要求名教规范对所有主体的引导和约束不能是一种一成不变的模式，而是根据主体各自的特性，根据主体自身的意愿，在一般性原则的指导下，采取多样的灵活的适应主体自身条件的方式，去指导主体的行动。名教规范的要求只有与主体自身特性相适应，才能被主体普遍地接受。在以上对名教规范的解读当中，说明了王弼对自然原则的强调，指出名教规范的设立要顺应作为规范实施者的主体和主体行动所指向对象的自然本性，这的确包含许多理想化的成分，但正是在王弼对自然原则的强调中，让人们注意到，要使得普遍的社会规范在设立和运行当中避免抽象化空洞化，就不能脱离具体存在的现实世界。

总体而言，王弼在本体论上将这个世界存在的终极根据和普遍基础设定为"无"，本体之"无"排除了一切特定的规定性，因而对一切具体存在具有普遍的效力。就本体之"无"的运行来看，以自然无为作为自身运行的必然法则，在本体之"无"支配下的万物同样遵守自然无为的法则。因此，自然无为的必然法则对于人类同样构成了必然的要求，人们要以是否顺应自然作为价值评判的普遍标准。自然原则对于人们而言并不是一种外在的强制，而是构成了一种真诚的价值追求。名教规范的设立必须以自然原则作为自身的价值内核才是现实有效的，因为自然原则注重个体的自然本性，所以以自然原则为基础的名教规范能够被普遍地接受和推行。在对形上本体、价值原则和社会规范的说明当中，王弼都展现了一种普遍性的视角，以普遍的本体之"无"统摄万物，以普遍的自然原则统摄具体的形式规则，以普遍的名教规范统摄个体的行为。

但是我们也可以看到，王弼对以上相关问题展开论述时，并非简单地突出其所具有的普遍性一面，王弼同样以一种具体的视角对这些普遍性内容展开解读。如上文反复提及的自然原则，对于万事万物而言，自然原则是一种普遍必然的法则，同时对人类而言也构成了普遍的价值要求。但是王弼对普遍的自然原则的说明同时突出了个体性原则，自然原则作为一种普遍原则是一种总的说明，是对个体自然本性的统一性方面进行阐述。自然原则就其具体内容而言，是要求顺应具体存在的事物各自的自然本性，事物之间的自然本性各不相同，普遍的自然原则在不同的事物那里便有着不一样的表现。正是在个体多样的自然本性当中，普遍的自然原则得到现实的具体的展现,自然原则的普遍性与特殊性在个体的自然本性中得到统一。基于自然原则,王弼所肯定的是个体特有的个性,所肯定的是个体之间的差别。遵循自然原则就是要尊重个体的特性,尊重个体之间的差别。遵循自然也就不能以一种整齐划一的模式去作用于所有个体,而是要考虑到个体各不相同的自然本性。所以以自然原则为价值内核设立名教规范,既要以普遍的自然原则统摄具体的形式规则,也要实现普遍的名教规范与个体个性之间的统一。要求名教规范的设立以自然原则为基础,正是要求普遍的名教规范尊重个体个性,尊重个体自愿。因为只有如此,普遍的名教规范才可以被所有个体普遍地接受,才可以普遍地被推行。这种对个体自然本性的强调,使得王弼在突出自然原则的普遍性的同时,避免普遍自然原则与普遍名教规范的空洞化抽象化。

事实上,王弼避免普遍原理抽象化的工作在对本体之"无"的说明当中就已经展开。王弼指出:"夫无不可以无明,必因于有。"① 在王弼看来,本体之"无"并不是外在于具体事物的独立存在,本体之"无"必须通过具体之"有"来展现自身。本体之"无"与具体之"有"相互依赖,不可分离。具体之"有"依赖于本体之"无"以生以成,本体之"无"同样依赖于具体之"有"以显以明。具体之"有"不仅是自身特殊性、个性的载体,同样是形上本体普遍性的载体。通过具体之"有",本体之"无"得到现实的展现。本体之"无"无形无象,无法通过常规手段予以认识。不过王弼并没有完全否定人们把握本体之"无"的可能,王弼指出:"圣人体无,无又不可训,必言及有。"② 人们无法直接认识本体之"无",却可以通过本体之"无"在具体之"有"当中的现实展现,来实现对本体之"无"的把握。在本体之"无"与具体之"有"之间此种关系的说明当中,本体之"无"的存在得到了现实的基础,避免成为一种远离现实世界的空疏之物,具体之"有"也未被抛弃和否定,其作用和地位反而得到了全面的肯定。抛弃具体之"有",也意味着抛弃本体之"无"。人们在追寻这个世界普遍性的一面时,不能因为对普遍性的关注,而忽视这个世界特殊性的一面,现实的普遍性与特殊性统一于具体存在当中。从根本上说,所谓本体之"无"还只是一种抽象的思维产物,

---

① (魏)王弼:《王弼集校释》,楼宇烈校释,中华书局1980年版,第548页。
② 同上书,第645页。

不过通过强调本体之"无"依赖于具体之"有"来展现自身,王弼推进了形上本体的具体化现实化,使得本体之"无"的普遍性不只是一种毫无内容的普遍性。

这种对"有"与"无"之间关系的说明所体现的正是王弼"崇本举末"的理论进路,既突出对这个世界普遍性一面的追求,又不忽视普遍性的具体展现。在王弼的玄学思想体系当中,这种"崇本举末"的理论进路可以说体现在每一个方面。在性情之辨当中,王弼一方面要求"性其情",同时也认为"圣人有情"。所谓"性",是人之所以为人的根本属性,构成了人成就自我的基础,往往表现为人在自我成就过程当中所具有的普遍的稳定的一面。所谓"情",一般指特定境遇中人们所展现出的情绪情感,具有多变不稳定的性质。王弼反对"纵情""乱情",要求以普遍之"性"制约多变之"情"。王弼指出:"不性其情,焉能久行其正。"①缺少普遍之"性"的约束,情感的表达就容易走向流俗放荡,演化成对外界环境的简单反应。情感的表达必须以普遍之"性"为基础,与人自身本性所包含的要求相一致,不能越出人自身本性所限定的范围。在人性对情感的制约与引导当中,人性构成了判断情感表达正当与否的普遍标准。只有使得情感的表达符合普遍之"性"的要求,人们才可以达到道德自我的实现。同时,王弼也反对对"情"的过度压制和否定。一种理想的人格典范应当包含有情感的属性,而不是消灭了情感。王弼指出:"圣人茂于人者神明也,同于人者五情也。"② 与凡人一样,圣人同样有喜怒哀乐之情,圣人不同于凡人在于能够使得情感的表达符合自然本性的要求。在王弼看来,普遍的人性对于人而言并不是一种空洞的要求,普遍的人性在具体的情感当中得到现实的表达,自然的人性展现为自然的情感。人类的自然本性内在于人自身,人不可能与自身自然本性相分离,也就不能与自然情感相分离。要求人们灭情禁欲,只能是一种抽象的人性要求。人在与外物相接的过程中,必定有情感的发生。人不可能不与外界发生接触,也就不可能不产生情感。在王弼对普遍的自然人性的肯定当中,人类多变的自然情感同样获得了肯定,现实存在的人无法与自身的普遍之"性"与多变之"情"相分离。

---

① (魏)王弼:《王弼集校释》,楼宇烈校释,中华书局1980年版,第631页。
② 同上书,第640页。

在言意之辨当中，王弼一方面要求"得象而忘言，得意而忘象"①，同时也认为"尽意莫若象，尽象莫若言"②。这里的"意"特指圣人之"意"，泛指语言所指向的对象，"象"则是指语言与对象之间的中介。在王弼看来，认识过程当中的认识工具语言只是末，认识对象"意"才是本。王弼认为，人们在认识过程当中不可以执著于语言这种工具，要避免对语言这种工具的关注反而取代对对象本身的认识。王弼指出："象生于意而存象焉，则所存者乃非其象也；言生于象而存言焉，则所存者非其言也。"③ 在认识的过程中，语言只是认识对象的一种工具，而且是对对象进行认识把握的众多工具当中的一种，同时语言的内涵也受主体具体的存在境域的影响。与此相对，认识对象在认识过程中成为一个相对独立的客观存在的整体。语言并非对象本身，对多样的、易变的语言的执著反而导致对作为整体的对象本身的遗忘，反而忽视了认识的最终目的，使认识失去应有的意义。因此，对对象的把握最终建立在对语言的超越之上。在这里，王弼所要强调的是，在认识过程当中人们要始终关注认识对象本身，对对象的把握才是认识的最终目的。不过在这种要求当中，王弼并没有彻底否定语言作为认识工具所具有的作用和地位。在王弼看来，语言作为工具固然具有各种局限性，但是人类现实的知行活动离不开语言这种工具。王弼指出："言生于象，故可寻言以观象；象生于意，故可寻象以观意。"④ 语言作为主体所创造的一种工具，并不是主体主观任意创造的结果，语言的创造同样以客观对象自身固有的规定性为依据。通过语言这种工具，主体可以实现对对象的把握。在王弼看来，语言具有"分"和"定"的作用，可以对对象进行区分确定。通过语言"分"和"定"的作用，主体可以使对象之物进入自己具体的存在过程，实现主体、语言与对象三者具体的统一。在对语言作用的说明当中，王弼忽视了语言所具有的"合"的作用，忽视了语言把握普遍之道的能力，不过语言作为认识对象的工具所具有的地位还是得到了王弼的肯定。在言意之辨当中，王弼既要求人们不可以执着于语言这种工具，而要关注认识对象本身，同时肯定了语言作为认识工具所具有的地位，可以说是他"崇本举末"的理论进路在其言意观当中的具体展现。

---

① （魏）王弼：《王弼集校释》，楼宇烈校释，中华书局1980年版，第609页。
② 同上。
③ 同上。
④ 同上。

第二章 明于本数——普遍之"无"的超越性

人类只是天地之间有限的存在，却充满着对无限的渴望。人们希望延续短暂的生命获得永生，人们希望突破视域的局限发现普遍的法则，人们希望在转瞬即逝当中抓住不变的永恒。人们美好的愿望有时建立在实证的基础之上，有时依托于想象、信仰，所有这些探寻的努力在知识层面便表现为以统一的理论框架展开对世界的解释。老子要常守的是作为万物之奥的道，可以让孔子朝闻夕死的道也是一以贯之的，康德认为纯粹理性的原则在凭它本性所提出的问题中有一个问题是不充分时就都应当被抛弃[①]。哲人们的自信源自他们求知的目的，他们所期望获得的是对所追问对象普遍适用的解释，而不是对具体情境的回应。普遍的原理可以为现实世界提供指导，具体的经验则难以再现。以此展开分析，我们可以发现两汉思想对普遍原理的构建有着诸多不足，两汉思想在浩如烟海的注疏当中逐渐丧失思想的生命力。魏晋玄学正是对两汉经学理论进路的一次转变，以王弼为首的"贵无"派玄学名士鲜明地提出了"以无为本"的观点，展开了对普遍之"无"的追问，"无"是万事万物存在的终极根据，是整个贵无哲学体系的核心观念。王弼的玄学理论紧紧围绕着"有无""本末""体用"等几组概念展开，其原因正在于王弼试图发现具体事物背后统筹万物的普遍原理。"无"和"自然"所具有的普遍性，使得它们具有对"有"和"名教"进行解释和指导的作用。对普遍原理的注重，使得王弼的玄学思想显示出超越性的一面。

第一节 以无为本

王弼的玄学思想以"有无之辨"的形式展开，对于"无"与"有"，

[①] [德]康德：《纯粹理性批判》，邓晓芒译，杨祖陶校，人民出版社2004年版，第4页。

王弼作了"本"与"末"的区分,认为"无"是万"有"存在的根据,这种"以无为本"的观点是王弼的玄学思想在读者面前最直接的呈现。对于王弼而言,统一性原理的提出为的是应对当时社会思想领域存在着的"散""乱"的状况。

王弼首先面对的是名教的失落,王弼要为名教规范的设立寻求普遍的根据。名教作为当然之则,在以孔孟为代表的先秦儒家那里,更多地表现为与仁道原则相结合的价值诉求,是内在心性的外在展现,其基本要求是自觉原则与自愿原则的统一。然而,名教作为一个相对独立的规范系统,有疏远其内在根据的可能。儒学在汉朝取得官方哲学的地位之后,名教却在形式化、外在化的方向上发展,自愿被强制所取代,内在的仁道原则在现实的社会生活当中被逐渐遗忘,结果是社会价值体系的崩塌。道德的错位进而导致大量的伪名士假借名教谋取功名,所谓的求贤取士做的都是一些表面的功夫,名教的功利化虚伪化倾向成为东汉以来的士人阶层不得不面对的问题。名教缺失价值理想的困境在魏晋之际尤甚,王弼在对所谓"前识者"的批判中不无忧心地说道:

> 竭其聪明以为前识,役其智力以营庶事,虽得其情,奸巧弥密,虽丰其誉,愈丧其实。劳而事昏,务而治秽,虽竭圣智,而民愈害。①

这种所谓"竭其聪明""役其智力"的治理只是流于"奸巧"却又"丧其实"的做法,所做的都是一些外在的努力,这种状况正是对魏晋之际社会现实的真实写照,摆在王弼面前的任务是普遍的价值理想的重建。

王弼其次所面临的问题是思想领域存在着大量"纷纭愦错之论,殊趣辨析之争"②的状况。名教的失落有其理论上的原因,问题的解决需要理论上的省察。名教就理论渊源而言属于儒学的传统,王弼对名教的匡正属于儒学自我检讨的范围,可是这种理论的修复也需要对其他理论资源的借鉴。对于如何进行社会治理,历史留给王弼的是各家各派的争论分歧,王弼必须作出考察和选择。在《老子指略》当中,王弼对包括儒学在内

---

① (魏)王弼:《王弼集校释》,楼宇烈校释,中华书局1980年版,第94—95页。
② 同上书,第197页。

的各种理论学说进行了批判性的分析：

> 而法者尚乎其同，而刑以检之。名者尚乎定真，而言以正之。儒者尚乎全爱，而誉以进之。墨者尚乎俭啬，而矫以立之。杂者尚乎众美，而总以行之。①

在王弼看来，这些学派的这种理论特质不但无益于名教，反而需要对社会当中的各种混乱状况负责，王弼继续说道：

> 夫刑以检物，巧伪必生；名以定物，理恕必生；誉以进物，争尚必起；矫以立物，乖违必作；杂以行物，秽乱必兴。②

这些学说之所以会产生如此的后果，其共同的原因是"皆用其子而弃其母"③，所谓"用子弃母"就是本体理论的缺位。理论上的"用子弃母"与名教失落当中的重形式轻实质可以说是同一个问题的不同表现，王弼的以上分析揭示出了两者之间的逻辑关联。如何解决理论上"用子弃母"的困境是王弼需要面对的一个问题。

避免名教的形式化就要转变理论上"用子弃母"的状况，重建名教的道德本体。名教是以儒家学说为基础的道德规范系统，作为当然之则对人类知行活动进行引导、约束、评价，有其外在形式的一面。就实质层面而言，任何道德规范系统的建立都基于人自身的需要，体现了价值的指向，以普遍的道德原则为根据。道德规范是普遍价值理想的外在展现，缺少了价值理想的道德规范就成了无本之木、无源之水，只是一堆零散的规则。名教的原初形态是以儒学的仁、义、良知等作为其设立和运行的价值原则，在两汉的社会发展当中，对这些价值理想的追求逐渐转变为对作为形式规则的礼法的关注。王弼的任务就在于重新构建名教内在的普遍的价值根据，他所确立的方案便是"名教本于自然"。通过化当然为自然，王弼将道家的自然原则树立为名教的价值标准。从道家自身理论出发，道家反对价值上的分别，认为任何价值判断都是有限的。然而以价值理论进行

---

① （魏）王弼：《王弼集校释》，楼宇烈校释，中华书局1980年版，第196页。

② 同上。

③ 同上。

考察，道家对自然的崇尚也可视作一种价值上的取向。王弼将自然原则视作设立名教的普遍价值根据的确是溢出了正统的儒学之域，注意到了当然之则的现实运行不能违背人的自然天性。道德本体一旦得以确立，名教便不再是空有形式的规范系统，而有了普遍的价值原则作为自身的指导。在形式与实质的统一当中，名教自然就避免了各种虚伪、功利的倾向，彰显了其应有的意义。王弼对此说道：

> 故苟得为功之母，则万物作焉而不辞也，万物存焉而不劳也。用不以形，御不以名，故仁义可显，礼敬可彰也。①

当然之则对人们"应当如何"的指导源自普遍价值理想的指导，普遍原则的确立为具体规则的推行奠定了基础。王弼克服名教异化的成功之处正在于超越具体规则的牵绊，着眼于事物的统一性原理。以道家之自然解儒家之名教的确有其难以克服的理论困境，可是在社会道德规范系统的建设中指出普遍价值原则的作用无疑是一种有益的理论启示。

王弼之所以能够援道入儒，使道家的自然思想渗入到儒家传统当中，其原因在于道家思想对普遍原则的关注。在王弼看来，自然原则之所以是名教规范设立的内在根据，不仅仅在于自然原则作为一种价值理想所展现的"无为而无不为"的境界，更在于自然原则是普遍适用于万事万物的必然法则。朱晓鹏教授指出："在道家看来，道的原则或者说自然主义的原则具有普遍性和绝对性，自然万物和人类社会都要以这种具有普遍性和绝对性的自然之道为其法则，受其支配和作用。"② 道家这种对宇宙普遍原理的重视和强调是先秦其他学派所缺少的，而对于要重建道德本体的名教规范而言却是急需的，这就是王弼在对法、名、儒、墨、杂诸家进行批判之后选择道家学说作为理论资源来重建名教规范的原因。在上文的引用当中，王弼多次使用"母"的概念，"母子"的比喻虽然有着浓厚的宇宙生成论的色彩，但在这里我们可以将其视作王弼对宇宙普遍原理的重视，强调本体之"无"与自然原则的必然性。正如杨国荣教授所指出的那样："王弼所谓'本'大致有二重含义：其一为存在论意义上的本体，其二为

---

① （魏）王弼：《王弼集校释》，楼宇烈校释，中华书局1980年版，第95页。
② 朱晓鹏：《道家哲学精神及其价值境域》，中国社会科学出版社2007年版，第208页。

价值论意义上的本体（亦即作为道德根据的本体）。"① 如上所说，王弼为应对名教的失落而重建道德本体，道德本体的树立是其理论构建的目的。在对道德本体的追问当中，王弼同时展开了对存在论意义上的本体的发问，对于人们"应当如何"的回答立足于世界"是什么"的回答，自然原则普遍适用的理论前提正是万事万物的存在均以"无"为根据。老子的学说主要围绕概念"道"展开对形上本体的阐述，王弼则将"道"转化为"无"，建立了"以无为本"的贵无论玄学。

普遍的自然原则统筹具体的名教规则，形上之"无"则统筹形下之万"有"。对于"无"与"有"之间的关系王弼所做的最基本判定是两者是"本"与"末"的区别，强调的是作为"本"的"无"所具有的主导地位。对于突出事物之"本"所起到的作用，王弼在解释孔子"吾道一以贯之哉"的思想时有着很好的说明，他说：

> 夫事有归，理有会。故得其归，事虽殷大，可以一名举；总其会，理虽博，可以至约穷也。②

认识对象往往是以多样的形态存在，可是在王弼看来这种多样性（"事"与"理"的"殷大"和"博"）的背后必然有其统一的原理（"归"与"会"），只要能透过杂多抓住其中的统一性，就能把握住认识对象。"本"所着眼的是事物的统一性方面，寻求对对象的整体把握，彰显的是共性对于事物的意义。这种认识所指向的是超越经验的对象，从对象中抽象概括出一般的本质。不同范围的事物自然有着不同的普遍原理，某一类事物的普遍原理适用于这一类事物所涵盖的所有个体。适用于宇宙万事万物的普遍原理正是自古以来为哲人所着迷的问题，柏拉图的"理念"、基督教的"上帝"以及老子的"道"都是对这个问题的回答。上承老子的学说，王弼同样认为任何形名都不足以对宇宙万事万物作出恰当的概括。他尝试着以一种否定性方法对各种具体的特性进行排除，将这个世界存在的终极根据归于"无"，"无"是超越于任何特殊规定性的。在他看来，老子的"道"也不过是对"无"的一种描述罢了。朱晓鹏教

---

① 杨国荣：《论魏晋价值观的重建》，《学术月刊》1993年第1期。
② （魏）王弼：《王弼集校释》，楼宇烈校释，中华书局1980年版，第622页。

授指出:"老子的道之所以是'无'而不是'一'、'太极'等,正体现了它作为最高本体所具有的至上性、超越性和无限性。"① 王弼之所以从老子的道论中提取出"无"作为形上本体,正因为排除了一切特殊规定的"无"反而具有了无限的规定性,才能统摄一切具体之"有"。同时,"无"又不是不存在,而是一种实存,"无"是从万"有"当中抽象出的一般,是万"有"存在的根据。形上之本体的确立使得对形下之末用的解释和说明有了理论基础,本体之"无"的解释效力遍及万"有",那么本体之"无"所蕴含的自然等原则适用于一切具体之"有"就有了可能。

这就是王弼的贵无论本体学说,在这种"以无为本"的理论构建当中我们可以注意到王弼试图超越经验世界寻求普遍原理的努力。当然,王弼对普遍原理的理论构建还存在不少局限性,"无"呈现为一种抽象的形态,有着被绝对化的倾向。"无"是王弼理性思考所得的产物,并不具有进行任何实证的可能,"无"只能说是王弼对世界普遍原理所进行的一次抽象把握。王弼提出"以无为本"的理论意义在于超越具体事物,展开对普遍原理的追寻,表现出一种对普遍原理的信念。对普遍性的追寻是王弼所处时代所需要的,也是此前两汉思想发展所缺少的,更是求知的一贯目的。

卡尔纳普曾指出,"我们在日常生活中所进行的观察,和比较系统的科学观察一样,揭示了世界上的某种重复性或规则性",规律的发现可以"用于解释已经知道的事实以及预言尚未知道的事实"。② 德国科学哲学家赖欣巴哈则认为"知识的本质是概括",知识就是要从对象中概括出正确的联系,进而寻求普遍的规律,以实现我们对周围世界的控制。③ 人类的认识起初只是对自己身边个别、特定的事物的直接观察,然而特定的经验具有不可重复性,对于人类只有单次的意义,不能用作其他事物的解释。单个个体自身并不存在所谓联系,联系发生于不同个体之间。科学认识不同于特定经验在于超越个别特殊的观察,从不同的个体之间发现普遍的联

---

① 朱晓鹏:《道家哲学精神及其价值境域》,中国社会科学出版社2007年版,第162页。
② [美] R. 卡尔纳普:《科学哲学导论》,张华夏、李平译,中国人民大学出版社2007年版,第4—6页。
③ [德] H. 赖欣巴哈:《科学哲学的兴起》,伯尼译,商务印书馆2004年版,第9页。译者在对此句话的注释中指出:"在英语里'普遍性'(generality)和'概括'(generalization)是从同一个语根来的,因此,'概括'也就是本章题目里所说的寻求普遍性。"求知也就是对普遍性的追寻。

系和共同的性质。这种联系从已经得到的多个观察当中提取出来,是对已经得到的观察的一种解释和说明。若这种解释属于正确的解释,所有符合条件的事物都应能纳入到这种解释当中。而且在条件符合时,这种解释所描述的联系就应当必然发生,这就为人类的预测提供了可能。这种抽取出来的联系或共同性质相对于其所涵盖的所有个体而言具有普遍的性质,并常常以规律、因果性之类的描述表达出来,哲学和科学是在不同层面上对普遍性所进行的探寻。规律以其性质和内容可以作出各种不同的划分,如卡尔纳普以规律是否可以直接观察将规律划分为经验规律和理论规律,又以规律是一种全称性的陈述还是一种定量性的陈述将规律划分为全程规律和统计规律。[①] 规律以其适用的范围不同有着不一样的普遍性,如物质的规律相比液体的规律便有着更高更广的普遍性。但不管是我们身边事物的联系,还是浩瀚宇宙的本质,所有这些对普遍性的探寻都展现了人类求知的欲望,都是对个别经验的突破和超越。

  人类最初对普遍性的概括以我们经验可以触及的事物作为基础,这些规律较容易得到概括也较容易得到验证。然而人类求知的欲望决不满足于停留在可以观察到的世界,人们试图超出经验世界之外,寻求更高的普遍性。在可靠的经验材料不足的情况下,类比、想象、信仰的方法便会逐渐占领概括、推理所占的位置。在赖欣巴哈看来,那种表面的类比并不能得到正确的概括,也不能得到足够的验证,是对普遍性的一种假解释,理应被抛弃。[②] 史蒂芬·霍金同样要求对科学理论采取一种实证的立场,他认为:"科学理论是一种数学模型,它能描述和整理我们所进行的观测。一种好的理论可在一些简单假设的基础上描述大范围内的现象,并且做出能被检验的确定的预言。如果预言和观测相一致,则该理论在这个检验下存活,尽管它永远不可能被证明是正确。另一方面,如果观测和预言相抵

  [①] [美] R. 卡尔纳普:《科学哲学导论》,张华夏、李平译,中国人民大学出版社 2007 年版,第 4—6 页。
  [②] [德] H. 赖欣巴哈:《科学哲学的兴起》,伯尼译,商务印书馆 2004 年版,第 11 页。在赖欣巴哈看来,一些经验论哲学家所得到的假的概括可以在以后的工作中得到进一步的修正,而表面的类比和假解释带来的只能是空洞无用独断的理论并且是有害的,宗教创世学说、本体论学说都是假解释的一种表现,他认为亚里士多德是这样的:"即使用他当时的科学标准去衡量,或是用他自己在生物学和逻辑学方面的成就去衡量,他的形而上学也不是知识,不是解释,而是类比。……想发现普遍性的迫切需要,使这位哲学家忘记了他自己成功地用于较小范围中的原则,并使他在还不能获致知识的处所依附在词语上漂游无定。"见《科学哲学的兴起》,第 15 页。

触，人们必须将理论抛弃或者修正。"① 可是霍金在这里同样表明，一个理论可以被证伪，却永远不能被证实，一个理论的优越性在于他有更强的解释力和预测力。在霍金看来，他的超弦理论虽然比老妇人的乌龟塔理论更加数学化，但两者都是关于宇宙的理论，都缺乏足够的观测证据，乌龟塔理论不能成为一种合格的科学理论仅仅在于它做出的预测已经被证实为假。② 人们对普遍性原理的探寻不能完全建立在经验事实之上，也不能完全依靠可以使理论立刻得到证实的认识方法，不能获得绝对证实的理论并不能简单归结为假的解释，例如霍金就认为他的超弦理论缺乏足够的观测证据，这些理论或许会在以后的验证中被证伪，但人类的认识在这种不断的证伪当中前进。科学研究的可贵之处正在于对经验世界的超越，寻求与未知世界的联系。认识在经验材料不足的情况下需要类似于想象这样的认识方法，这些假设将在之后的历史中接受选择。假如人类满足于安全的知识领域，那人类也就没有什么认识上的突破了。在实证上，宗教的创世学说和哲学的形而上理论在当代的自然科学面前似乎显得不堪一击，它们的理论意义在于它们使思想不停留于日常感官的范围，飞向浩瀚宇宙的深处，正是因为它们对最高普遍性的关注才能使它们成为科学发展的先声。在这里笔者无意对一些普遍原理的具体内容的正确与否进行判定，笔者所关心的是普遍性的关注对于理论构建的意义。

王弼的玄学理论正是表达了一种对普遍原理的信念，是思维向形而上的一次提升。王弼对这个世界存在普遍必然之理予以了直接明确的肯定，他在《周易略例·明象》的一开头便说道：

物无妄然，必由其理。③

这里所谓"必"是指必然性，"理"是指规律性，"妄然"则是指对

---

① ［英］史蒂芬·霍金：《果壳中的宇宙》，吴忠超译，湖南科学技术出版社2002年版，第31—32页。

② ［英］史蒂芬·霍金：《时间简史——从大爆炸到黑洞》，许明贤、吴忠超译，湖南科学技术出版社2006年版，第168页。关于老妇人的乌龟塔理论参见该书第1页，据说是罗素在和一个老妇人关于宇宙的争论当中，这位老妇人坚持认为世界是驮在乌龟背上，而这只巨大乌龟是站在一只乌龟驮着又一只乌龟的乌龟塔上。

③ （魏）王弼：《王弼集校释》，楼宇烈校释，中华书局1980年版，第591页。

这种必然规律的例外。人们所面对的是一个千变万化的世界，但是所有这些运动变化并非以一种神秘任意的方式进行，而是有着确定的发展趋势，以一种有序的方式进行。世间所有事物都要遵从确定的法则，没有哪种事物能够例外。假如有某种事物的运行是任意的，那么它也是无法理解的。事物的运动变化有了确定的趋势，人们才可以对其展开预测。人类的认识能力是有限的，对于各种规律的把握是一个逐步推进的过程。人类目前对某种事物的发展规律还不能有全面的认识，并不代表此种事物的运动就是无序的、没有原因的。例如人类对天气变化的预测，往往不能达到足够的精确，在爱因斯坦看来："这个领域里的现象之所以在精确预测的范围之外，是因为起作用的因素的庞杂，而不是因为自然界中没什么秩序可言。"① 王弼"物无妄然，必由其理"的观点显然是有所见于事物运动的规律性，是在理论上对相对主义、怀疑论的有力拒斥。

为了表示对这种普遍规律的肯定，王弼在其著作行文当中，常常使用"必""皆"等概念以加强语气，以表明他在表述的是一种普遍必然的联系。比如他将《老子》第四十章"天下万物生于有，有生于无"② 注释为"天下之物，皆以有为生。有之所生，以无为本。将欲全有，必反于无也"。③ 这里的注释相比原文有了论述上的推进，使用了更多的逻辑推论的方法而不是推测来证明自己的观点。通过"皆"这个概念，王弼将一切事物都纳入到他当前所在描述的关系当中，排除了任何个体有免于此条法则约束的可能。老子在使用"皆"这个概念的时候，往往以"百姓""众人""圣人"之类的人物作为前缀，表达的只是对人物行为的关注，其展现出的普遍性与王弼所使用的方式相比便有所不足。王弼在这里用"皆"去说明的是宇宙本体与具体事物之间的根本联系，表现的是具体事物对必然规律的普遍遵从。通过"必"这个概念，王弼表达出此种联系

---

① 《清澈的理性——科学人文读本》，上海教育出版社2005年，第56页。爱因斯坦曾提出著名的"上帝不掷骰子"的观点，认为世间万物均处于因果必然性之下，因此他极力反对量子力学当中的随机性观点。爱因斯坦在理论上并不能有效反驳量子力学的随机原理，但在他坚持认为，随机原理哪怕是在美学上也是不能令人满意的。在当代物理学研究中，爱因斯坦的此种观点受到越来越多的批评，然而爱因斯坦在这里所表达的是一种对事物规律性的一种信念。

② 本文对《老子》一书的引用均以《王弼集校释》（楼宇烈校释，中华书局1980年版）中的《老子》文本为准。

③ （魏）王弼：《王弼集校释》，楼宇烈校释，中华书局1980年版，第110页。

所具有的逻辑必然性。瓦格纳指出，王弼对逻辑必然性的探讨还展现在"必"的对立面"不能"上，"不能"所表达的是对逻辑可能性的否定，① 如"夫众不能治众，治众者，至寡者也；夫动不能治动，制天下之动者，贞夫一也"。② 老子对概念"必"的使用更多出现在一些具体事例的描述上，如"大军之后，必有凶年"③，同时《老子》行文当中，大量使用比喻的方法，许多地方使用"似"这一类的概念，这就使得老子对其观点的论证相比之下缺少足够的严密。"皆"与"必"的使用使得王弼将"万物""有""无"之间的关系以一种确定不移的方式表现出来，推论性的表述使得其所表达观点的普遍性必然性得到进一步的加强。

理论构建当中对必然性推理方法的使用突出了王弼对普遍原理的肯定和重视，既然"万物无不由之以始以成"④，那么对统理万物的普遍原理的把握就成了最首要的问题，对任何其他问题的探讨都需要以普遍原理的确立为基础。就《周易》而言，它的内容是有关变易的学问。在王弼看来，对一卦卦意的理解最重要的不是在六爻相错之间进行具体分析，而是首先对统论卦意的彖辞进行把握，王弼指出：

> 夫彖者，何也？统论一卦之体，明其所由之主者也。夫众不能治众，治众者，至寡者也；夫动不能治动，制天下之动者，贞夫一也。故众之所以得咸存者，主必致一也；动之所以得咸运者，原必无二也。⑤

在一多关系当中，王弼强调的是"一"的主导地位。"一"所处的地位由其对"多"具有的解释力所决定，这就显示出在认识当中"一"所具有的优先性。彖辞是对卦象的集中概括，统论六爻之变。个体之爻所关

---

① ［德］瓦格纳：《王弼〈老子注〉研究》，杨立华译，江苏人民出版社 2008 年版，第 804—805 页。

② （魏）王弼：《王弼集校释》，楼宇烈校释，中华书局 1980 年版，第 591 页。

③ 《老子·第三十章》。

④ （魏）王弼：《王弼集校释》，楼宇烈校释，中华书局 1980 年版，第 91—92 页。此处王弼原注为"万物无不由为以治以成之也"，楼宇烈在其校释里借鉴陶鸿庆、波多野太郎等人的观点，将此句改为"万物无不由之以始以成也"。这里采用楼宇烈改正后的用法。

⑤ （魏）王弼：《王弼集校释》，楼宇烈校释，中华书局 1980 年版，第 591 页。

注的是对具体情势进行说明，通过象辞则可以达到对卦意的整体把握。与象辞在理解卦意中所起的作用一样，对这个世界的认识要从万事万物之所由的本体之"无"入手。本体之"无"是世界万物存在的根据，是涵盖万事万物的普遍原理，其所具有的重要性使得它成为王弼哲学沉思当中的关注中心。

如上所示，王弼在其著作中一再地表现出对普遍性问题的关注，展现了其贵无论玄学所具有的形上向度。王弼的理论兴趣在于普遍原理的构建，这种理论构建的前提是对这个世界普遍原理的存在抱有信念。正如上文所讨论的那样，对越高普遍性问题的探讨就越缺少可靠的经验材料作为基础，也就越难得到实证。在进行全面思考之前，对普遍原理存在与否的回答反映的是哲人对世界对人生的基本态度。相对主义与怀疑论在理论上对普遍原理都有着猛烈的攻击，这往往是一种虚无的人生态度在理论上的表现。毫无疑问，王弼对普遍原理的存在表现出了强烈的信念，这种信念使其学说围绕形上之域展开，使得他与魏晋之际那些荒诞放任的士人区别开来。只有肯定普遍原理的存在，才能进一步对普遍原理的内容和意义展开追问。

第二节　名教本于自然

王弼对这个世界普遍原理的追问展现在多方面，如世界万事万物的存在以"无"为根据，又如万事万物的运行遵从自然原则。对于人类社会，王弼强调了自然原则对于人类规范制度的创立所具有的本源意义，肯定了自然的原则对于人类社会所具有的普遍的适用性，他的这种观点被总结为"名教本于自然"。这是将自在的物质世界所具有的运行规律规定为自为的人类世界应当服从的法则，其理论前提便是包括人类社会、人类历史与人类思维在内的人类世界与物质世界之间存在着一种共同适用的普遍规律。显然，人类世界以物质世界作为自身的物质基础，同时两者却有着不一样的存在形式。对于这两种相异的存在之间是否具有某种共同遵从的运行规律①，甚至人类世界本身的运行是否有规律可循，一直以来为哲人们

---

① 这种所谓的共同规律不是指作为人类世界物质基础必须遵从的物理学规律、生物学规律。

所反复讨论。

哲人们的切入方式与侧重点各有不同，但都表现出了对这个问题的关注。笛卡尔从心灵即人类思维是否与物质具有相同的属性展开了探讨，笛卡尔将物质与心灵区分为两种不同的实体，认为这两种实体具有不一样的属性。他在《第一哲学沉思集——反驳和答辩》里指出："我确实认识到我存在，同时除了我是一个在思维的东西之外，我又看不出什么别的东西必然属于我的本性或属于我的本质，所以我确实有把握断言我的本质就在于我是一个在思维的东西，或者就在于我是一个实体，这个实体的全部本质或本性就是思维。而且，虽然也许（或者不如说的确，像我将要说的那样）我有一个肉体，我和它非常紧密地结合在一起；不过，因为一方面我对我自己有一个清楚、分明的观念，即我只是一个在思维的东西而没有广延，而另一方面，我对肉体有一个分明的观念，即它只是一个有广延的东西而不能思维，所以肯定的是：这个我，也就是说我的灵魂，也就是说我之所以为我的那个东西，是完全、真正跟我的肉体有分别的，灵魂可以没有肉体而存在。"① 在笛卡尔看来，心灵的属性是思维，物质的属性是广延，两者都是独立的存在，两者之间互不依赖，哪怕是与心灵有着紧密结合的肉体同样与心灵没有任何共同之处，人们无法从人的存在形式与物质的存在形式之间抽取出任何可以同时适用于两者的规律或属性。同时，笛卡尔也否定了两者之间存在相互作用的可能，物质与心灵之间不存在着因果关系，思维无法用于解释物质，广延也无法用于解释心灵。这是一种典型的身心二元论的观点，笛卡尔强调的是两者的"分开放置"，对于"什么力量把它们分开"他并不予以关注。② 现实地看，割裂物质与心灵之间的联系无法对人类现实的知行活动进行有效的解释，既无法说明思维内容的真实来源，也无法说明思维对包括肉体在内的物质世界所施加的影响。假如将这种二元论做一种彻底的推进，物质世界对于人类世界而言只能是神秘不可知的。笛卡尔为解决理论上的困境提出"松果腺"作为肉体与心灵的连接，结果只能是使其理论陷入进一步的矛盾当中。笛卡尔的错误在于只是关注物质与心灵之间静态的确定的分别，而不能关注两者之间动态的联系。在笛卡尔看来，实体是"一个不依赖其他任何东西而

---

① ［法］笛卡尔：《第一哲学沉思集——反驳和答辩》，庞景仁译，商务印书馆1986年版，第82页。

② 同上。

自身存在的东西"①，当他将上帝设定为最高最完美的实体时，又在接近的意义上将心灵与物质都确定为实体，造成心灵与物质之间的不可通约，不能从两者之间抽象出一种可以作为两者共同基础的更高属性，物质和心灵以一种分离的形态展现出来可以说是其必然的理论归宿。

与此相反，马克思主义的唯物论强调思维与存在之间的同一性，认为人类思维是对物质世界的反映，两者之间遵从共同的运动和发展规律。恩格斯指出："思维规律和自然规律，只要它们被正确地认识，必然是相互一致的。""我们主观的思维和客观的世界服从于同样的规律，因而两者在自己的结果中不能互相矛盾，而必须彼此一致，这个事实绝对地统治着我们的整个理论思维。"② 这里所说的规律便是指辩证法，在马克思主义看来，辩证法是关于运动和发展的规律，不仅适用于自然的运动和发展，同样适用于人类社会和人类思维的运动和发展。人类思维与物质世界遵从共同的辩证法规律，根本的原因在于世界的本质是物质，思维只是物质世界在观念上的反映。客观辩证法支配着包括自然界和人类社会在内的物质世界的运动和发展，主观辩证法是对物质世界当中对立运动的反映，支配着思维运动。马克思主义是在对黑格尔古典哲学的批判当中创立和发展起来的，黑格尔哲学的辩证法为马克思主义所接受，关于绝对观念的部分则被抛弃。黑格尔将观念性的存在视作这个世界的本源，现实世界是对观念世界的某种摹写或展现。马克思主义将物质规定为这个世界的基础，人类的认识要从现实的物质运动出发，从中寻找世界的联系，而不能通过思维构造联系，再用以解释现实世界。物质是这个世界的第一性存在，思维是物质的产物和附属物，是第二性的存在。一旦这个世界存在的终极根据——马克思主义认为是物质——得以确立，那么为物质世界与人类思维寻找共同遵从的规律就成了合理的理论发展了。马克思主义坚持唯物一元论的观点避免了笛卡尔的身心二元论所必然面临的理论困境。马克思主义只有将物质规定为这个世界的统一性基础，自然界和人类世界只是不同的物质形态，人类思维只是对客观的物质世界的能动反映，才能通过实践对人类世界和物质世界进行沟通，阐明两者之间的联系。笛卡尔将物质与心灵规定为两种相异的实体，纵然设想出"松果腺"作为物质与心灵的连

---

① 转引自赵敦华《西方哲学简史》，北京大学出版社2001年版，第190页。
② 《马克思恩格斯选集》第三卷，人民出版社1972年版，第547、564页。

接，结果也只能是徒劳。马克思主义这种理论优势的根源在于以一种普遍性的角度去展开对这个世界的追问，肯定人类世界与物质世界之间的统一性。

同时我们应当看到，一些理论学说不能从世界的现实形态出发，将虚构的精神、观念或者上帝作为这个世界存在的根据，但同样是对普遍性原理的一种探讨，其理论发展往往也能得到人类世界与物质世界适用共同规律的结果。如上文提到的黑格尔哲学，黑格尔将绝对理念作为这个世界存在的终极根据，他为绝对观念的展开所提出的辩证法既可用于解释逻辑观念的推演，也可以用于说明人类历史社会的发展。这样的理论其自身的基础是虚幻的，可是在一种普遍性的视野下，同样避免了笛卡尔二元论思想解释上的困难，可以视作在相反的方向上对普遍性原理探寻工作的推进。

对人类世界与物质世界是否遵从共同规律的探讨不仅仅以人类思维作为切入点，这种对世界普遍原理的追寻发展至近现代，表现出一些自然科学家希望能将一些自然科学理论用于解释人类社会发展。比如在启蒙主义时期，在一种机械论世界观的影响下，人和社会也被哲人们描述成机器。这种将世界看成一个僵死封闭的自动机的观念随着科学的发展逐渐被抛弃，可各种全新的自然科学理论依旧不断被应用于人和社会。这里以普里戈金为例，普里戈金以热力学定律为基础，提出耗散结构理论，认为自然运动是一种从混沌到有序的自组织过程。任何系统都是开放的而非封闭的，都在与外界交换着信息与能量。系统经历了由非平衡态向平衡态的转变，这是一个不可逆的过程。当系统处于远离平衡态的时候，它是无序的、不稳定的、复杂的，外界能量输入的后果是非线性的，一个小的输入会造成大的后果，可能造成原有组织的破坏，并生成新的组织。这是系统发展的"分叉点"，偶然性在这时起着主导作用，人们无法预测确定的变化方向。当这些随机的因素一经选定，系统便朝着平衡态发展。当系统处于平衡态或接近于平衡态的时候，它是有序的、稳定的、简单的，外界能量输入的后果是线性的，一个小的输入只会造成小的后果，这时的系统受确定的必然规律支配。在普里戈金看来，他的这种理论模型同样可以扩展至对社会、政治、经济等人类集体行为的研究，比如非平衡态就可以用于解释革命、经济崩溃等社会现象的产生和发展。自组织理论也适用于人类的认识和心理过程，比如认识中的创新和突破就源自非平衡态下的"非平均"行为。普里戈金认为："在过去，人们常常指出在人的世界和被想象得完全不同的自然的世界之间有着巨大的差异。"① 人们可以到处发现这种人与自然的疏远感情,思想家帕斯卡尔自豪地强调人是能思想的芦苇,当代生物科学家雅克·莫诺则悲观地看到:"人类一定会从千年的梦幻中苏醒过来;这样,人类就会发现他自身是完全孤独的,与外界根本隔绝的。他最后会认识到,他就像一个吉普赛人那样生活在异国他乡的边境上。在那个世界里,对他所弹奏的音乐是充耳不闻的,对他的希望、苦痛和罪恶也是漠不关心的。"② 普里戈金坚定地反对着这种对立人文社会科学和自然科学的论调,他指出,"今天,研究工作使我们距离人与自然的对立越来越远",他研究工作的目的之一就在于说明"代替这两者的决裂和对立的,是我们关于人的认识与自然的不断增长的一致性"。③ 他的耗散结构理论便是这种既适用于人类社会,又适用于自然的统一规律。

就普里戈金自身的理论出发点而言,他要反对的是经典物理学机械封闭的世界观。经典物理学试图从宇宙中归纳出一些简单的普适规律,将宇宙的基本过程理解为系统在一种均匀、平衡的状态中按照确定的决定论运行,因果律将所有事物一一连接,任何自发的运动、任意的例外都被排除。在普里戈金看来,这样的一种宇宙模式当中无所谓时间的存在,系统运行过程是可逆的,过程中的每一点都是等价的。他要将必然性和偶然性、可逆性和不可逆性、有序性和无序性放在一个统一的框架中进行说明,将牛顿的模式纳入一个更大的世界图式当中。在这样一种世界图式当中,曾经被视作普遍永恒的宇宙基本定律并不是普遍适用,而是只适用于一定范围,只在系统处于平衡态时起作用。当系统远离平衡态时,随意性因素起主要作用,人们无法预测系统确定的发展方向。的确,普里戈金的研究工作反对将这个世界归结为受一些不变的简单规律所支配的理论模式,突出了偶然性、无序性、不可逆性的作用。可是假如我们换一个角度进行考察,当普里戈金将系统的运行规定为从混沌到有序的发展时,他所提出的同样是一个普遍适用的理论框架。系统处于平衡态时起作用的定律并不支配处于远离平衡态时的系统的发展,但是系统由无序向有序的方向发展是确定的。这样一种发展方向对于人类社会和物质世界来说都是相同

---

① [比]伊·普里戈金、[法]伊·斯唐热:《从混沌到有序——人与自然的新对话》,曾庆宏、沈小峰译,上海译文出版社1987年版,第36页。

② 同上书,第35页。

③ 同上书,第36页。

的，普里戈金的耗散结构理论在另一种意义上扮演了普遍定律的角色，对系统远离平衡态进行研究的意义在于批判了经典物理学当中的机械封闭的世界观。

简单地把自然科学定律拿来解释人和社会的确容易导致唯科学主义的弊端，造成忽略人类自身特有价值的倾向。在这里普里戈金所强调的是人与自然之间的共通性，否定人与自然之间的不可通约。可以说，强调人相对于自然所具有的特性和寻求人与自然之间的相通性是人类知行活动当中两种最基本的情感。正如同普里戈金所说的那样，将自然描述成简单规律支配下的机器，强调人所特有的思维情感，不在于贬低自然，而在于"要使人们从恐惧中，从对任何超自然物的恐惧、对任何凌驾于人和自然之上的秩序的恐惧中解放出来"。① 与此相反，寻求人与自然之间的相通更多展现了人对自然的亲近感。这种展现人与自然之间相通性的亲近感不仅仅出现在严密的哲学推理和物理规律当中，也时常以一种优美的描写出现在文学作品当中。在传世名著《瓦尔登湖》中，梭罗在看到解冻的泥沙如同叶饰一般，不由地感叹道：

> 我觉得好像自己跟地球的内脏更加接近了，因为这种流沙所形成的叶状团块，倒是跟动物的内脏一模一样。从这些流沙里头，你会发现一种有植物叶子的预感。难怪大地常常依托叶子为其形，并以这样的理念劳其神。原子早已认识到这一法则，据此成果丰硕。悬挂在枝头的叶子，在这里看到了自己的原型。不管地球也好，还是动物也好，它们的内部都有一张丝润、厚实的"叶子"。……人是什么，还不就是一团溶化的泥土吗？②

梭罗通过对解冻的流沙与叶子之间相似性的描述展现了万物一体的美妙情感，"叶子"也就成了普遍适用于人与自然万物的模型。

在中国传统的思想文化当中，对人与自然关系的讨论主要展开于天人之辨当中。围绕天人关系，作为中国传统思想的主流学派，儒家思想具有

---

① [比]伊·普里戈金、[法]伊·斯唐热：《从混沌到有序——人与自然的新对话》，曾庆宏、沈小峰译，上海译文出版社1987年版，第34—35页。

② [美]梭罗：《瓦尔登湖》，潘庆舲译，上海社会科学院出版社2007年版，第296—297页。

二重向度。儒家一方面主张天人合一，在孔子对曾点之志的赞扬当中我们就可以看到这种对人与自然之间和谐统一的关注。但儒家思想的理论重点更在于突出人所特有的存在价值。孔子对人所特有的价值的肯定体现在仁道原则当中，"仁"作为社会道德规范的内在根据，同时也是人之所以为人的根本所在，这是禽兽所不具备的。在回答子游关于"孝"的提问时，孔子指出：

> 今之孝者，是谓能养。至于犬马，皆能有养；不敬，何以别乎？①

在孔子看来，人与禽兽之间所共有的只是一些物质性的基础，用禽兽也具有的"养"来定义人类行"孝"的行为只能将人贬低为如同禽兽一般的存在。人之所以区别于禽兽就在于仁道原则，人们行"孝"的行为不仅仅在于能"养"，更在于其内在地包含了"敬"的真诚情感，这是"孝"之所以为"孝"的实质内容。在仁道原则的基础上，孟子对人与禽兽之间的区别展开了进一步的讨论：

> 人之所异于禽兽者几希，庶民去之，君子存之。舜明于庶物，察于人伦，由仁义行，非行仁义也。②

纵使人之所异于禽兽的特性极其细微，却是人最为珍贵之处。人自身人格的完善就在于对此种特性的把握与实现，使人内在的德性展开于人自身的存在过程当中。儒家对仁道原则的重视在荀子人能"明分使群"的思想中又得到进一步的强化。总体而言，儒家思想表现出了一种深沉的人文关怀，通过人与禽兽的比较突出了人的文明形态相比自然所具有的优越性，即强调了人与自然之间的差异性。在儒家对自然的推崇当中，往往肯定人所特有的自然天性，反对虚伪矫饰，使人达到对自身天性的自觉，而不是肯定那种人与禽兽所共有的自然性，也不是将自然原则作为整个世界必然服从的普遍定律，强调人的无可抗拒。以人的内在德性与社会有形的

---

① 《论语·为政》。
② 《孟子·离娄章句下》。

道德规范作为切入点，儒家以其固有的理论进路展开了人与自然之间差异的讨论，彰显了对人内在价值的尊重。

在天人关系上，道家思想同样试图对天与人进行一种统一的解释，其途径在于对"道"的把握。"道"因其摆脱特殊形象的限制，所以能对一切具体的事物产生解释的效力。"道"作为这个世界总的原则，既是万事万物存在的根据，也是万事万物运行的法则。不同于儒家之"道"以人自身作为出发点，道家之"道"的内涵建立在宇宙自然的基础之上，其基本的运行规律在于自然无为。既然宇宙自然之中的事物以自然无为作为自身的准则，那么作为这个世界组成部分的人和社会应当效法此种自然无为的准则。在《老子》当中自然无为作为宇宙自然和人类社会共同适用的普遍原则被提出：

> 人法地，地法天，天法道，道法自然。①

不管是天地还是人都应效法自然原则，显然在这里老子展现的是一种人类世界与物质世界遵从共同规律的理论进路。可是同时我们需要看到，老子在强调自然原则的普适性时，同时对人化存在提出了各种批评。自然原则对于人和社会而言属于应当把握和实现的理想形态，而不能用于解释人和社会实然形态的合理性。与儒家思想相比，道家思想在较弱的意义上指出了人与自然之间的对立，只是道家侧重于肯定自然的价值而批判人类的文明化进程。老子将仁义礼智等人化存在视作对自然原则的背离，老子指出：

> 故失道而后德，失德而后仁，失仁而后义，失义而后礼。夫礼者，忠信之薄而乱之首。前识者，道之华而愚之始。②

德、仁、义、礼，这些人的德性和道德规范都被视作对"道"的偏离，而不能用自然原则去说明它们的合理性。道家之"道"作为普遍原理一方面涵盖了天道与人道，另一方面则存在着天道和人道的对立与冲

---

① 《老子·第二十五章》。
② 《老子·第三十八章》。

突，天道是对人道的超越与突破。道家思想正是同时包含了这两种相异的理论成分，而不是以一种理论模型去解释一切。由上可见，中国传统思想的两大主流儒家与道家虽然都要求达到天人合一的境界，可同时都在一定程度上对于人类世界与物质世界是否遵从某种共同的规律持有一种否定的态度，两者各自突出了人与自然当中的某一方面的价值，显示出了人与自然之间的紧张关系。

  哲人们持续关注着人类世界与物质世界是否遵从某种共同的规律，这种探讨是从多方面展开的。它们所反映的是当人类意识到自身是一种相对独立于外界的存在时，如何去处理自身与外界之间的关系问题，是侧重于两者的差异还是侧重于两者的统一。现实地看，人类世界建立在物质世界的基础之上。自然界先在于人类社会而存在，随着自然界长期的发展和演化，人类社会得以产生和发展，与此相伴的是人类意识的产生。人类社会产生之后，人类的生存过程依旧不能脱离自然界而完全独立存在，人类需要不断地与自然界交换着物质与能量。与此同时，人类自身的肉体及人类社会的承载体如建筑等都以物质形态存在着。物质性是人类世界的基本属性，人类在茫茫宇宙的基础上建立起了一个属人的世界。然而，物质性作为人类世界的基础却并非人类世界区别于外在物质世界的特性所在，人类世界作为一种相对独立的存在，有其自身内在的特有属性，以区别异于人的世界。自古以来对于人类之所以为人类的根本属性，哲人们众说纷纭，灵魂、理性、情感、语言、思维、道德、社会性等等都被尝试着进行论述，显然没有人会否认这种差异性的存在，将人类等同于动物或者其他自然物质。以上所述可以说是人类世界与物质世界之间最基本的差异与统一，可是在此基础上，撇开作为人类世界物质承载体的肉体、建筑物等必须要服从的生物学、物理学定律不论，人类世界是否与物质世界遵从着某种共同的规律呢？

  如前所述，人类在认识世界认识自己时，从认识对象当中抽象出对对象普遍适用的规律，以取得对对象运动和发展的解释和预测。这是人类试图在这个世界建立起一种人类可理解可把握的理性秩序，这种努力源自人类的本性，那些不能为这种秩序所涵盖的世界是未知的、待知的世界，无益于人类的现实生存。远至星空的运行，近至商业的活动，人类不断促使自身所处的这个世界有序化。人类的产生和发展就是在茫茫宇宙中不断组织和扩张一个属人的世界，混乱和无序意味着重新将人类消解于无尽的宇宙当中。这正如同普里戈金讲的那样，混沌和无序总是朝向有序发展。人类在构建这种理性秩序时可以是多方面多层次的，这个世界是一个统一的整体，在这些不同层次的划分当中最基本的就是将这个世界划分为二重世界，形上世界和形下世界、天堂和人间、人和自然都属于这种二重划分。将这个世界划分为二重世界往往关涉着人类对自身和外在世界的区别，只是其划分的具体落脚点各不相同。笔者在这里以人类世界与物质世界的区分进行说明，人类构建理性秩序上的努力促使人们探索人类世界与物质世界所包含的规律性。在当代，人们大多赞同于自在的物质世界遵循某种普遍的规律，哪怕是量子力学当中所谓的"随机性"也是对物理状态的一般描述。然而对于有着人类意识参与其中的人类社会和人类历史是否遵循某种普遍性规律，人们有着更多的疑问，因为其中包含着人类特有的能动性作用。比如马克思主义以历史辩证法论证历史发展的规律性，波普则认为历史的发展具有不可预测性。是否将人类世界纳入一种规律性的解释之下，意味着人类这种构建理性秩序的努力是否能扩展到人类世界自身。在人类世界与物质世界的这种二重划分当中，是否进而以一种共同适用的普遍规律对人类世界和物质世界进行说明，意味这个世界整体是否处于一个统一的理性秩序之下？

在这里，笔者无意于探讨这种普遍的规律是否的确存在以及这种规律的具体内容会是什么，笔者所关注的是当哲人对该问题采取某种观点时所反映的哲人的态度及其产生的理论作用。人类在无限的宇宙当中创造属人的世界，构建起文明的秩序。这种创造源自人类生存的需要，源自外界对人类现实的威胁，人类正是在与外界的不断斗争中建立了自己的家园。这时的人们充满创造力，构建属人秩序的努力在思维上的表现就是寻求这个世界的普遍规律，试图将这个世界纳入某种统一的理论框架当中，基督教中的上帝对处于危难中的人们的意义就在于从最大范围为人们构建了一种可以预期的秩序。当人类在现实生存中感到满足，人类从文明的社会当中获取安全，甚至耽于享乐之时，那么继续构建秩序的必要性便减少了。这在理论上便表现为人们更多关注于经验世界，对普遍原理的兴趣逐渐减弱。正如同陈锐教授所指出的那样："人类的精神和社会自然一样，是一个变化着的整体，其中许多东西是难以分离的，对自然的理解中也同样表现出了人类心灵的变迁。不管我们如何理解人类创造的历史与自然的差异，真正的问题始终是我们心中究竟持有何种信念。当我们面临着各种外在的威胁，当我们充满创造的信心和力量，我们就相信世界是可预测的，而不管是借助上帝还是科学与理性的力量。"① 哲人从各种角度展开了人类世界与物质世界是否遵从某种共同规律的探讨，虽然立论各有不同，可是其背后都包含着哲人对这个世界一些基本的态度。当哲人们试图以某种普遍的规律用于解释人类世界与物质世界时，其意图在于更大范围内扩展理性秩序，其基本的信念是这个世界的统一性。更高的普遍性可以将更多的具体事物纳入一个统一的解释框架当中，进而在具体事物的分析当中给予更多的理论支持。

王弼所处的时代是一个充满了挑战的时代，此时的士人们肩负着挽救持续面临信任危机的名教的责任，去证明名教的合法性和必要性。他们需要分析为何这些已为人们所熟知的道德教条并非是一些零散无序的规则，而是具有统一原则的完整体系，名教的权力源自某些必然根据的设定。王弼在匡正名教的努力当中创造性地引入道家的自然原则作为名教的根据，其原因正在于自然原则能在更大范围内提供一种普遍的原则，而这恰恰是儒家传统的薄弱环节。就名教自身的传统而言，其设定的根据源自儒家的仁道原则，相比自然原则仅限于从人自身的角度展开论述，而且仁道原则在两汉对形式规则的强调当中也逐渐被忽视。王弼引入道家的自然原则，展现了一种处在动荡年代的哲人对普遍规律的信念和需要。

对于王弼而言，人类社会和人类历史是有规律可循的。这种规律性不仅仅是指人类社会和人类历史的产生有某种形上的依据，更在于人类社会和人类历史的运动和发展有着确定的方向和轨迹，这种形上根据在人类社会和人类历史的发展过程当中持续起着支配作用。不同社会有着不同的风貌，其中的百姓有着各自的风俗习惯，然而这些社会背后都有着相同的基础。历史的发展变化万千，可是在这变动不居背后同样有着不变的根据。对此，王弼有着相当多的说明：

> 夫古今虽殊，军国异容，中之为用，故未可远也。品制万变，宗主存焉。
>
> 百姓有心，异国殊风，而王侯得一者主焉。

---

① 陈锐：《社会科学的理论与方法》，人民出版社 2010 年版，第 49 页。

故古今通，终始同，执古可以御今，证今可以知古始，此所谓常者也。①

　　显然，王弼对这种规律具体内容的说明还是非常粗糙的，只是简单地表达了在人类社会和人类历史的所有过程当中某种"主""常"一直起着支配作用，并进而肯定了名教的运行确有某种普遍原则的存在。就理论上的意义而言，这种"主""常"的存在在于既否定了人类社会和人类历史总是按照人类的主观意愿发展，也否定了人类社会和人类历史发展的随意性和偶然性，肯定了人类社会和人类历史是有着自身内在所固有的规律的。就魏晋之际的社会现实而言，这种"主""常"的存在可以促使人们从对名教具体规则的争论转向对名教的普遍原则的关注。正因为这种"主""常"的存在，人们可以通过对这种"主""常"的把握来实现对名教的把握，来达到对社会的控制和管理。

　　人类社会和人类历史的发展存有某种普遍规律的观点可以说是王弼对普遍性的追求在具体问题上的展现。就为名教具体的规则寻找一种普遍的原则而言，王弼在这里将儒家传统的仁道原则设为名教的普遍原则也是完全可以实现的，但王弼最终的选择却是道家的自然原则。在王弼看来，除了最普遍含义上的"道"，任何事物都不能以自身的属性作为自身存在的根据，必须寻求更高层次的事物为自身存在的合法性作出说明。对此王弼指出：

　　夫执一家之量者，不能全家；执一国之量者，不能全国；穷力举重，不能为用。故人虽知万物治也，治而不以二仪之道，则不能赡也。地虽形魄，不法于天则不能全其宁；天虽精象，不法于道，则不能保其精。冲而用之，用乃不穷。满以造实，实来则溢。②

　　某种事物的运行若仅仅以自身作为效力的源泉，那结果只能是"穷力举重，不能为用"。假如事物有着更高的存在作为自身运行的担保，便可以"用乃不穷"了。这样的话以仁道原则作为名教的普遍原则还是远

---

① （魏）王弼：《王弼集校释》，楼宇烈校释，中华书局1980年版，第591、117、195页。
② 同上书，第10—11页。

远不够的，仁道原则的内涵在孔子那里主要表现为"仁"，在孟子那里表现为先天的"良知"，其立论基础都是人自身的德性。在王弼这里，以人自身的德性去论证人类社会的道德规范还缺少足够的说服力。这就要超越人自身，从更高的层次为名教树立原则，以确定名教的合法性。只有拥有更宽广的视野，才能对局部的事物做出全面的说明。王弼所要求的是效法道家的自然原则，自然原则从世界整体出发，相比仁道原则有了更大范围的解释效力。老子对于人、地、天、道、自然这种逐渐递进的效法已经有所说明，这种说明更多还是一种平白的叙述，而在王弼"不法……则不能……"的表述当中，指出了这种效法所具有的逻辑必然性。强调从更高层次寻求事物存在的根据，以加强事物的说明，这进一步加强了王弼对普遍性问题的关注，这也是因为王弼有见于当时社会的不足，不再纠缠于名教具体的规则。

　　儒家思想与道家思想在天人关系上都要求天人合一，又各偏重于天道和人道当中的某一方面，凸显了天道与人道之间的张力。当王弼以自然原则解释名教时，首先便要承认天道与人道之间的相通，自然原则具有证明名教规范正当性的效力。为何自然界的天道可以用于人事呢？在王弼看来，这在于天道不是与人道相对立的存在，而是涵盖人道在内的更高层次的存在，天道对于人道而言具有一种普遍必然性。王弼所着眼的是从这个世界整体出发，天与人的相通在于它们统一于这一个世界，王弼认为他所追寻的自然原则对于整个世界而言都是必然的。名教作为一种现实的引导和约束人们知行活动的当然之则，士人需要说明其设立的根据以说服百姓。对王弼而言，自然原则理应成为名教规范设立的标准，正因为它是一种普遍适用于这个世界的必然法则。正如杨国荣教授所指出的："作为当然，规范总是表现为价值领域的规定准则。然而，价值意义上的当然同时又与本体论意义上的实然和必然难以分离。中国哲学对道的理解，已体现了这一点。在中国哲学中，'道'既被理解为存在的法则，又被视为存在的方式。作为存在的法则，'道'更多体现了对象性的规定，具有自在的性质。作为存在的方式，'道'又与人相联系，包含为我之维。"① 合理的社会规范作为当然之则不仅仅反映人的目的，与人现实的需要相联系，同时包含必然规律于自身。王弼"名教本于自然"的学说将必然之自然规

---

① 杨国荣：《成己与成物——意义世界的生成》，人民出版社 2010 年版，第 129 页。

定为当然之名教的根据，显然是有见于此。这里的自然原则不是被表述为自然界的存在法则，进而作为一种价值取向要求人类的知行活动对此进行学习模仿，而是作为自然界与人类都必须服从的必然规律，成为名教规范设立的基础。对此王弼指出：

> 五物之母，不炎不寒，不柔不刚；五教之母，不皦不昧，不恩不伤。虽古今不同，时移俗易，此不变也，所谓"自古及今，其名不去"者也。天不以此，则物不生；治不以此，则功不成。①

五物这里可以指自然万物，五教可以泛指人类社会，也具体指名教规范。不管是自在的物质世界，还是自为的人类世界，都服从于此种必然的规律。人类世界不同于物质世界之处在于这种必然的法则已转化为当然之则，为人类能动的把握。在老子那里，同样将其所追求的自然无为设定为一种普遍原则，可是其理论更集中于对人类作为的批判，使得他不能将这种必然规律进一步贯彻到人类的文明社会，而是突出了人类文明和人类作为对自然原则的违反。从这个角度考察，可以认为王弼的自然理论是对老子的自然理论的发展和推进。

名教作为一整套系统化的当然之则，对于人们具体的知行活动而言具有普遍的指导意义，它的效力在于为特定的活动提供普遍的准则。同时相对于普遍的自然原则，名教规范又表现为具体规则的集合，是普遍的自然原则在当然之则这一问题上的具体展现。自然原则对于名教以及名教对于人们的知行活动之所以具有一种必然性，正在于它们从更大的范围出发对其所涵盖的具体存在进行了限定，使自身表现为适用于特殊个体的普遍必然规律。这些普遍必然性都是相对的，是从一种相对更高层次更大范围进行观察，为所有特殊的个体提供一种整体的图式。一种普遍性具有更广更大的范围，也就能为更多的事物提供说明和解释。所谓天道与人道的相通，并非以天道解人道，亦非以人道解天道，而在于这种道原本就是涵盖天与人。以当代的视角观察，即对世界统一性规律的探寻并非简单地以自然科学理论用于解释人类社会，也非以人类的社会科学理论用于解释自然界，而在于其出发点便应当是对适用于这个世界整体的普遍原理的探寻。

---

① （魏）王弼：《王弼集校释》，楼宇烈校释，中华书局1980年版，第195页。

假如这个世界是一个整体，那就应当存在使这个整体之所以作为这个整体统一在一起的根据和理由。只是从人自身的生存过程出发，对这种普遍原理的探寻所得到的结果往往是多样的。王弼本体思想产生的意义不仅在于提出以自然原则作为名教的根据，更在于从一开始便立足于世界整体，意图通过一种普遍必然的规律为人事设定原则。

同时我们应当看到自然这个概念所具有的双重含义使得王弼在理论上所面临的困难。一方面，自然被理解为必然，指事物依其本性必然如此。正因为自然原则是种必然的法则，所以名教的设立必须要将自然原则包含于自身。另一方面，自然也指事物本然、自在的形态，与人化过程相对。自然世界以自在的方式运行，人类活动则有人的目的性的参与，人类自觉地构建属人的世界。属人世界不同于自然世界在于人类在认识世界认识自己的基础上进而改造世界改造自己，其所创造的意义世界正是对本然世界的超越。孔子与老子正是在此种意义上指出了天道与人道的对立，不同的只是孔子赞扬了人的这种文明化的进程，老子则批判了其中的弊端。当王弼将自然原则作为名教设立的根据时，也隐含了两者对立和分化的倾向。从自然概念所包含的本然性出发，以自然原则作为这个世界整体的普遍原理是不合适的，不仅仅是人类社会，任何进入人类知行之域的事物，在不同程度上都已经具有了非本然的性质。可以说，王弼以自然原则作为名教的必然根据是有自身理论上的不足的，在探寻适用于人类社会与自然界的普遍原理时未能对两者的差异做出足够的考察。

如上所述，当我们从整体出发，寻求适用于具体个体的普遍原理时不能将某种特殊的理论上升为普遍原理。王弼自身的理论局限性使得他简单地将自然视作必然，将本然自在之物的理论用于解释自为的人类社会，不恰当地扩展其适用范围。可是在这里我们更应看到王弼提出此种观点所具有的理论意义。其一，以自然匡正名教为的就是矫正名教的虚伪化、形式化，强调注重人类当然之则当中的实质内容，恢复人类纯朴自然的本性，这是为了应对魏晋之际的社会现实，也与老子思想一脉相承。其二，王弼提出自然原则更重要的意义在于对普遍原理的关注——虽然以自然原则作为世界整体的普遍原理还是不足的。正如我们在下文将要看到的那样，两汉思想对普遍原理的构建存在诸多不足，文字注疏和礼教制度的繁荣所表现的是士人在具体特殊问题上的努力，可是普遍原理的缺失使得士人对具体特殊问题所进行的说明显得解释力不足。在魏晋之际，名教权威的陷落并不是因为名教具体规则上的不完备，而在于过多地停留于具体规则上的争论，王弼所要做的是为零散的破碎的具体规则寻找统一的原则。被王弼作为普遍必然原理提出的自然原则成为当然之则的根据时，也成为人们追求的目标，使得士人的追求由形而下的世界飞向形而上的世界。当人的认识由多样个体的关注转向统一整体的关注可以使人的思维凝聚集中，而更高的普遍性也就能将更多的个体纳入自身的解释范围之中。只有从整体的普遍性出发才能为所有个体提供统一的说明，只有在整体的图式中个体才能确定彼此的关系和自身的位置。

第三节　经学之弊

　　王弼所追寻的普遍性就是他所说的"本末"之"本"，以"本"与"末"之间关系的比较作为基本的理论进路，王弼自觉地展开了对这个世界普遍原理的探讨。这种辨析"本"与"末"关系的研究方法被诸多学者视作王弼哲学思想的特质所在，并进而将王弼的思想定性为一种本体论学说。对王弼思想本体论特性的评价往往被学者放在与两汉宇宙生成思想的比较当中进行，汤用彤先生便认为玄学实现了由两汉宇宙生成论向魏晋本体论的转变，王弼的贵无之学是典型。从玄学发展来看，玄学正是在对两汉宇宙生成思想的回应当中产生的。那么在普遍性视域之下，王弼的本体思想与两汉的宇宙生成思想之间又有何差别呢？

　　相比先秦儒家偏重于社会人伦的关注，两汉儒家思想的一个重要特点就是大量吸收道家、阴阳家关于天道、阴阳和五行的思想，对宇宙的演化和构造进行了详尽的探讨，将现实人类社会秩序的构建建立在宇宙秩序的基础之上。先秦关于宇宙创生和阴阳五行的思想还只是表现为一些较为简单朴素的形态，并且独立存在于各家学说当中。自秦汉以降，宇宙创生的观念和阴阳五行的观念得到融合，对宇宙创生过程和构成的描述不断被系统化细致化，并逐渐趋于复杂烦琐。总体而言，两汉思想对世界本源的理论构建首先从时间上回溯至这个世界的"所从出者"，将这个世界描述为一个若干阶段不断化生的过程，其次在空间上将阴阳和五行规定为构建这个世界的基质和运行法则。从《春秋繁露》到《淮南子》再到《白虎通义》，虽然理论特质各有不同，但都在不同程度上涉及此种宇宙创生观念，可以说宇宙生成论构成了两汉思想的一个基本方面。

第二章 明于本数——普遍之"无"的超越性

董仲舒哲学思想的最高范畴是"天",其宇宙模式主要围绕"天"展开。在董仲舒看来,要穷究宇宙根本实现人事治理就要达到对这个世界之"元"的把握,这个"元"便是"天"。"天"是世界万事万物的始祖,通过其所派生出的"十端"创造出这个世界,董仲舒指出:

> 何谓天之端?曰:天有十端,十端而止已。天为一端,地为一端,阴为一端,阳为一端,火为一端,金为一端,木为一端,水为一端,土为一端,人为一端,凡十端而毕,天之数也。①

天、地、阴、阳、火、金、木、水、土和人被董仲舒抽象出来作为构成这个世界的十种基本要素,这十种要素相辅相成创生万物。但在董仲舒的宇宙结构当中,这十种要素的地位并非平行并列的,而是在创生过程当中相继出现,这十种要素的排列也并非是随意的,而是有着确定的逻辑顺序。这里首先要区分董仲舒宇宙思想当中的"天"的双重含义,一种是作为"十端"之一的"天";另一种是作为终极根据的"天"。世间万物的生成运行源自"十端"的相互作用,在"十端"里,五行相生相克,阴与阳有地位和作用的主次之分,但它们都由天地化生而来。② 就天地之间的关系而言,地由("十端"之一的)"天"派生而来。穷根究底,"十端"都只是(终极根据之)"天"的一种成分,都创生于(终极根据之)"天"。董仲舒又指出:

> 无天而生,未之有也。天者万物之祖,万物非天不生。③

在董仲舒的宇宙模式当中,"天"作为终极本源出现,"天"进而化生为"十端","十端"又按照确定的运作规律创生万物。总体而言,董仲舒在确立"天"所具有的终极地位之后,更多侧重于以阴阳五行探讨宇宙的构成,对"天—十端—万物"的生成过程并没有给予过多的说明,但考察董仲舒的宇宙模式,这种生成顺序的确是存在的。

---

① 《春秋繁露·官制象天》。
② "天地之气,合而为一,分为阴阳,判为四时,列为五行。"(《春秋繁露·五行相生》)
③ 《春秋繁露·顺命》。

董仲舒宇宙模式中的"天"作为终极"创生者"还具有情感意志的品格，理论特质更倾向于道家的《淮南子》则从物质性的气出发，描述了宇宙气化生成的过程。《淮南子·天文训》将有形世界产生之前混沌未分的存在形态称为"太昭"，气由"太昭"而来，进而化生出天地、阴阳、四时和万物。《淮南子·天文训》里详细描述了这一过程：

> 天地未形，冯冯翼翼，洞洞灟灟，故曰太昭。道始于虚廓，虚廓生宇宙，宇宙生气，气有涯垠。清阳者薄靡而为天，重浊者凝滞而为地。清妙之合专易，重浊之凝竭难，故天先成而地后定。天地之袭精为阴阳，阴阳之专精为四时，四时之散精为万物。①

这个世界终极的本源"太昭"是无形无象的，构造具体事物的气则是有形有象，这个世界的产生就是由无形之"太昭"具体化为有形之气。气首先化生出天地，气的性质有清浊之分，所以天地成形有先后之别。天地之精气又融合化生出阴阳，阴阳之精气进而产生四时，四时在聚散之间化生万物。在此之后，《淮南子·天文训》又极其详尽地描述了万物创生的过程及其表现形式。在《淮南子·天文训》的宇宙模式当中，这个世界回溯至终极的源出形态是"太昭"，这个世界现实的存在与运行依据是气。这个世界的运行就是气的演化过程，有着确定的运行准则和机制。

到了东汉，这种宇宙生成的过程被构筑的越加精致复杂，并大量掺入了谶纬迷信的思想。《白虎通义》作为东汉官方哲学的经典，继承了董仲舒天人感应的学说，绘制了一幅宇宙由无到有的创生图式。对于世界万物的起源，《白虎通义》里说道：

> 始起之天，始起先有太初，后有太始，形兆既成，命曰太素。混沌相连，视之不见，听之不闻，然后剖判清浊。既分，精出曜布，度物施生。精者为三光，号者为五行。行生情，情生汁中，汁中生神明，神明生道德，道德生文章。故《乾凿度》云："太初者，气之始也。太始者，形兆之始也。太素者，质之始颁。阳唱阴和，男行妇

---

① 《淮南子·天文训》。

随也。"①

宇宙的终极根源还是在于始起之"天",宇宙最初的创生经历了太初、太始、太素三个阶段,分别意味着"气""形""质"的产生。这时的世界依旧处于混沌未分的状态,随着气分清浊,才相继生成三光、五行,接着才有了人类社会。对于业已生成的世界,《白虎通义》以五行进行比附说明,五行被视作构造世界的五种基本要素和世界运行的基本原则。"天"创生出五行,五行在"天"的支配下相生相克,具体地创造出这个世界的万事万物。在《白虎通义》看来,食有五谷、声有五音、爵有五等、祭有五祀、人有五性、体有五藏、罚有五刑、书有五经都是五行构造世界的表现。

如上所述,各家思想对于宇宙创生过程的理论构建有所不同,但可以说是大同小异,都肯定了世界由某种源出形态创生而来。这种宇宙观念通过对世界的生成过程以及具体构造的分析,强调了终极的"所从出者"对这个世界所具有的作用和地位。宇宙生成论从世界整体出发,以生成的视角为这个世界提供了一种统一性和普遍性的原理。与王弼的本体思想相同,这些宇宙生成论思想将世界观上的普遍原理进而推演为他们在人世社会上各种诉求的理论基础,构建了一套与宇宙生成模式相适应的道德哲学与政治哲学。

董仲舒在世界观上将"天"视为宇宙的"所从出者",在天人关系上同样将"天"规定为人伦规范的根源。在《春秋繁露》人副天数的理论当中,人被看作是按照天的形式所构造的副本。"天"有三百六十六日,人有三百六十六小节;"天"有十二月,人有十二大节;"天"有五行,人有五脏;"天"有四时,人有四肢。以天与人之间的同构性为基础,董仲舒根据同类相感的原则,提出天人感应的理论。人类社会各种现象的产生与变化的根据并不内在于自身,而是源自于"天"的活动。不仅如此,董仲舒的"天"不再是自然性的存在,还具有情感意志的品格。人类行为不能只考虑人自身的需要,还要考虑"天意"的反应。对此,董仲舒指出:

---

① 《白虎通义·卷八》。

> 仁之美者，在于天也。天，仁也。天覆育万物，既化而生之，有养而成之，事功无已，终而复始。凡举归之以奉人，察于天之意，无穷极之仁也。人之受命于天也，取仁于天而仁也。①

人类德性的根据在于天，人类行仁源自"天意"的要求。在这样一种天人关系下，就是要求人类以"天意"作为普遍原则来决定人类在政治道德上的规范和行为。"天意"对于人而言是必然的不可违抗的，人在"天意"的支配下构建人类社会秩序。"天"与人的同构性使得沟通天人关系有了可能，人可以通过"天"的表现把握"天"的情感与意志。

《白虎通义》同样肯定了"天"对于人类社会秩序所具有的本源性，在介绍宇宙生成过程时便明确指出："行生情，情生汁中，汁中生神明，神明生道德，道德生文章。"②道德文章最终都是源自于"天"。"天"对于人的意义不仅仅在于创生的作用，更在于人类社会的纲常秩序是依照"天"的运行法则去制定，《白虎通义》指出：

> 子顺父，臣顺君，妻顺夫，何法？法地顺天也。③

父子、君臣、夫妻三纲的合理性由"天"对地的支配地位所证明。利用阴阳与五行的模型，所有现实的社会规范以及社会关系都可以得到解释和说明，如婚嫁、祭祀等，在这里阴阳五行的运行法则便具有了普遍原则的地位和作用，宇宙秩序赋予了人伦秩序正当性。正因取法于"天"，以终极的"所从出者"作为自身的依据，人类社会的规范制度才具有了普遍必然的品格。通过形上之"天"的设定，《白虎通义》将正统的伦常规范纳入到一个整体的解释框架当中，确定了它对于社会所具有的权威地位。

《淮南子》当中"天"的含义除了指自然自在之"天"，还指与人相感的天命之"天"。以天命之"天"为依据，《淮南子》肯定了纲常规范存在的合理性。在形体上，《淮南子·天文训》以"天"的四时、九重、十二月来比附人有四肢、九窍、十二节，强调人由"天"化生而来。在

---

① 《春秋繁露·王道通三》。
② 《白虎通义·卷八》。
③ 《白虎通义·卷三》。

人类活动上，人要根据"天"的运动变化来做出恰当的选择。"天"之所以成为人类活动的标准在于其所蕴含的力量可以对人事产生影响，当这种力量发生转变之时，人类活动必须随之改变，与"天"保持一致。《淮南子·天文训》指出：

> 太阴治春，则欲行柔惠温凉。太阴治夏，则欲步施宣明。太阴治秋，则欲修备缮兵。太阴治冬，则欲毅猛刚强。①

君王施政需要根据四时的特定性质去开展，以取得最佳的效果。人类社会的政治制度和伦常规范的制定必须以"天"的运行变化为根据，"天"的主宰地位赋予这些规范制度以合法性与必然性。而违背"天"的运行法则去开展人事活动，不但不能获得成功，"天"还将以反常气象作为回应。通过对"天"的变化的顺应，人世秩序被纳入到一个统一的宇宙模式当中。相比《春秋繁露》和《白虎通义》，《淮南子》的天人关系也以天人感应的模式为基础，只是其天命更多表现为气的运动规律，而较少情感意志的成分。

先秦许多儒者虽然还保持着对天的崇敬，但对人类自我的德性给予了更多的关注，更加强调人类自我德性在道德规范的设立当中所起的作用，如孔子的仁和孟子的良知之心都突出了人自我的维度。在两汉的大一统时代，儒学与黄老道家、神仙方术以及阴阳五行思想不断融合，对世界创生之源"天"的重视使得两汉儒学忽视了自我的地位，将外在之"天"作为伦常规范存在的根据。两汉思想对宇宙创生过程和宇宙构造进行了细致乃至烦琐的说明，其最终的目的还是在于为现实人世社会的伦常规范设立形上的根据。"天"在两汉只是在较少的情形当中指自然之"天"，更多的时候被拟人化，带上情感意志的品格。与此同时，两汉思想在天人关系上经常以牵强的同类感应来解释"天"与人的沟通。因此，两汉思想这种天道观常常被刻上神学目的论、宗教、迷信之类的标记，被指为违背传统儒学价值路向或是为统治秩序做辩护。的确，天人感应学说在天人关系上有许多牵强附会的地方，甚至是夸张荒诞。笔者在这里所关注的是这些以宇宙生成论为基础的天道观，作为一种普遍必然的形上原理，对于论证

---

① 《淮南子·天文训》。

人世秩序的合理性所起的理论作用。就为伦常规范寻找普遍必然的形上根据而言，先秦儒学的自我之心性、两汉儒学的人格化之"天"以及魏晋玄学自然之"无"都从自身特有的视野出发提供了某种解决方案。我们将王弼的玄学思想总结为"名教本于自然"，从《春秋繁露》《白虎通义》中我们同样可以得出"名教本于天"的结论。自然也好，天意也罢，其理论作用都在于为纲常规范提供一种普遍必然的原则和根据，将纲常规范规定为某种形上原理支配下的具体规则。但是笔者认为，两汉以宇宙生成论为基础的天道观相比之下所提供的普遍性是不足的。就两汉的宇宙生成思想而言，其以人世经验来说明超越之"天"以及过于烦琐的特质，都使得其理论所具有的解释力进一步减弱。两汉宇宙生成思想对普遍性关注的不足正构成了以王弼为首的魏晋玄学思想以"本体"的视角展开普遍原理探索的理论前提，下面笔者就两汉宇宙生成思想与王弼本体思想两种理论的普遍原理对具体规则所提供的解释力作一简要的比较。

首先，王弼的本体思想相比两汉的宇宙生成思想具有简单性的特点。对简单性的追求是人类认识的重要方面，学者们对于简单性原则的内涵有着各种解释，如说明简单性原则所具有的经济性，或是强调简单性原则在审美上具有的意义等等，笔者在这里所关注的是理论所具有的简单性对于理论的解释力所起的作用。牛顿认为："自然不做徒劳的事，解释多了白费口舌，言简意赅才见真谛；因为自然喜欢简单性，不会响应于多余原因的侈谈。"[①] 这个世界自身的简单性在于这个世界不会有任何多余的浪费。另一方面，这个世界又以多样的形态展现自身，人类所面对的世界是由不断变化的多样的个体所组成的杂多集合。人类的认识有着从杂多对象当中抽象出恒常不变的普遍性的需要，以统摄凌乱的杂多的对象。一种有关普遍性的原理需要以尽可能简洁的形式将尽可能多的内容纳入自身解释框架当中去，使所有的对象以一种尽可能简单的方式统一展现出来。这个世界的统一性原理总是具有简单性的品格，爱因斯坦指出："逻辑简单的东西，当然不一定就是物理上真实的东西。但是，物理上真实的东西一定是逻辑上简单的东西，也就是说，它在基础上具有统一性。"[②] 当然，这里的简单性不是指对对象进行机械简单的还原，也不意味着与对象的多样

---

① ［英］牛顿：《自然哲学之数学原理·宇宙体系》，王克迪译，武汉出版社1992年版，第403页。

② 《爱因斯坦文集》第一卷，许良英、范岱年编译，商务印书馆1976年版，第380页。

性、复杂性①截然分离，而是在于以一种尽可能简洁的解释框架去解释和说明其范围内所包含的所有对象。同时，普遍原理所具有的简单性更不意味着日常生活当中所谓的简易简便，它并不是指对对象的直接把握，反倒是蕴含着对对象更深层次的理解，这里的简单性是指对对象进一步的抽象提取当中对非必要的形式予以舍弃。爱因斯坦进一步指出："我们所谓的简单性，并不是指学生在精通这种体系时产生的困难最小，而是指这体系所包含的彼此独立的假设或公理最少；因为这些逻辑上彼此独立的公理的内容，正是那种尚未理解的东西的残余。"② 一种理论包含越多的假设和公理也就显得越复杂，这是因为假设和公理就是理论自身所设置的条件和限定，这也就限制了理论对对象的解释和适用。从纷繁的对象当中抽象出一般性的原理以实现对对象的统一把握，这本身便是一个简化过程，而理论当中较多的假设和公理将减弱此种目的的实现，形态更为复杂的理论对对象的解释也更为复杂。所以，在人类的认识当中需要去获取形式更为简单的理论，以实现在实践当中对更大范围对象的适用。

以简单性为标准，两汉的宇宙生成思想是不足的，甚至是过于烦琐的。这一方面表现在宇宙生成思想当中所必然具有的过程性，另一方面表现为以多种基本要素去分析世界构成所导致的复杂性。在宇宙生成思想当中，作为终极的"所从出者"与具体事物之间的联系并非是直接的，而是具有一个生成过程的"阻隔"，这种生成过程的理论构建在两汉时期不断趋于复杂化。董仲舒的思想包含了"天"化生万物的内容，但对"天"化生"十端"，"十端"化生世界的过程还并未作过多说明。《淮南子》则对"太昭"生气，气生天地，天地生万物的过程进行了详细复杂的说明。而到了《白虎通义》，仅宇宙最初的创生，就分为太初、太始、太素三个阶段。更重要的是作为两汉宇宙生成思想当中最终根据的"天"，不只是以自身的原则去统摄万事万物，还通过其化生出的一些基本要素去实现对具体事物的支配，这主要包括阴阳和五行。以《春秋繁露》为例，在《春秋繁露》当中"天"是最高的原则，"天"又化生为十端，天、地、阴、阳、火、金、木、水、土十种基本要素有着不同的地位和属性，在类比当中所对应的只是部分的事物，对于人事活动又有着各自的指导作

---

① 这里应当注意区别事物本身的复杂性与理论的复杂性。
② 许良英、范岱年编译：《爱因斯坦文集》第一卷，商务印书馆1976年版，第299页。

用。这十种基本要素并不能单独对世界施加影响，世界的创生需要十种要素的共同作用，它们之间的相互配合有着确定的运行机制，比如五行之间相生相克的关系。对于这十种基本要素如何具体地影响世界，《春秋繁露》还有着繁杂的推演过程，比如官制对天象的效法，"十端"结合"三""四"两个数字进行了长篇累牍的演算，才有了三公、九卿、二十七大夫、八十一元士等官制的创立。就"天"自身而言，又具体化为包含情感意志的"天意"。"天"与人一样，有着喜、怒、哀、乐，有着喜爱与憎恶。"天"的情感是多变的，会随着阴阳、节气的变化而变化，也会因为人类活动的性质做出反应。"天"通过各种天象、灾异去展现自己的意志，人类则根据天象、灾异去揣测天的意志，并进而对自己的行动做出选择。在《淮南子》和《白虎通义》的宇宙模式与天人感应模式当中，都不同程度地包含了这种复杂的运作机制。以这样一种复杂的运作机制作为现实人事秩序的形上根据是缺少效率的，人们对某种具体行为合理性的证明并非总是直接来自于终极之"天"，而往往是源自具体的构成要素或者特殊的情感，如进行刑杀活动是因为秋天的怒气，而不能用春天的喜气或是夏天的乐气进行说明。虽然以"天"作为自身最终的根据，但是这些具体的构成要素和特殊的情感相比之下所具有的解释力、证明力是不足的，只能针对具体的事物和行为进行说明，有着一定范围的限制。而且在这种复杂的机制下，其证明解释所需要的推演过程是烦琐的，需要更多的步骤和程序进行说明。两汉的宇宙生成思想本身具有许多任意附会的地方，理论的复杂化也给这种任意附会留下了更多的空间。以这种复杂的宇宙模式作为人世秩序的形上根据只能使其逐渐失去现实的效力，事实上，两汉思想也不断朝着迷信、章句、怀疑发展。

王弼的本体思想正是对两汉过度复杂化的宇宙生成思想的一次反动。的确，王弼本体思想的形式和内容都展现出一种简单性，而"约以存博，简以济众"① 也是王弼本人明确提出的要求。对于这个世界的形上根据，王弼简明地提出"以无为本"，将"无"规定为这个世界最普遍的本质。王晓毅教授认为："汉代宇宙生成模式虽然非常烦琐，却可以从形名角度如此简化：太易、太始、太素、太极等，可视为'无形'；天地万物，可

---

① （魏）王弼：《王弼集校释》，楼宇烈校释，中华书局1980年版，第592页。

视为'有形';显然,可以得出'无形生成有形'这样一个简单结论。"① 王弼的理论方法就是将所有的"无形"与"有形"化约为"无"与"有"。"无"从所有事物当中抽象而来,其本意在于排除一切特定的规定性。普遍之"无"所指向的是一切"有",而不只是适用任何具体的类。而"无"与"有"之间直接展现为"本"与"末"、"体"与"用"的关系,排除了任何中介的干扰,可以说王弼的本体思想在尽量避免终极根据与具体事物之间的关系在时间上和空间上的复杂化。以这样一种简明的方式将"无"规定为本体,其所起的作用在于明确树立起"无"作为终极根据所拥有的绝对地位,肯定了"无"对于一切"有"所具有的解释效力,并不存在其他"准本体"去减弱或分担这种支配地位和解释效力。对于"本体"之"无"的运动规律,王弼将其规定为自然无为,事物依据自身的本性而存在和发展,无须通过烦琐的术数推演去类比天象。在天人感应的理论构造当中,为确保理论的连贯,人们往往凭借主观臆断任意比附,反造成了理论自身的矛盾和混乱,而以自然原则作为人类行为活动的准则就要避免规则堆积后所造成的各类约束以及规则自身的混乱所导致的对规则使用上的混乱。王弼本体思想的简单性还表现在多方面。两汉对《周易》注解注重卦爻的象数变化,王弼则凸显了卦爻变化中所展现的义理。在思想方法上,王弼提倡"辨名析理""得意忘言",反对繁冗迂腐的学风。在王弼思想体系当中诸多成对出现的概念,如"动静""一众"等,王弼都将这些成对概念之间的关系表述为相互间的对立关系,减去了任何不必要的中间环节。王弼本体思想尽可能减少了烦琐的说明,理论模式自身所具有的简单性和明确性就避免了指导人世活动时的模糊性和不确定性。人们对王弼思想的称赞很大程度在于其思想对两汉烦琐学风的超越,周山教授指出:"王弼一扫陈风,以'得意忘言'畅想义理,给人以简洁明白的新感受。"② 王晓毅教授指出:"王弼以'得意忘言'为武器,高屋建瓴、势如破竹地发动了一场思想革命。……扫除了汉儒拘泥文辞、迷信象数、牵强附会的学风,刷新了儒道学说。"③ 所以,在经历了两汉的烦琐学风之后,王弼本体思想的横空出世受到了当时士人

---

① 王晓毅:《王弼评传》,南京大学出版社1996年版,第206—207页。
② 周山:《中国学术思潮史纲》,上海社会科学院出版社2008年版,第142页。
③ 王晓毅:《儒释道与魏晋玄学形成》,中华书局2003年版,第94页。

群体的一致赞扬。

其次，两汉的宇宙生成暗含了世界"所从出者"与其所化生的事物之间相分离的可能，减弱了作为世界终极根据的"天"与具体事物之间的联系。王弼的本体思想与此相反，对"无"与"有"之间的"本末"与"体用"的关系强调的是统一性。两汉的宇宙生成思想作为一种天道观其目的在于探索这个世界存在的终极根据，进而将其规定为这个世界的统一性基础。就两汉宇宙生成思想的理论进路而言，其探索的方向在于从时间的维度追本溯源，将世界的根源归因于创生之"天"。作为这个世界"所从出者"的"天"赋予了具体事物产生和存在的合法性，两者之间有着生成与被生成的联系。正因为两者是生成与被生成的联系，也意味着两者还有着相互分离的一面。这种分离表明被创生者有摆脱创生者对自身的支配的可能，导致当"天"作为终极根据所具有的效力不可避免地减弱。一方面，我们看到两汉具有了情感意志的"天"似乎高高在上，对人世社会发号施令，但事实上作为遥远的创生者，"天"对现实的世界并没有那么直接的影响，最终作为人类知行活动指导原则的是阴阳五行的运行规律，是托身于"天"的人类自身的情感和行为规则，是上承天命的君主。正如英国汉学家鲁惟一对董仲舒的"天"所分析的那样："在董仲舒所构造的宇宙图景中，天也扮演着重要角色：它是一种对人类活动保持着父亲般的兴趣，并且对统治者的行为进行持续监督的力量。"① "天"对于人世社会而言所具有的地位并非总是直接的支配者，而是经常扮演着旁观、监督的角色，作为一种幕后的、遥远的、终极的力量发挥作用。

生成者与被生成者之间的分离是由宇宙生成模式自身的理论特性所决定的。宇宙生成思想最初所探讨的是在时间维度上线性的因果联系，而不是一般和特殊的关系，事物的本源并不意味着事物的本质，将终极的"所从出者"作为具体事物的普遍原则是后期的推演结果。在因果关系当中，原因所指向的是被其引起的结果，对于结果在其后所引发的其他现象并不具有直接的引起与被引起的联系。最终的结果远离于最初的起始因，只有将最初的起始因和最终的结果放在连续的因果链条当中，它们之间的联系才能得以说明，而不能以最初的起始因直接用于解释最终的结果。因

---

① ［英］鲁惟一：《汉代的信仰、神话和理性》，王浩译，北京大学出版社 2009 年版，第 20 页。

果联系所具有的在时间上前后相继的性质,也意味着原因和结果在同一时空中的相互排斥,即原因和结果在时空上都必然外在于对方。因果联系的这些性质也就决定了宇宙生成思想当中的生成者与被生成者之间既有相互联系的一面,又有着相互分离的一面。同时,作为宇宙生成序列中的因果联系,又具有一次性的特点。虽然诸多两汉的思想家不断强调"天"能够周而复始,持续发挥作用,但是无法掩盖这种宇宙生成模式决定了最初的创生过程具有不可重复性,这种不可重复性也就意味着"天"的作用的非持续性。作为这个世界的"所从出者"的"天"与具体事物之间的分离使得将"天意"规定为人类活动的普遍原则时,其所具有的效力不可避免地减弱,"天"的作用更多指向与其有紧密联系的事物,如受命于"天"的"天子"。余治平教授指出:"天子是天之所予、天之所使的,所以就应该义无反顾地担当起'接天'的责任和使命。"① 在生成的等级序列中,与天有着更疏远的距离的普通老百姓,也就更少承担来自天的责任和使命。随着历史的推进,被规定为普遍原理却又显得论证效力不足的"天"只能被抛弃。

不可否认,在王弼的本体思想当中仍有一定的宇宙生成思想的残留,但是我们从王弼思想当中可以更明显地发现王弼对宇宙生成思想的自觉改造。这典型地体现在王弼对老子思想里概念"门"的注解当中,王弼在对《老子》第十章的注解里写道:

> 天门,谓天下之所由从也。②

就"门"这个概念而言具有一定的生成论的内涵,表达的是"道"作为万物的"所从出者"所具有的地位。王弼则用"由"来解释"门",表达的是"道"作为万物直接的形上根据所具有的支配地位。如上所说,宇宙生成模式所关注的是时间维度上的创生过程,而"由"强调的是形上根据在具体时空当中无时无刻所起的作用,王弼对此也有多处说明:

> 无形无名者,万物之宗也。虽今古不同,时易俗移,故莫不由乎

---

① 余治平:《唯天为大——建基于信念本体的董仲舒哲学研究》,商务印书馆2003年版,第113页。
② (魏)王弼:《王弼集校释》,楼宇烈校释,中华书局1980年版,第23页。

此以成其治也。

  至真之极，不可得名。无名，则是其名也。自古及今，无不由此而成。①

  万物之所"由"对于万物所具有的效力并不在于线性的创生过程，其作用在于可以使事物展现自身的功能和属性。王弼将"门"注解为"由"反映了其理论切入点的转换，瓦格纳认为："这是一个重要的改变。道在这些句子里不再是发生因，而是成为存在者的开始和完成之所以可能的条件。""由于他的探究对象是本身玄奥难知的万物之'所以'，他在这一探究中只能通过对可知的存在者的固有规律和结构的目标明确的分析来展开。"② 王弼的"道"也就是"无"，"无"作为万物之"所以"不同于万物之"所从出者"在于其所探讨的是具体事物与其形上根据之间非时间性的结构关系，万物之"所以"决定了具体事物为何如此这般的存在。"无"是具体事物得以存在和发展的根据，也是所有事物之间的统一性基础。王弼通过分析具体事物的规律和现象去探究万物之"所以"在于两者之间的统一性，作为形上根据的"无"和形下事物之间并不是截断为相互分离的两种不同的存在，两者统一为一体，两者所展现的是同一存在的不同方面。形上之"无"从形下之事物当中抽象提取而来，形下之事物又使形上之"无"呈现于自身。王弼指出："本其所由，与太极同体。"③ 服从于万物之"所以"的前提是其与自身的统一，假如"无"外在于具体事物，那就缺少了支配具体事物的合法性。王弼避免形上根据与具体事物之间的分离还反映在他的"体用"理论上，他将形上根据与具体事物之间的关系展现为实体与功能属性的关系。当然，王弼思想中的"无"不能简单归结为实体，王弼的本体思想也并未达到"体用一如"的理论水平，但王弼在理论上努力避免形上根据与具体事物之间的分离是显而易见的。

  第三，两汉宇宙生成思想中的"天"相比王弼本体思想中的"无"更趋于形而下。人们之所以推崇普遍原理正在于其对具体事物的超越，从

---

  ① （魏）王弼：《王弼集校释》，楼宇烈校释，中华书局1980年版，第32、53页。
  ② ［德］瓦格纳：《王弼〈老子注〉研究》，杨立华译，江苏人民出版社2008年版，第840、809页。
  ③ （魏）王弼：《王弼集校释》，楼宇烈校释，中华书局1980年版，第17页。

具体事物当中抽象出这个世界的统一性基础。如前所述，两汉宇宙生成思想将"天"规定为这个世界的终极根据，这种理论常常被加以神学目的论、宗教之类的论断，以强调"天"对于现实人类社会的超越性。然而，宇宙生成模式本身的理论特质使得作为终极根据的"天"有着疏远具体事物的倾向，与具体事物的分离也使得"天"失去现实的效力，事实上两汉的宇宙生成思想最终是以经验的规则和人类自身的情感去解释这个世界，而不是超越之"天"所展现的普遍原则。"天"既不具有其理论自身所宣称的神圣地位，也不是人类追求的目标，"天"只是以其超越的形式搭载了人类现实的诉求。相比之下，王弼本体思想中的"无"并不与具体事物相分离，却是从具体事物当中抽象而来，其理论目标在于排除任何具体事物特定规定性的限制。"无"作为普遍原理可以用于解释这个世界的统一性，"以无为心""任自然"① 的境界是人类追求的目标。对此，汤用彤先生有着整段精彩的论述，汤用彤先生认为：

> 然谈玄者，东汉之与魏晋，固有根本之不同。桓谭曰："扬雄作玄书，以为玄者天也，道也。言圣贤著法作事，皆引天道以为本统。而因附属万类王政人事法度。"亦此所谓天道，虽排斥神仙图谶之说，而仍不免本天人感应之义，由物象之盛衰，明人事之隆污。稽查自然之理，符之于政事法度。其所游心，未超于象数。其所研求，常在乎吉凶（扬雄《太玄赋》曰："观大易之损益兮，览老氏之倚伏。"张衡因"吉凶倚伏，幽微难明，乃作《思玄赋》"）。魏晋之玄学则不然。已然不复拘拘于宇宙运行之外用，进而论天地万物之本体。汉代寓天道于物理。魏晋黜天道而究本体，以寡御众，而归于玄极（王弼《易略例·明象章》）；忘象得意，而游于物外（《易略例·明象章》）。②

在汤用彤先生看来，哪怕有谈玄成分的东汉思想仍不免拘泥于人事，而以王弼为代表的魏晋玄学则企慕玄远，游心物外。可以说王弼的本体思想相比两汉的宇宙生成思想更具有普遍的解释效力正在于其理论特质更具

---

① （魏）王弼：《王弼集校释》，楼宇烈校释，中华书局1980年版，第81、13页。
② 汤用彤：《魏晋玄学论稿》，上海古籍出版社2005年版，第38—39页。

有超越性，而不拘泥于具体的经验规则，并且将这种超越境界作为自己的理想追求。

王弼之所以将"无"规定为形上本体，其目的在于排除任何具体事物特定规定性的限制。特定的规定性只能适用于特定的事物，而不能用于解释世界整体。在王弼看来，甚至"无"也只是对形上本体的不得以之"称"，而不是形上本体自身的"名"。王弼肯定了具体事物特定规定性存在的合理性和必要性，但也强调了它们自身的有限性。如在其言意之辨当中，人们需要通过"言"和"象"去把握"意"，但"言"和"象"毕竟是暂时的、工具性的，真正目标是达到对"意"的领会。又比如王弼将名教规范的合理性基础规定为自然原则，可是把握自然原则的目标不仅仅在于促使人们遵守名教规范，也要将自然原则内化为主体意识，达到"任自然"的心灵境界。在王弼看来，圣人便能达到"任自然"的境界，王弼对此说道：

> 圣人达自然之性，畅万物之情，故因而不为，顺而不施。除其所以迷，去其所以惑，故心不乱而物性自得之也。①

成圣的重要标准就是要能够达到因任自然，摆脱物欲的牵绊。从本体之"无"到自然原则，王弼都强调了对经验世界的超越，确立了对超越的普遍原理的追寻在其理论中的主导地位。

在中国的历史文化当中，"天"的观念具有极其重要的影响，常常被奉为至高无上的存在而受到人们的尊崇敬畏。在传统社会当中，统治者对"天"的祭拜构成了社会政治活动里最神圣最严肃的内容。现如今，"天"仍以各种形式影响着人们的生活和心灵。两汉的宇宙生成思想便将"天"规定为这个世界的终极根据，两汉的社会生活也表现出各种对"天"的崇敬。然而两汉宇宙生成思想中的"天"并不是宗教中的神，相比中国原始宗教中的至上神"帝"，它所具有的权威性是相当有限的，作为终极根据的"天"并没有如其理论自身所宣称的对于人事活动的影响力。赵敦华在其"走向多神教之路"一文中指出，对"天"的崇拜是由对"帝"的崇拜演化而来。在商周时期，至上神"帝"代表着最高的权威、

---

① （魏）王弼：《王弼集校释》，楼宇烈校释，中华书局1980年版，第77页。

最普遍的意志，而且具有难以把握、难以沟通的性质，所有祖先神、自然神都围绕着"帝"而展开，祭祀和占卜成为沟通神意的手段。西周时期"天"的观念的提升、至上神与祖宗神自然神的混杂、"帝"字的意义逐渐下移为人王的称谓都是对至上神"帝"的崇拜不断减弱的过程当中发展起来的。① 至上神"帝"的地位在降低，而祖宗神、自然神、人王、巫师的地位在上升，相伴随的是所崇拜对象所代表的普遍性、超越性、权威性在下降。赵敦华教授指出：

  殷商时代仍然保持着称至上神为帝的习俗，周代之后，称至上神为天，而称祖宗神为帝，称人王为天子，秦代之后又进而称时王为帝。

  流行称呼的转变反映出观念转变，这就是施密特指出的祖宗神取代至上神的地位、至上神离人间事务越来越遥远的转变。与上帝的意义相比，天的意义少了一点人格性，多了一点自然性和道德性。殷人的上帝是主宰一切不可捉摸的，上帝与自己没有血缘关系而又可以通过祖宗神与之交流。《周书》中表达的天的观念主要是天道观、天命观。天的意志随人意而变化。通过学问和道德，人可以知天命，行天道。《尚书》中的周人在上帝面前没有殷人在甲骨文中表达的那种诚惶诚恐的绝对依赖感和服从感。"皇天无亲，惟德是辅"（蔡仲之命），"天命不虘"、"民之所欲，天必从之"、"惟人万物之灵"（泰誓），"天命不可信"（召诰）。到春秋战国时期，天的主要特征只剩下道德性和自然性。儒家强调"义理之天"与"自然之天"的联系；道家则否认这样的联系："天地不仁，视百姓如刍狗"；墨家企图恢复天的人格性，但有人格的天只是"天鬼"，而不是原初那个至上神上帝。秦汉时期以及其后的时期，天作为最高主宰的象征，仍然是国家祭祀的对象。但无论如何，天已经没有了原初那个至上神所具有的绝对权威和具体的人格；天与上帝、上帝与帝王之间的关系模糊不

---

① 傅有德等编：《跨宗教对话：中国与西方》，中国社会科学出版社2004年版，第272—301页。赵敦华认为，中国的原始宗教经历了一个"由高到低、由少到多"的"发散"过程，而非"由多到少"的"收敛"过程。对于商周之前的宗教形式由于缺少原始的资料难以做任何确切的判断，但赵文依然推测这种至上神的观念来至史前的宗教传统，而非文明发展后对诸神"收敛"抽象而得的结果。

清,此时的祭礼也发生了错位的现象。①

所以,两汉时期虽然一再强调"天"的崇高地位,事实上"天"只是维持了至上神的形式,却并没有至上神所应具有的权威性和超越性,相应的"天"也就不具有颁布神圣法则的权力。两汉宇宙生成思想真实的理论特质是倾向于形而下的经验世界,而不是对超越世界的追求,人自身才是真正的目的,"天"的超越性只是人的工具。

两汉宇宙生成思想中的"天"作为形式上的终极根据实际上并不为这个世界提供指导原则,用于解释这个世界的依旧是经验规则。在天人感应的模式当中,与其说是人比附"天",还不如说是"天"比附人。人们通过"天"所展现的是人性化的仁爱、伦常、性情,通过"天"所实现的是人的价值。以《春秋繁露》为例,董仲舒要求人们法"天"顺"天"循"天",可是人们最终所要遵循的还是仁爱,董仲舒指出:

> 天,仁也。……察于天之意,无穷极之仁也。人之受命于天也,取仁于天而仁也。……天常以爱利为意,以养长为事。②

这里的"天"并不表现为道家的自然,也不表现为至上神的主宰意志,而是人的仁爱之心。经过这种转换之后,社会规范的设定标准便是人类自身的德性。同样,作为"天"与人中介的阴阳五行的运动规律并不是总展现为一些形式化的超越法则,而常常与现实的社会秩序纠缠在一起。阴阳本身便有尊卑之分,五行则对应于五常。余治平教授指出:"董仲舒对阴阳五行所实行的所谓'形而上学化'改造,并不能完全等同于西方哲学式的思维对具体事物的一般化、抽象化、概念化和逻辑化。董仲舒的阴阳五行,其实并不存在对具象的绝对超越,也不是现象背后的纯粹本质,而毋宁是始终与感性世界不相分离的意向。"③ 对董仲舒阴阳五行理论的评价同样适用于两汉时期其他诸多的阴阳五行理论,阴阳五行理论

---

① 傅有德等编:《跨宗教对话:中国与西方》,中国社会科学出版社2004年版,第288—289页。

② 《春秋繁露·王道通三》。

③ 余治平:《唯天为大——建基于信念本体的董仲舒哲学研究》,商务印书馆2003年版,第124页,注释①。

的许多方面包含着人世秩序的内容,而非对人世秩序的超越。

总体而言,两汉的宇宙生成思想所构建的是一套烦琐化的经验化的规则系统,将这样一套规则系统规定为普遍原理,其所提供的普遍性和解释力都是相当有限的。两汉的思想理论重经验规则以及理论形式的复杂化,与两汉经学过度纠缠于文字注疏可以说是正相对应的。正因为两汉时期的思想理论不断趋于对经验世界的关注,忽视超越的普遍原则,最终窒息了思想的生命,才促使魏晋玄学对玄远之理的探寻,这是魏晋玄学产生和发展的理论背景。当然,这里需要说明的是两汉宇宙生成思想与王弼本体思想之间的这种普遍性的差别是建立在两者比较基础之上的程度上的差别,而不是绝对的对立。比如前文所提及的,两汉的宇宙生成思想本身也强调"天"能够周而复始,持续地发挥作用,只是宇宙生成模式自身的理论特质决定了"天"有着与经验世界相分离的倾向。又比如两汉宇宙生成思想在形上"天"与经验世界的疏远之后,事实上以经验规则去解释这个世界,这种对规则的肯定毕竟与直接执著于经验对象还是有较大差距的。还比如,王弼在对超越的自然原则的追求当中同样强调了名教规范存在的重要性。这里所谓的普遍性以及解释力上的差别是指各自理论特质所展现出的在程度上的差别,是各自理论进路所展现出的主要方面、主要倾向上的差别。

第三章　系于末度——普遍之无的具体性

哲人对普遍原理的追问试图从多样中探寻统一，从变动中探寻不变，尝试着构建起适用于这个世界整体的理论。这种超越经验的努力也就导致哲人在理论的构建上有容易疏远具体存在的可能，使得普遍原理表现为一种抽象的形态，与现实世界相分离。如全能的上帝、绝对的大全、单一的始基等都从理论上为这个世界提供了某种统一性基础，却未能进一步对普遍原理与现实世界当中多样的具体的存在之间的沟通提供合理的说明。抽象的普遍原理所给予人们的只能是暂时的满足，疏远于现实世界将使其失去理论的生命力，不能给予这个世界完满的解释。所以，如何克服普遍原理的抽象形态，推进普遍原理的具体化成为哲人理论构建当中的重要方面。

王弼"以无为本"的本体思想展现了对普遍原理的关注，其产生和发展可以说正弥补了两汉宇宙生成思想在普遍原理构建上的不足。王弼对普遍原理的构建是通过引入老子思想来完成的，然而在老子的道论当中，天道与人道之间有着激烈的冲突和对立，因此王弼面临着如何避免天道与人道相分离的理论问题。通过"本"与"末"的对比，王弼强调了万物之"本"在这个世界的主导地位。通过"以无为用"的思想，王弼试图完成"本"与"末"之间的统一。王弼在贵无的基础上，不仅要求"崇本息末"，更要求"崇本举末"。本体之"无"并非超然于万"有"之上，而是展现于万"有"之中。不同于老子对各种人化存在的批评，王弼尝试以自然原则说明现实名教规范的合理性。虽然王弼并没达到具体形态的普遍原理，但在其理论当中的确包含着克服普遍原理抽象化的进路。

第一节　老子之失

王弼思想中的本体之"无"直接继承于老子思想中的本体之"道"。

第三章 系于末度——普遍之无的具体性

在老子看来，这个世界的终极根据无形、无名、无状、无象、无为、无私，不具有任何特定的规定性，终极根据难以言说，老子是"不知其名，字之曰道"①。对于终极根据王弼同样认为无法名状，由于终极根据的无形无象，王弼进而将其归纳为"无"，以表示对任何特定规定性的否定。不管是老子的"道"还是王弼的"无"，以此种角度切入对终极根据的分析正在于他们致思的目的都是要探寻适用于这个世界整体的普遍原理，从多样的事物当中析取出统一的基础，要求排除特定视角的限制。陈鼓应教授便称赞老子为中国第一位哲学家，老子的"道"论建立了中国最早的本体论和宇宙论。② 就构建普遍原理而言，王弼引入老子思想作为自身理论创新的基础是有所见于老子的"道"论对普遍原理的追问在传统思想当中所具有的卓越地位。然而，老子的"道"论在对普遍原理的探寻中却表现出了对具体存在的过度否定，导致了普遍之"道"与具体存在之间的分离。如何重新实现普遍原理与具体存在之间的统一，成为王弼在理论构建当中不得不面对的问题。

老子对普遍之"道"的肯定是通过对具体存在的有限性的否定获得的，这也就是老子思想当中广为人们称赞的否定性方法。朱晓鹏教授指出，老子的思想"已具有了'通过否定达到肯定'的否定形而上学思想及其否定性的方法。……老子把道本体规定为'无'，就是为了着重说明'道'的否定性或负的作用。它表明老子已力图从无限性、普遍性的意义上来理解形而上的本体"③。老子之所以以否定性方法来达到对无限性、普遍性的体认，这是因为否定性方法要求人们利用逆向思维，从具体存在相反的方面来揭示具体存在的有限性，对具体存在有限性质的否定就是对形上本体普遍性、无限性的肯定。"道"摆脱了所有特定规定性的限制，所以我们在《老子》当中可以看到大量的对"道"的超越形态的描写，比如：

> 道冲而用之或不盈，渊兮似万物之宗。挫其锐，解其纷，和其光，同其尘。湛兮似或存，吾不知谁之子，象帝之先。
>
> 视之不见名曰夷，听之不闻名曰希，搏之不得名曰微。此三者不

---

① 《老子·二十五章》。
② 陈鼓应：《老庄新论》，上海古籍出版社1992年版，第59、98页。
③ 朱晓鹏：《智者的沉思——老子哲学思想研究》，杭州大学出版社1999年版，第96页。

可致诘，故混而为一。其上不皦，其下不昧，绳绳不可名，复归于无物，是谓无状之状，无物之象。是谓惚恍。①

超越之"道"无形无象，难以捉摸，无法进行任何确定的说明，这就需要以一种"负"的或者"减"的方式，去对事物的具体属性进行"挫""解""和""同"，以达到对超越之"道"的把握。

以否定性方法为基础，《老子》全文可以说贯穿着这种对"道"的无限性、普遍性的肯定和推崇。然而，老子这种否定性方法也有着自身的不足，那就是这种否定性方法的单向性。朱晓鹏教授还指出："老子的'反者道之动'命题的含义之一就是讲矛盾的对立转化运动，这种运动由于具有终则有始、更新再始的性质，因而实际上就是一个生生不息的发展过程。然而，在老子看来，这种发展过程只是就具体事物而言的，就'道'的整个运动过程来说，它却不是向前发展的运动，而是一种否定性的逆向运动，即不断地向初始的本根复归的运动。"② 毫无疑问，老子思想的重心在于普遍之"道"，强调"道"相对于万物的优先性和主导性。老子的否定性方法所针对的只是具体存在，通过对具体存在特定规定性的否定通向普遍之"道"。而对"道"自身的否定过程，即对"道"如何展开于具体存在，老子并未给予足够的关注。这是因为在老子看来："道不包含任何差别和矛盾，所以矛盾不应是'道'的内在本质规定，具有矛盾性质的具体事物就是对'道'的背离。……（老子）没有真正认识到矛盾存在的内在本质依据及其客观必然性，即没有认识到'一切事物本身都是自在地是矛盾的'这个根本的矛盾观，而把矛盾看作是暂时的、局部的、外在的。"③ "道"不具有任何矛盾，"道"的完美性要求万物将"道"作为运动变化的终极目标。依赖于"道"，万物得以生成发展，可最终还是要复归于"道"。对于"朴散为器"之类的运动变化，老子则视作退化，给予了消极的评价。老子所要探寻的是"道—万物—道"的运动过程，而非"万物—道—万物"的运动过程。当否定运动达到完美之"道"后便陷入停止，以这样的运动过程所获取的普遍之"道"注定是远离现实世界的。

---

① 《老子·第四章》及《老子·第十四章》。
② 朱晓鹏：《智者的沉思——老子哲学思想研究》，杭州大学出版社1999年版，第182页。
③ 同上书，第180页。

第三章 系于末度——普遍之无的具体性

具体存在有着确定的规定性以与他物相区别,也使事物限制于自身。"道"对具体存在的否定在于克服将这种特殊性、有限性视作事物真实的本性,超出事物特定规定性的限制,寻求事物之间的联系。可是假如人们将普遍性当作事物真实的本性而与特殊性对立起来,人们所获取的只能是不具任何实质内容的、空洞的普遍性,陷入对具体事物特殊性无尽的怀疑与否定当中。这样的普遍性不如说是一种超然于具体事物之外的"特殊性",也要遭到抛弃和否定。通过普遍性,特殊性揭示出自身的有限性,而只有返归于特殊性,普遍性才能得以现实地展现自身。对普遍性真实的把握离不开与特殊性的统一,最终回到对具体存在的肯定当中去。黑格尔指出:"辩证法具有肯定的结果,因为它有确定的内容,或因为它的真实结果不是空的、抽象的虚无,而是对于某些规定的否定,而这些被否定的规定也包含在结果中,因为这结果确是一结果,而不是直接的虚无。……这结果是理性的东西,虽说只是思想的、抽象的东西,但同时也是具体的东西,因为它并不是简单的形式的统一,而是有差别的规定的统一。"① 黑格尔所从事的工作正在于克服普遍与特殊之间的分离,当然他所达到的统一还只是以一种思辨的形态展开,并未落实于现实的人类实践。诡辩论通常坚持认为特定规定性是确定的、有效的,怀疑论坚持认为特殊规定性是有限的、变化的,两者都是执著于普遍与特殊的分离,走向了对这个世界的片面认识。只有在普遍性与特殊性的统一当中,才能通向这个世界的真实形态。

老子对特殊性的忽视表现在多方面,比如在对"道"的把握过程当中忽视了"有"的作用。在老子看来,人们的日常思维往往局限于事物的特定方面,而遮蔽了本真之"道"。囿于事物的具体形象,不但不能帮助人们实现真知,反而会阻碍人们对世界本真形态的把握。老子指出:

> 五色令人目盲,五音令人耳聋,五味令人口爽,驰骋畋猎令人心发狂,难得之货令人行妨。②

感官经验严重干扰了人类的认识能力向终极之"道"展开探寻,应

---

① [德]黑格尔:《小逻辑》,贺麟译,商务印书馆1980年版,第181—182页。
② 《老子·第十二章》。

当予以抛弃。感官经验所能认识的仅仅是事物的特定形象，而不能对无形无象的超越存在进行把握。老子认为"大音希声，大象无形"①，正因为"道"超言绝象的性质，使得对"道"的体认并不是建立在于对特定形象把握的基础之上。通过事物的特定形象，人们所得到的只是一些片面的、暂时的、局部的认识。在这样一种认识论当中，对普遍之"道"的认识与对具体之"有"的认识被划为两种互不相涉的认识过程，对具体之"有"的认识对于对普遍之"道"的认识只有消极的作用而没有积极的作用。老子对日常感官经验的局限性的批判显然是相当深刻的，是有所见于人类认识能力的有限性和认识对象的相对性。人类认识能力和认识对象之所以具有这种有限性和相对性，正是因为它们自身存在的条件性，而不可能具有绝对的性质，执著于这种有限性相对性便容易犯下独断论的错误。这种条件性导致了人类认识能力和认识过程的有限性，却也保证了它们在条件范围内所具有的确定性。假如将这种相对性归结为无条件的不确定性那就会走向另一个极端，老子便是陷入了对相对性过度的否定，未承认相对性所具有的相对的确定性。因此，老子发现了人类对这个世界普遍原理的认识必须超越对事物感官经验层次的把握，却没有发现这种超越正是建立在感官经验的基础之上的超越。

在通向具体形态的普遍原理的道路上，老子思想还是相对不成熟的。老子思想在天道与人道之间过度地偏向了天道，天道在对人道的否定性超越当中并没有同时将人道批判性地包含于自身，所造成的结果是天道自身悬隔于现实世界之外。老子也承认："道之为物，惟恍惟惚。惚兮恍兮，其中有象；恍兮惚兮，其中有物。窈兮冥兮，其中有精；其精甚真，其中有信。"②"道"绝非绝对的虚无，可是对于"道"在这种"恍惚"的状态中如何实现"有"与"无"的具体统一，老子没有进行更详细的说明，使得"道"始终与现实世界保持着一定的距离。总体而言，老子对"道"的描述突出了"道"所具有的超越性的一面，将"道"看作是纯粹的大全，而不具有任何矛盾性。在老子这里，世界万物是由对立双方相辅相和而成，"道"则消解了任何对立面之间的相互作用。所以，老子的超越之"道"难免表现为一种抽象的形态。杨国荣教授指出，老子对"道"的描

---

① 《老子·第四十一章》。
② 《老子·第二十一章》。

述当中:"'混成',表明道具有统一而未分化的特点;'先天地生',指出其在时间上的超越性或无限性;'寂兮寥兮',彰显了道无特定的、感性的规定;'独立不改'意谓道不依存于他物而以自身为原因;'天下母'隐喻着万物对于道的从属性,'大'则从总体上突出了道的统一性、整体性或普遍的涵盖性。未分化、超时间、超感性,等等,或多或少凸现了道与特定存在之间的距离,《老子》在此前提下强调道的整体性、涵盖性(大),无疑使道同时成为超然于具体存在的大全,而由此实现的统一,也相应呈现出某种抽象的形态。"①"道"在这所表现出的超越性使其显示出了自身的抽象性。普遍原理所寻求的是这个世界的统一性基础,要求超越具体存在,可是这种统一性同时必须是建立在多样性基础上的统一。多样性是统一性的现实落脚点,消解了多样性也就消解了统一性的理论意义。"道"作为从世界万物的多样性中析取出来的普遍原理,自身却表现为一种统一未分化的形态,以无差别的同一消解了多样性,造成了"道"与具体存在之间的距离。普遍原理之所以为普遍原理在于普遍原理在理论所宣称的范围之内具有普遍的适用性,这种普遍的适用性是以普遍原理与具体存在之间的相统一为前提的。"道"超然于万物之外,"道"与具体存在之间的距离使得"道"有失去对于具体存在的适用效力的可能。老子对"道"所具有的超越性片面的偏重造成了"道"的抽象性,克服老子之"道"的这种抽象性就要建立起"道"与具体存在之间的沟通,使"道"的合理性在具体存在之中得到说明。在普遍原理与具体存在的沟通之中,这个世界将更为真实地呈现于人们面前。

  正如黑格尔所说,人类并不是一开始便能以一种辩证统一的形式展开对这个世界的认识,那些对这个世界片面的抽象的认识构成了通向对这个世界辩证统一的认识的必要环节。翻开哲学史,我们总是能发现有些哲人偏重于普遍性与特殊性中的某一方面,有些哲人则尝试着克服这种单向的偏离,努力实现普遍性与特殊性的统一。这些理论上的努力有着各自的特色和局限,却共同促进了人类认识的不断进步。就王弼而言,他既要克服两汉宇宙生成思想过多地停留于对经验世界的关注,也要克服老子思想对特殊性过度的否定。老子思想是在对独断的道德教训的批判当中发展起来

---

① 杨国荣:《存在之维——后形而上学时代的形上学》,人民出版社2005年版,第42—43页。

的，其理论意义正在于这种彻底的批判性，也由此导致了对现实世界的过度否定，这将留待王弼为其作进一步的推进。

历史上，人们对老子思想的批判正是基于老子对超越之"道"的过度偏重，而忽略了对"道"的现实基础进行构建。然而，我们应当看到历史上人们对老子思想的赞扬也是基于老子所表现出的这种超越性追求，将思想的高度推向了形上之维。就老子自身的理论目的而言，在于批判人们对名利欲望的迷恋，使人们能够做到"见素抱朴，少私寡欲""为腹不为目"①。在人类的认识上，老子深刻地批判了人们的日常思维陷入于对具体事物的特殊性、有限性的执著，强调了对世界整体的普遍性、无限性的关注。老子这种强烈的批判性使他的思想忽略了对现实世界的关注，可是也只有在思想具有更强烈的批判性的时候，才能将思想推向更高的超越存在。固然老子在对普遍之"道"的超越追求当中还未能对普遍原理的具体化做出合理说明，可是也正因为他的"道"论在普遍性问题上所达到的高度，王弼才能从中吸收理论资源，以弥补两汉宇宙生成思想在普遍性问题上的不足，同时将老子的普遍性思想向具体形态推进。老子的普遍性理论有着自身的局限，也有自身的成就，它构成了王弼普遍性理论发展的必要环节。

第二节 王弼：崇本息末抑或崇本举末？

对于老子的普遍性思想所具有的理论特质，王弼是有着自觉的认识的，其《老子指略》一文便是对《老子》全书的总结概括。对于贯穿《老子》全书的主旨，王弼指出：

> 老子之书，其几乎可以一言而蔽之。噫！崇本息末而已矣。观其所由，寻其所归，言不远宗，事不失主。文虽五千，贯之者一也，意虽广瞻，众则同类。解其一言而蔽之，则无幽而不识；每事各为意，则虽辩而愈惑。②

---

① 《老子·第十九章》及《老子·第十二章》。
② （魏）王弼：《王弼集校释》，楼宇烈校释，中华书局1980年版，第198页。

在王弼看来，老子思想的思维方法在于"崇本息末"，这种理论模式体现于老子思想的各个方面。假如能从"崇本息末"的角度切入对老子思想的理解，那么就可以把握老子思想的精髓，假如纠缠于老子思想的某些内容，那么只能越加迷惑。"崇本息末"包含着"崇本"和"息末"两方面，对于"崇本"的涵义，当代学者并无异议，即"崇本"是在强调对普遍之"道"、自然原则的尊崇，这是老子思想的基本内容。对于"息末"的涵义，学者们有一定的争论，这种争论主要包括以下方面，即"息"字的含义、所"息"之"末"的内容和"息末"思想在王弼本人的贵无论思想当中又具有何种地位。

"息"字的含义在《说文解字》中为："息，喘也。"① 以喻气之流动，因此一些学者认为"崇本息末"中的"息"字含有"养息""生息"之意。② 大多数学者则认为"息"字为"止息"之意，所表达的是对邪淫、盗讼、虚伪、巧利等种种社会丑恶现象的消除和停止。笔者认为，"息"字当为"止息"之意，在王弼自己对"崇本息末"的具体解释当中，已经明确表达出对所"息"对象的否定的、消极的评价，要求消除、停止所"息"的对象。"息"字应为"止息"之意，不应对此进行过度阐释，将"息"字理解为"养息""生息"之意。

进一步的问题在于如何具体界定王弼所要"止息"的对象，这是否与王弼所提出的另一要求"崇本举末"相矛盾，这将直接影响到对王弼思想的理论特质的判定。我们首先看看王弼自己对"崇本息末"的具体解释，王弼在《老子指略》里接着说道：

> 尝试论之曰：夫邪之兴也，岂邪者之所为乎？淫者之所起也，岂淫者之所造乎？故闲邪虽在乎存诚，不在善察；息淫在乎去华，不在滋章；绝盗在乎去欲，不在严刑；止讼存乎不尚，不在尚听。故不攻其为也，使其无心于为也；不害其欲也，使其无心于欲也。谋之于未

---

① （汉）许慎：《说文解字》，中华书局1963年版，第217页。
② 如沈艳华、任国升认为："而'息'字的用法，纵观《老子指略》和《老子注》，大体上有两种：一是'生息'之意。'生息'一词乃是偏正词组，其重在'生'而不在'息'，因此，可以把'息'理解为'不执著'之意，当王弼将'崇本'与'息末'对用时，'息'多为此意。"见沈艳华、任国升《王弼"崇本息末"思想探微》，《河北大学学报》（哲学社会科学版）2010年第2期。

兆，为之于未始，如斯而已矣。故竭圣智以治巧伪，未若见质素以静民欲；兴仁义以敦薄俗，未若抱朴以全笃实；多巧利以兴事用，未若寡私欲以息华竞。故绝司察，潜聪明，去劝进，剪华誉，弃巧用，贱宝货。唯在使民爱欲不生，不在攻其为邪也。故见素朴以绝圣智，寡私欲以弃巧利，皆崇本息末之谓也。①

在这里的"崇本息末"当中，王弼所要"崇"的是自然无为之"本"，所要"息"的是邪淫华竞之"末"。人类社会产生种种的弊端，如邪淫、盗讼、虚伪、巧利等等，其根源在于人类的有知、有欲、有为。要消除这些丑恶的社会现象，不在于使用圣智、仁义、严刑等有为的方法，而在于恢复人类自然朴素的天性，使人们做到无知、无欲、无为。王弼这种"崇本息末"的总结可以说点中了老子思想的关键之处，指出了老子思想"见素抱朴，少私寡欲"的理论诉求，再次强调了老子对自然无为的追寻。

那么，王弼本人是否也要求"崇本息末"呢？针对自身所处的时代，王弼同样表现出了对各种社会丑恶现象的强烈批判，这是王弼思想与老子思想所一致的。王弼所处的时代刚刚经历了农民起义与群雄争霸的动荡，整个社会亟待整治混乱局面，重建社会秩序。然而就当时现实的社会治理而言，一方面是曹魏政权重刑名法术，以权威刑法管制社会，民众受尽压迫，另一方面是固守名教之徒，执著于名教形式，使名教流于虚伪空洞。现实的社会治理不但不能取得实效，反造成社会愈离正轨。以王弼为代表的玄学正是在这种背景中发展起来，批判社会弊端，重建公序良俗。从理论层面上看，老子对于各类邪淫奸伪的批判，王弼在注释当中也予以了继承和肯定。比如王弼将《老子·第十八章》的"智慧出，有大伪"解释为："行术用明，以察奸伪，趣覩形见，物知避之。故智慧出则大伪生也。"② 对于为何人们竭尽巧智反致奸伪的原因进行了说明。又比如他在《老子·第六十四章》的注释中写道："而以施为治之，形名执之，反生事原，巧辟滋作，故败失也。"③ 对于曹魏政权实施的刑名法术，王弼直接予以了抨击，王弼认为这将会导致"巧辟滋作"，结果只能是失败。显

---

① （魏）王弼：《王弼集校释》，楼宇烈校释，中华书局1980年版，第198页。
② 同上书，第43页。
③ 同上书，第166页。

然，对于社会各种丑恶现象的反对和否定，王弼的态度是明白确定的。

从以上说明可以看出，王弼所提出的"崇本息末"所要"止息"之"末"是指各种社会丑恶现象。通过"息末"，王弼强调了对邪淫、盗讼、虚伪、巧利等等的批判。仅就此而言，王弼的"崇本息末"思想是清晰明了的。可是，王弼在其理论当中还提出了"崇本举末"，王弼已经明白确定的表示出对邪淫奸伪之"末"的反对和否定，为何又提出要"举末"？"崇本息末"与"崇本举末"两者之间的"末"有何不同，为何又有着"息"与"举"之别呢？

事实上，"崇本息末"和"崇本举末"两者之间的"末"并不完全相同。"崇本息末"所要"止息"之"末"是指邪淫奸伪之类的社会丑恶现象，"崇本举末"所要"举"之"末"狭义上指名教规范等社会制度，广义上指具体之万"有"。两者所要针对的是不同的对象，这也造成了人们在理解上的分歧，王晓毅教授认为："其实，这个命题并不矛盾，问题出在我们对本末（母子）这对范畴外延的理解上。王弼经常用'本'字形容宇宙本体'无'，用'末'字形容天地万物'有'。然而本末一词的逻辑外延比'无'和'有'要宽，它们泛指事物中的主导因素和次要因素。王弼经常用'本末'去形容事物之间或事物内部的主次关系，……王弼在用本末表达政治哲学观点时，其具体内容也随对象不同而变化。"[①] 的确，在"本"与"末"的对比当中，王弼通常以"本"指事物的根本、本质，以"末"指具体的事物、现象。然而，因为"本"与"末"之间的主次关系，使得"末"带上了贬义、消极的色彩，王弼也时常以"末"特指社会中的丑恶现象。王弼通过"末"字这两种含义的使用，分别对"崇本息末"和"崇本举末"进行了说明。"崇本息末"主要展现的是对社会丑恶现象的批判。如前所述，老子思想的理论目的在于探寻人类的自然天性，使人们能够做到"见素抱朴，少私寡欲"。在自然原则的肯定当中，老子不但批判了邪淫奸伪之类的社会丑恶现象，还批判了往往被传统的社会主流群体视作正面价值的仁义道德和礼法规范。王弼恰当地指出了老子思想"崇本息末"的理论特质，也继承了老子对普遍之"道"和自然原则的追寻，并批判了各种社会丑恶现象。在强烈的批判性之下，老子凸显了"道"的超越性、普遍性的一面，可未能给予事

---

① 王晓毅：《王弼评传》，南京大学出版社1996年版，第266页。

物的特殊性、具体性足够的关注。王弼自觉认识到老子忽视了普遍原理的具体形态的构建，因此将其所要"止息"的"末"仅仅限于社会的丑恶现象，而没再进一步扩展，并尝试着通过自然原则说明名教规范的合理性，以具体之"有"说明普遍之"无"。"崇本举末"思想的提出是王弼对老子思想忽视具体之"有"的纠正，是将老子的普遍性思想向具体形态推进的努力。正因为王弼思想与老子思想在所要批判和否定的对象有着范围上的差别，这才有了王弼在"崇本息末"的基础上提出了"崇本举末"，而"崇本举末"思想也构成了王弼思想区别于老子思想的特征之所在。

"崇本举末"与"崇本息末"两者共同的理论基础在于突出无形无名的普遍之"道"作为终极根据所具有的地位和作用，强调遵循自然无为对于人类的意义。在"崇本举末"的理论模式当中，王弼微妙地肯定了在终极根据的支配下具体有形有名事物存在的合理性。对终极根据的推崇是希望具体事物能在终极根据的支配下得以彰显自身，而不是隐没具体事物。通过自然原则，王弼所肯定的恰恰是被老子所否定的仁义礼敬，王弼指出：

> 故苟得其为功之母，则万物作焉而不辞，万事存焉而不劳也。用不以形，御不以名，故仁义可显，礼敬可彰也。夫载之以大道，镇之以无名，则物无所尚，志无所营。各任其贞事，则仁德厚焉，行义正焉，礼敬清焉。弃其所载，舍其所生，用其成形，役其聪明，仁则尚焉，义则竞焉，礼则争焉。故仁德之厚，非用仁之所能也；行义之正，非用义之所成也；礼敬之清，非用礼之所济也。载之以道，统之以母，故显之无所尚，彰之而无所竞。用夫无名，故名以笃焉；用夫无形，故形以成焉。守母以存其子，崇本以举其末，则形名俱有而邪不生，大美配天而华不作。故母不可远，本不可失。仁义，母之所生也，非可以为母。形器，匠之所成，非可以为匠也。舍其母而用其子，弃其本而适其末，名则有所分，形则有所止。虽极其大，必有不周；虽盛其美，必有患忧。功在为之，岂足处也。①

---

① （魏）王弼：《王弼集校释》，楼宇烈校释，中华书局1980年版，第95页。

仁义礼敬出现偏差是因为执著于自身，不能做到以自然原则作为自身的根据。只要能够遵循自然原则，那么即便是仁义礼敬的存在也是没有问题的。遵循自然原则，正是为了恢复仁义礼敬的本性。对无形无名的把握，不仅仅在于"可"彰显仁义礼敬，而在于希望能够守母"以"存其子，崇本"以"举其末，最终达到形名俱有而邪不生。虽然这里总体在讲终极根据的地位和作用，可一个"以"字表达出了王弼"崇本举末"思想的目的所在，王弼是忧心于仁义道德，希望能通过本体之"无""以"正之。相反我们看老子的表达，老子认为："既得其母，以知其子。既知其子，复守其母。"① 其理论的目的最终还是指向对终极根据普遍原理的守护。"崇本举末"的理论模式则对"本""末"双方都给予了足够的关注，既强调了对普遍的自然原则的推崇，也肯定了具体的名教规范在自然原则支配下所具有的合理性，两者之间的关系得到了更为平衡、充分的说明。在对具体的名教规范的肯定当中，自然原则的作用也得到了现实的体现。

在王弼对《老子》的注释当中，"崇本举末"仅仅在上文所引中出现一次，可是这种"崇本举末"的理论模式不仅仅体现在自然与名教关系的探讨当中，作为将老子普遍性思想向具体形态推进的基本理论方法，王弼将"崇本举末"的理论模式自觉地贯彻到了其本体思想的各个方面。在"有"与"无"之间的关系上，"崇本举末"的模式从更一般的角度得到了体现。王弼认为普遍之"无"必须依赖具体之"有"以展现自身，肯定了"有"在"有"与"无"关系当中所具有的地位。王弼在其"大衍义"一文中指出：

> 演天地之数，所赖者五十也。其用四十有九，则其一不用也。不用而用以之通，非数而数以之成，斯易之太极也。四十有九，数之极也。夫无不可以无明，必因于有，故常于有物之极，而必明其所由之宗也。②

在王弼看来，"四十有九"与"一"之间的相互作用，便说尽了天地

---

① 《老子·第五十二章》。

② （魏）王弼：《王弼集校释》，楼宇烈校释，中华书局1980年版，第547—548页。

万物的一切演化。在这里，作为"数之极"的"四十有九"泛指世间万"有"，不"用"之"一"则指易之太极，也就是本体之"无"。通过"四十有九"与"一"，王弼对"有"与"无"之间的关系进行了探讨。王弼同样首先强调了"崇本"，本体之"无"自身是不"用"之"一"，可是"用"却赖之以通，本体之"无"自身并非具体之"数"，可是"数"却赖之以成。在推崇本体之"无"的同时，王弼还明确主张"无不可以无明，必因于有"，即本体之"无"并非在万"有"之外独立存在，必须在具体之"有"当中展现自身。本体之"无"超言绝象，既然本体之"无"通过具体之"有"展现自身，那么人们对本体之"无"的认识和把握就可以通过具体之"有"来展开，即"常于有物之极，而必明其所由之宗也。"这就是王弼所说的"圣人体无，无又不可以训，故言必及有"①，正因为本体之"无"本身"不可训"的超越性质，所以对"无"的认识无法直接指向"无"自身，而需要建立在"有"的基础之上，通过"有"实现对"无"的认识和把握。在这样一种有无关系当中，王弼既肯定了"无"的主导地位，也肯定了"有"的现实作用，"有"与"无"绝不能彼此相互分离。

王弼对"无"与"有"之间此种关系的说明还体现在"大象""大音"与"四象""五音"之间的对比当中，王弼指出：

> 无形无名者，万物之宗也。不温不凉，不宫不商。听之不可得而闻，视之不可得而彰，体之不可得而知，味之不可得而尝。故其为物也则混成，为象也则无形，为音也则希声，为味也则无呈。故能为品物之宗主，苞通天地，靡使不经也。若温也则不能凉矣，宫也则不能商矣。形必有所分，声必有所属。故象而形者，非大象也；音而声者，非大音也。然则，四象不形，则大象无以畅；五音不声，则大音无以至。四象形而物无所主焉，则大象畅矣；五音声而心无所适焉，则大音至矣。②

"大象"不具有"金""木""水""火"之形，却要依靠"金"

---

① （魏）王弼：《王弼集校释》，楼宇烈校释，中华书局1980年版，第645页。
② 同上书，第195页。

"木""水""火"四象以展现自身的功用;"大音"不具有"宫""商""角""徵""羽"之声,却要依靠"宫"、"商"、"角"、"徵"、"羽"五音以展现自身的功用。在"无"与"有"之间的此种关系当中,王弼提升了具体之"有"的作用和地位,这种理论特质可以通过比较老子对"五色""五音""五味"的否定得到进一步的凸显。老子认为:"五色令人目盲,五音令人耳聋,五味令人口爽。"① 否定了"五色""五音""五味"的现实地位。王弼对普遍之"无"所进行的描写与老子对普遍之"道"所进行的描写是相差不大的,强调了"无"所具有的超越特性。所不同的是在强调"无"的支配地位的同时,王弼也对"有"所具有的作用给予了相当篇幅的说明。可以说做到"物无所主""心无所适",以实现"大象畅""大音至"是王弼和老子共同的目标,只是王弼强调了要通过"四象形""五音声"去实现,老子则未能给予"五色""五音"足够重视。在老子"执大象,天下往"② 的追求当中,老子所偏重的是"道"的普遍性一面。王弼在对具体之"有"的肯定当中,将老子的普遍性思想进一步向具体形态推进。

在"无"与"有"的此种关系当中,"有"不但不应被抛弃和否定,其作用和地位反得到了全面的肯定。本体之"无"与具体之"有"相互依赖,不可分离,一方面具体之"有"依赖本体之"无"以生以成,另一方面本体之"无"依赖具体之"有"以显以明,"有"是"无"的现实承载。王弼在推崇形上本体的基础上对具体存在的现实意义给予了充分的关注。理论上对形上本体的关注主要在于阐明事物的统一性、普遍性的一面,对具体存在的关注主要在于阐明事物的特殊性、个性的一面,王弼指出具体存在对于形上本体展现自身所具有的必要性,避免了在理论上过于偏重事物的普遍性和统一性的一面,而抹杀了事物的特殊性和个性,并避免了形上本体自身的空疏。具体之"有"不仅仅是自身特性、个性的载体,也同样是形上本体的普遍性的载体,具体之"有"的现实存在所展现的意义在于实现了"无"的普遍性与"有"的特殊性之间的统一。

由上可见,王弼的本体思想表现出了明显的"崇本举末"的理论特质,而不是片面凸显形上本体的"崇本息末"的理论模式。从理论特质

---

① 《老子·第十二章》。
② 《老子·第三十五章》。

上看,"崇本举末"不同于"崇本息末"在于既强调了对普遍原理的追求,又肯定了具体存在的现实意义。就理论的历史发展而言,王弼的本体思想之所以呈现为"崇本举末"的形态,其原因在于王弼在吸收老子思想当中的普遍性原理的同时,努力克服形上之"道"的超验化,试图实现普遍原理的具体化。通过"举末","本"所表达的普遍性得到了更为全面的贯彻,余敦康教授认为,王弼"找到了一种有无互训的方法,谈有而必归结到无,谈无而必联系到有,……这种本体论的思维也可以称之为整体思维,即通过本体与现象之间的关系把握世界整体的思维,其所思维的对象并非只是一个孤悬的本体,而是包括本体与现象在内的整个的世界"。① 可是王弼的这种整体思维也并非如此纯粹,我们可以看到王弼的本体思想当中也包含着"崇本息末"的成分,即通过自然原则强调了对诸如邪淫奸伪之类的社会丑恶现象的批判,部分"末"被排除在了这个整体之外。"崇本举末"的理论模式是王弼本体思想的主要方面,但我们也不能否认这种"崇本息末"成分的存在。那我们应当如何看待王弼本体思想当中"崇本举末"的思想成分与"崇本息末"的思想成分之间的关系,两者之间是否存在矛盾呢?

前文提及,王晓毅教授认为"崇本举末"与"崇本息末"之间并不存在矛盾,关键在于王弼所说的"本"与"末"的逻辑外延比"有"与"无"要宽,王弼所要"举"或"息"的"末"是在不同条件下的事物的次要方面。② 另外如商聚德教授认为:"这两个命题的共同点是'崇本','举末'、'息末'则指崇本所达到的不同目的或结果而言。社会上应该取消的'末'指邪淫盗讼,应该取得的'末'指仁义圣智、权势地位。'本'则指'道'的无为、好静、无欲,只有'崇'这个'本',才能取得仁义圣智(举末),取消邪淫盗讼(息末)。一旦'崇本',就同时达到'举末'和'息末'这两个目的。"③ 即王晓毅教授与商聚德教授均认为王弼思想同时包含"崇本举末"与"崇本息末"的成分,并且两者并不矛盾。有一些论者则认为,"崇本举末"与"崇本息末"之间存在矛盾,王弼思想仅包含"崇本举末"的成分,"崇本息末"只是王弼对老子思想的总结,并非王弼自己的思想。如田永胜认为:"王弼在《老子

---

① 余敦康:《魏晋玄学史》,北京大学出版社 2004 年版,第 184—185 页。
② 王晓毅:《王弼评传》,南京大学出版社 1996 年版,第 266 页。
③ 转引自田永胜《王弼思想与诠释文本》,光明日报出版社 2003 年版,第 50—51 页。

注》中所说的话语主要是为了诠释《老子》而不是阐述自己的思想。……'崇本息末'是他对《老子》思想的概括。'崇本举末'才是王弼本人的思想。"①

　　笔者认为,我们既不能否认"崇本息末"与"崇本举末"之间的差异,也不能否认王弼的本体思想同时存在着这两种相异的成分。我们并不需要对这种矛盾进行调和,而是要承认王弼本体思想当中有这种矛盾的存在。对于王弼本体思想包含这两种相异成分的原因,可以从王弼对普遍原理的追求及普遍原理的具体化的角度进行说明。就"崇本举末"而言,所期望达到的是本体之"无"与具体万"有"之间的统一,即普遍原理与具体存在之间的统一,然而当同时要求"崇本息末"时,则表明这部分被止息之"末"在普遍原理的解释效力之外,意味着普遍原理自身的不完整,与具体存在之间有着某种分离。从理论上看,在"崇本息末"的基础上便不可能全面贯彻"崇本举末",这种理论上的困境不能不说是由老子思想与王弼思想先天的不足所造成的。不管是"崇本息末"还是"崇本举末",其理论当中最基本的内容便在于表达对世界普遍原理的追求,即"崇本"。老子与王弼对世界普遍原理的探寻首先表现为形上本体的确立,老子提出了"道",王弼提出了"无"。从形上本体这方面的内容看,老子思想与王弼思想的确都表达出了普遍原理与具体存在之间的统一,"道"涵盖万物,"无"则统摄万"有",形上本体被老子和王弼规定为一切事物的根据,这可以说是"崇本举末"。但老子和王弼对普遍原理的探寻还表现为对普遍的价值原则——自然原则的追求,认为自然原则是天地万物的运行规律,要求将自然原则作为人类行为普遍的准则。正是在对自然原则的推崇当中,老子和王弼要求"息末",止息邪淫奸伪之"末"。也正因为自然原则本身有着"息末"的要求,使得被老子和王弼规定为普遍原则的自然原则在事实上并不具有普遍的适用性,反而造成了"崇本息末"与"崇本举末"之间的矛盾。

　　如上文已提及的,从较宽泛的理解出发,自然一词所包含的"本然"的含义使得将自然原则归结为这个世界普遍的价值原则存在着不足。在"本然"的标准之下,人类任何目的性行为都将被划为"不自然",即人类行为都是相对于自然的本然形态的"非本然"形态。陈鼓应教授便

---

① 田永胜:《王弼思想与诠释文本》,光明日报出版社2003年版,第52—53页。

指出：

> 老子一再地强调人应顺应自然，然而如此纯任自然的结果，一切事物的发展是否能达到预期的效果，这是很值得怀疑的。此外，道家思想都肯定了人和自然事物的一体情状，然而人和自然事物本质上究竟是否同一？这显然是有问题的。事实上，人是有意志、有理性、有情感的。意志的表现，理性的作用，感情的流露，都使得人之所以为人，和自然事物在本质上有很大的差别。①

人之所以为人表现出了对本然之自然的某种背离。自然原则不但不能对人类的目的性行为进行说明，反而容易导致人类的目的性行为被划为"不自然"而被否定批判。老子正是从本然之自然的角度出发对广义的人类文明化进程予以了反对，这也就是"崇本息末"。普遍的自然原则自身内在的规定性最终造成自然原则自身的非普遍性，即人类的目的性行为并不在普遍的自然原则的有效解释范围之内。另外，我们也应当看到，从老子自身的理论目的上看，自然原则的提出在于倡导人类回归自然素朴之道，其所要批判止息之"末"指向的只是邪淫奸伪之类的社会丑恶现象。老子所说的自然无为从来不是要求人们毫无作为，而是要求人们顺自然而为，自然原则并不意味着与一切人类行为相对立。这里的自然更多的应从狭义上理解，指人类素朴自然的天性，而相对于文明的异化。将这样的自然原则确立为普遍的价值原则，其目的在于将自然素朴之道规定为一切人类行为的标准，纠正所有违反人类自然天性的行为。王弼所说的"崇本息末"更多是从这种狭义的人类自然天性出发，要求止息邪淫奸伪之"末"，对于广义的人类文明化进程，即社会的伦理规范，王弼则予以了一定程度上的肯定。不过这样的自然原则依旧只能被视作一种普遍的要求，而不能被视作与具体存在相统一的普遍法则。因为在自然原则的要求之下，部分人类行为——那些在消极意义上被否定被批判的丑恶现象——仍然处于自然原则的有效性合理性的解释范围之外，即作为普遍要求的自然原则并不具有普遍的解释效力。事实上，这里所关涉到的是这样一个问题，即在我们寻求普遍原理与具体存在之间的统一，本体之"无"与具

---

① 陈鼓应：《老庄新论》，上海古籍出版社1992年版，第41页。

体万"有"之间的统一时,是否要将那些在价值判断当中被否定的"末"涵盖于万"有"之中?"崇本"所要"举"之"末"是否包含"崇本"所要止息之"末"?

显然,从王弼本体思想的原意来看,"崇本"所要"举"之"末"并不包含"崇本"所要止息之"末"。在理论上,"崇本举末"所要寻求的是本体之"无"与具体万"有"的统一,"崇本息末"是要求通过自然原则否定批判邪淫奸伪之类的社会丑恶现象。王晓毅教授认为,王弼所说的"本"与"末"的逻辑外延比"有"与"无"要宽,王弼所要"举"或"息"的"末"是在不同条件下的事物的次要方面,所以从不同角度切入,王弼的"崇本举末"思想与"崇本息末"思想并不矛盾。可是笔者认为,"有"的逻辑外延恰恰要比"末"的逻辑外延要宽,"有"应当指一切现实的具体存在,所有"末"都包含于"有"之中,邪淫奸伪之"末"亦属于"有"的一部分。在"崇本息末"当中,将邪淫奸伪之类的社会丑恶现象归结为"末"而予以否定批判是一种价值上的判断,但价值上的否定并不能导致对其事实上的否定,我们无法否认邪淫奸伪之类的社会丑恶现象的现实存在,即邪淫奸伪之类的社会丑恶现象也是一种"有"的形式。通过"崇本举末",王弼试图以本体之"无"统摄万有,这时王弼是从较一般的层面上肯定了本体之"无"对一切现实的具体存在具有形上支配的效力,这里"末"的外延范围也就等同于万"有"。从"崇本举末"的本意来看,就应当将一切现实存在涵盖于本体的支配当中,而不论对其价值上的判断。可是在"崇本息末"当中,以本体之"无"的运行规律自然原则为标准,王弼将部分"有",即在价值判断当中被否定的但在事实上现实存在的邪淫奸伪,排除在了"普遍"的自然原则之外。从不同角度展开对形上之"本"的理解,却发现对应着不同范围的形而下之"末",本应对一切具体存在都具有解释效力的本体之"无",其运行规律自然原则却不能说明部分现实存在的合理性。这种对"末"的不同理解就造成了王弼思想自身的矛盾,导致了形上之"本"的普遍性的不彻底性。所以,王弼的本体思想在寻求普遍原理与具体存在的统一时还是存在不足的。

如何将价值上的恶纳入普遍的理论体系当中,从来都是历史上的思想家们的难题。如西方的基督教哲学不得不面临这样一个问题,即作为世界创造者的上帝全善全能,但是恶却在这个世界中现实存在。黑格尔反对片面地将人性规定为善,认为善与恶之间是无法分割的,人之所以表现出善，正应为他自身也包含恶的可能，恶是历史发展的杠杆与动力，是人趋向无限与普遍的环节。在黑格尔看来，对于社会中那些令人不安的充满矛盾和对立的事实，"哲学不仅要承认这些形态，而且甚至要说明它们的道理"。① 也正如马克斯·韦伯所说的那样："一件事物，……其为不美、不神圣、不善，皆无碍于其为真。""一个人如果是一位发挥了作用的教师，他的首要职责，是去教他学生承认尴尬的事实。"② 一件事实可以因其在价值上的不善而被批判，但其现实存在总是有其确定的原由。普遍原理之所以表现为普遍，就应适用于一切具体存在，一种意图达到普遍的思想理论，对于一切现实的具体存在，无论其在价值上被作正面的或负面的判定，都应作出合理的解释，说明其现实的产生和发展。这里所说的合理的解释，并非指价值上的肯定判断，而是对其现实存在做出合乎客观规律的说明。只有对一切现实的具体存在的合理性作出说明，将一切现实的具体存在涵盖于自身的理论体系当中，一种普遍原理才能真正实现与具体存在的统一，达到自身理论的具体化，获得其自身所宣称的普遍性。对于如何说明价值上的"恶"的现实合理性，哲人致思的进路各有不同，可哲人们正是从各自的历史条件出发，不断促使一切现实的具体存在从普遍原理那里获得合理解释。

对于恶在人类社会当中所起的现实作用，老子也曾进行了一定的说明。对于"不善"，老子认为：

> 故善人者，不善人之师；不善人者，善人之资。③

通过对"善人者"与"不善人者"所起的"师"与"资"作用的描写，老子一定程度上触及到了善与恶的统一。只是在"善之与恶，相去若何？"④ 的追问当中，善与恶都被视作对素朴自然的分化而被否定，对善与恶的合理性的说明最终湮没在对广义上的人类文明化进程与狭义上的人类文明异化的强烈批判里。王弼将老子的普遍之"道"进一步向具体

---

① [德] 黑格尔：《小逻辑》，贺麟译，商务印书馆1980年版，第5页。
② [德] 马克斯·韦伯：《学术与政治》，钱永祥等译，广西师范大学出版社2004年版，第179、178页。
③ 《老子·第二十七章》。
④ 《老子·第二十章》。

化推进，对于人类文明进程有了更多肯定的解释，王弼指出：

> 朴，真也。真散则百行出，殊类生，若器也。圣人因其分散，故为之立官长。以善为师，不善为资，移风易俗，复使归于一也。
>
> 始制，谓朴散始为官长之时也。始制官长，不可不立名分以定尊卑，故始制有名也。①

王弼将"朴散为器"的过程视作一个合理的必然的发展过程，提及了"善"与"不善"在社会当中各自的作用。只是王弼的合理性说明仅仅限定在人类社会发展过程当中符合自然标准的那一部分，而在对各种文明异化现象的批判当中，王弼依然未能建立起对价值上消极的事实的合理说明。对于各种所谓的恶的作用，老子和王弼都有简略的涉及，可这些在他们的思想当中都处于相对次要的地位。在自然标准之下，对于那些违反自然的恶，老子和王弼更多地展开了对它们负面作用的揭示，而对它们在"朴散为器"的过程当中是否具有产生的必然性，并不是老子和王弼理论工作的重点。不能够对价值上不善的对象作出合理说明，最终导致了他们的普遍性思想的不彻底性。

综上所述，我们可以将老子思想的理论特质归结为"崇本息末"，将王弼思想的理论特质归结为"崇本举末"。老子所追求的普遍之"道"强调与万事万物之间的统一，这也可以看作是"崇本举末"的表现，可是就其理论最终的走向来看，老子要求守护终极之"道"，复归至素朴无为之自然，不仅仅批判了各种文明的异化，对于人类的文明化进程也予以了否定，总体上表现出了对具体存在的地位和作用的某种忽视，所以其理论主旨在于"崇本息末"。王弼也要求止息各种社会丑恶现象，表现出了"崇本息末"的一面，使其"崇本举末"的理论要求显得不够彻底。可是更主要的是，王弼不仅仅在推崇普遍之"道"的基础上，肯定了普遍之"无"是万"有"存在的根据，也肯定了万"有"是普遍之"无"的现实展现，王弼又通过自然原则肯定了社会伦常规范的合理性，总体上表现出了对具体存在的地位和作用的重视，所以其理论主旨在于"崇本举末"。每一种思想理论的构成总是复杂的，老子和王弼的思想当中都包含

---

① （魏）王弼：《王弼集校释》，楼宇烈校释，中华书局1980年版，第75、82页。

了一定的"崇本举末"和"崇本息末"的成分,但这些成分在他们各自的思想体系中具有不同的地位。正如笔者在前文所提及的,老子思想和王弼思想的这种差别是在对同一问题作不同解答时所表现出的程度上的差别。在对普遍性原理的追寻中,老子在先秦思想家里率先展开了对形上之"道"的发问,但其思想更多地偏重于"道"的普遍性一面,而较少关注"道"的具体性一面。王弼以老子"道"论为理论资源展开对普遍性的追问,并将老子的普遍性思想向具体化推进,在理论上取得了一定的突破,只是这种向具体化的推进最终还显得不够彻底。在通向具体形态的普遍原理的道路上,老子和王弼做出了各自的贡献。

对于魏晋玄学,人们往往称赞其超越玄远的一面,可是从魏晋玄学的主要创建者王弼这里,我们可以发现魏晋玄学注重现实的一面。通过"崇本举末"的思维模式,王弼以一种更趋理性的方式展开了对世界存在之序的追问。王弼将自己的思想理论建立在肯定具体存在的基础之上,这表明王弼在努力克服普遍性追求与现实世界的分离,结合普遍原理来论证人类伦常规范的合理性也使得王弼在一定程度上触及了从人类自身的生存方式出发来探究人类所生存于其中的世界。王弼对具体存在的重视不仅仅表现在他对万"有"与名教作用的肯定当中,如下文将论及的,也体现在他对"体"与"用"关系、个体个性以及适时而变等问题的探讨上。

第三节　以无为用

在王弼玄学思想的概念系统里,如果说"本"突出了本体之"无"超越性、普遍性的一面,那么对"用"的探讨则侧重于本体之"无"的现实展现问题。可是在这里,我们首先要厘清王弼对概念"用"的使用与我们通常意义上对"体用"的使用存在一定差别。对于"体"和"用",王弼曾如此说道:

> 故虽德盛业大,富有万物,犹各得其得,而未能自周也。故天不能为载,地不能为覆,人不能为赡。万物虽贵,以无为用,不能舍无以为体也。舍无以为体,则失其为大矣。①

---

① (魏)王弼:《王弼集校释》,楼宇烈校释,中华书局1980年版,第94页。

既然万物要"以无为用",又为何"不能舍无以为体"呢?正如不少论者所指出的那样,这是由于王弼对概念"体"与"用"的使用还存在一定的歧义所造成的。① 一些论者认为王弼在中国哲学史上最早从体用论的层面上将"体"与"用"对举并提,② 事实上王弼对"体"与"用"的内涵还未作出明确的区分和规定。

在通常的使用上,"体"有本体、实体、形体等义,就本体而言偏向形而上的层面,就形体而言偏向形而下的层面,而体用之辨往往以形而上层面的探讨居多。"用"有"体"的功能、效用、属性、现象等义,所谓用处与人类的需要相关联。在"体"与"用"并举时,"用"往往特指"体"自身固有之"用"。"体"与"用"之间,"体"是第一性的,"用"是第二性的。"体"在不同层面上表现为绝对的或相对的独立存在,"用"依赖于"体"从属于"体",是"体"内在规定性的展现。但所谓"体"的独立存在并非指独立于"用"而存在,有此"体"必有此"用",同样,有此"用"必有此"体"。作为一对极具中国哲学思维特性的概念,"体"与"用"的提出和使用在于强调以一种统一的视角展开对对象的考察,克服将对象割裂为两种相异分离的存在的倾向。中国哲学史上的各种体用观,如"体用一如""体用不二""即体即用""明体达用"等无不表现了此种思维方式。张岱年先生便指出:"中国哲学家虽认为本根并非万物中一物,但不承认本根与物有殊绝的叛离。本根虽非物,

---

① 如冯友兰先生认为:"(对于)'有'和'无'究竟哪个是体,哪个是用,(王弼)还有点分不清。"见冯友兰《中国哲学史新编》中卷,人民出版社1998年版,第429页。康中乾教授则认为:"但正是在体用观上,王弼却明显表现出了理论上的含混。这变现在两个方面:一是对'无'本身究竟为体还是为用说不明白。……二是在王弼哲学中'体'、'用'的涵义是倒置的。"见康中乾《有无之辨——魏晋玄学本体思想再解读》,人民出版社2003年版,第207—208页。

② 如冯友兰先生认为:"'体'、'用'是中国哲学史中的一对范畴。王弼可以说是首先讲到这对范畴的。"见冯友兰《中国哲学史新编》中卷,人民出版社1998年版,第429页。方克立教授则认为:"直到魏晋时期,'体'和'用'才成为一对重要范畴,有了明确的哲学涵义。……正是王弼最先赋予体用范畴以哲学本体论的重要意义,使体用、本末之辨成为魏晋玄学的主要理论支柱之一,成为带有时代特征的一种理论思维方式。"见方克立、冯契、汤一介等《中国哲学范畴集》,人民出版社1985年版,第130页。蒙培元教授则认为:"'体用'作为真正的哲学范畴,应该说开始出现于玄学。……王弼明确提出体用二者的关系问题。"见蒙培元《理学范畴系统》,人民出版社1989年版,第149页。景海峰教授认为:"王弼和合《周易》、《老子》,为'体用'的本体意义奠定了初基,其《老子注》三十八章'虽贵以无为用,不能舍无以为体也'一语,常为后人所称引。"见景海峰《中国哲学的现代诠释》,人民出版社2004年版,第90页。

而亦非离于物，本根与物之间，没有绝对的对立；而体与用，有其统一。对于所谓'体用殊绝'的理论，多数中国哲学家，都坚决反对。"①"体"与"用"之间的统一所表明的就是"体"与"用"之间的对应性，"体"与"用"有着一一对应的关系，一定的"体"必然表现为一定的"用"，形上之本体有其自身特有之"用"，形下之形体亦有其自身特有之"用"。正如方克立教授所指出的那样："中国哲学不仅用体用范畴来说明世界的最高本体和事物现象的关系，而且就具体事物（天地万物、政治人伦）来说，它们都有体有用。"②"体"与"用"分别指出了对象的不同方面，但这组概念也只能对举并提，"体"与"用"是相互依存的统一体，两者一旦分离便失去了自身原有的理论意义。

"体"与"用"的具体内涵在不同的哲人那里有着不同的表达，但总体而言表现出了一种统一的视角，"体"与"用"相互对应不可分离。以此为切入点，现在我们再回头分析上文所引的王弼的观点。对于"万物虽贵，以无为用，不能舍无以为体也"③，诸多论者认为这里所表达的是一种"有体无用"的观点，即"体"指的是"有"，"用"则指向"无"，而不能以通常意义上的体用论结合王弼的"无"是"本"、"有"是"末"的观点，就认为"无"是"体"、"有"是"用"。④ 的确，这里的"体"与"用"并非对举并提的统一体，此处之"用"并非对应于此处

---

① 张岱年：《中国哲学大纲》，江苏教育出版社2005年版，第43页。
② 方克立、冯契、汤一介等：《中国哲学范畴集》，人民出版社1985年版，第131页。
③ （魏）王弼：《王弼集校释》，楼宇烈校释，中华书局1980年版，第94页。
④ 如康中乾教授认为："王弼虽说过'万物虽贵，以无为用，不能舍无以为体'（《老子注》第三十八章）的话，其中'体'与'用'对举，但这里的'用'实际上是本，是体，而此处的'体'指形体，恰恰是用了。"见康中乾《有无之辨——魏晋玄学本体思想再解读》，人民出版社2003年版，第208页。韩国学者林采佑则认为："王弼将体用与有无这一抽象范畴结合进行了说明。他明确指出，'有'这一'体'只能将'无'作为'用'才能成立自己的存在，即'有体无用'。"见［韩］林采佑《略谈王弼体用范畴之原义——"有体无用"之"用体论"》，《哲学研究》1996年第11期。还有一些论者则认为，王弼在这里所说的"体"是"有"与"无"的相合，"有"与"无"相合才能显示出自身的功用。如李晓春认为："用与无是连带一体的，这也是王弼说'以无'为用的意思。……而这种状态也影响到了他对体与用关系的界定。无与有相合而成体，'有'只有当它和'无'相配合时才显示出它的用处来。在这里我们会看到，体不是无，它是无与有相合后形成的一物为一物的本质，也就是无在这个事物中所显示的用。"见李晓春《王弼"体用论"述真》，《兰州大学学报》（社会科学版）2010年7月第38卷第4期。

之"体"。这里的"体"是指有形之形体，这里的"用"则是指本体之"无"所展现出的功用，而不是有形之形体所展现出的功用。结合上下文，我们大致可以将这句话理解为：万物虽贵，却依赖于"无"的功用，而不可能舍弃"无"来成就其形体。此处的"体"与"用"均就形下层面而言，是指万"有"皆依赖于本体之"无"的功用以成就其自身的功用和形体，不仅仅这里的"用"可以看作是相对于本体之"无"这个"体"在形而下层面上所现实展现的"用"，这里的"体"——有形之形体——也可以看作相对于本体之"无"这个"体"的一种在"形"上的"用"。所以，诚如诸多论者所指出的那样，王弼著作中的"体"字的名词性用法绝大多数是指有形之形体，而不是形上之本体。① 王弼并没有自觉地将形上本体"无"规定为"体"，并将其放入与其自身所展现的"用"相对应的关系当中展开论述，王弼的思想还没自觉地形成后世所谓的体用论。由此可见，王弼著作中的"体"与"用"不是一组相互对应的概念，王弼在"体"与"用"的使用上还存在着一定的模糊性和不确定性，对"体"与"用"的关系也未做出十分明确的区分。②

如上所述，王弼并没有自觉形成后世所谓的体用论，其著作中的"体"与"用"并不是一组相互对应的概念。王弼以概念"用"来描述说明本体之"无"的功用，但王弼并没有从理论上将本体之"无"规定

---

① 如王晓毅教授认为："问题的关键，在于准确理解王弼'以无为用，不能舍无以为体'一句中'体'字的含义，即它是否指宇宙本体'无'。回答是否定的。遍查王弼的所有著述，'体'的名词性含义都是事物的有形体。有时指人的形体，有时指物的形体，有时指《易经》诸卦的形体，所指事物虽然不同，但都是指它们的有形部分，即属于'有'这一范畴。王弼从未用'体'字去表示宇宙本体'无'。"见王晓毅《王弼评传》，南京大学出版社 1996 年版，第 233 页。韩国学者林采佑则认为："其实，王弼的体用概念中的'体'不过是被动的、劣等的'形体'而已。……体即形体是可这样或那样、被时间和空间等外部条件规定的被动的、偶然的杂多者。"见［韩］林采佑：《略谈王弼体用范畴之原义——"有体无用"之"用体论"》，《哲学研究》1996 年第 11 期。李晓春通过总结归纳认为，王弼著作中"'体'字最基本的含义是实体性的具象之物，如形体、身体等。……在实体意义的基础上，有些意义已经不再是具象的实体，而是出现了较为抽象的含义，但是我们还是能判定它们是从具象实体的含义上延伸出来的"。见李晓春《王弼"体用论"述真》，《兰州大学学报》（社会科学版），2010 年 7 月第 38 卷第 4 期。

② 王葆玹教授引用张岱年先生的"本用"一说，认为王弼思想中的"以无为用"对应于"以无为本"，"本"指本体"无"，"用"则指对本体"无"的运用和掌握，王弼这种"本用"论是后世本体论的先声。见王葆玹《正始玄学》，齐鲁书社 1987 年版，第 273 页。

为"体";王弼思想中的"体"主要指有形之形体,但王弼也没有以概念"用"去探讨有形形体的功用。笔者认为,王弼的思想虽然不具有通常意义上的体用论的形式,可是在实质内容上却表现出了体用论的思维方式。诸多论者将中国哲学史上体用论的发端认定为王弼的本体哲学不是没有道理的,这绝不会仅仅是因为王弼在其著作中大量使用了"体"和"用"这两个概念,这更在于王弼在对"体"和"用"的使用上已经包含了一定的后世体用论的内容,至少已经包含了体用论的萌芽。汤用彤先生便指出:"玄学主体用一如,用者依真体而起,故体外无用。体者非于用后别为一物,故亦可用外无体。"① 王弼思想正是玄学这种"体用一如"思想的典型。笔者认为,体用论思维方式的一个重要特征就在于以一种统一的视角考察对象,克服对对象的割裂,王弼的思想之所以表现出体用论的思维方式正在于王弼对概念"体"和"用"的使用上体现了这种统一的视角。王弼著作中的"体"与"用"虽不相互对应,但王弼在对这两个相互独立概念的单独使用上无不体现了体用论的统一性思维方式,概念"体"的使用偏重于形而下层面,概念"用"的使用偏向形而上层面。特别是在对概念"用"的使用上,王弼强调了通过本体之"无"的"用",即本体之"无"在现实世界当中的具体展现来把握本体之"无",这与王弼要求克服形上本体的抽象性,将普遍原理向具体形态推进的理论进路是相一致的。下文将主要就王弼"用"的思想展开论述。

通常意义上的体用论既要求以"体"摄"用",又要求由"用"显"体"。在王弼的著作中,本体之"无"对于万"有"的支配地位主要是通过本末之辨实现,通过"用"的思想王弼讨论了本体之"无"具体展现的问题。冯友兰先生认为,王弼对一般和特殊的关系的讨论主要有三种说法,即"母"与"子"、"本"和"末"、"体"和"用",冯友兰先生指出:"严格地说,体和用的关系,同母和子,本和末的关系又有不同。母和子还是两个身体。一棵树的根和它的枝叶,毕竟还是两部分。'体'和'用'不是一个东西的两部分,而是一个东西的两个方面。有什么样的体,就必然要发生什么样的作用;有什么样的作用,就说明必然有什么样的体。"② 从冯友兰先生的说明我们可以看到,王弼提出"体"与

---

① 汤用彤:《魏晋玄学论稿》,上海古籍出版社2005年版,第55页。
② 冯友兰:《中国哲学史新编》中卷,人民出版社1998年版,第429页。

"用"正在于克服以"母"和"子"、"本"和"末"的对比来说明"无"和"有"的关系所产生的弊端,即过度对"母"和"本"的偏重而造成分离。所以说,王弼所谓的体用论思维方式典型地体现在其"用"的思想上,而不是体现在他对本体之"无"支配地位的说明上。对"用"的使用主要表现为由"用"显"体",而不是以"体"摄"用"。

王弼虽然没有明确将本体之"无"规定为"体",但是其"用"的思想所指向的的确是"无"这个"体"。之所以要求以"用"的角度切入对"无"的把握源自王弼对"无"的定位。一方面王弼将本体之"无"规定为天地之间万"有"存在的根据,万"有"既然以"无"作为自身存在的根据,那么人类就有寻求理解这个终极的形上根据的需要。另一方面,王弼又认为本体之"无"由于自身无限的普遍的特质,是无法以常规的认识方式加以把握的,既然以常规的认识方式对"无"的把握存在局限,那么就有寻求新的认识途径的需要。在王弼看来,本体之"无"之所以是万"有"的终极根据,正因为"无"自身摒除了各种有限的规定性,对于"无"王弼指出:

> 无状无象,无声无响,故能无所不通,无所不住。不得而知,更以我耳、目、体不知为名,故不可致诘,混而为一也。
>
> 欲言无邪,而物由以成。欲言有邪,而不见其形。故曰:"无状之状,无物之象"也。
>
> 常之为物,不偏不彰,无皦昧之状,温凉之象,故曰"知常曰明"也。唯此复,乃能包通万物,无所不容。失此以往,则邪入乎分,则物离其分,故曰不知常则妄作凶也。
>
> 以无形始物,不系成物,万物以始以成,而不知其所以然。故曰"恍兮惚兮,其中有物";"惚兮恍兮,其中有象"也。窈冥,深远之叹。深远不可得而见,然而万物由之。不可得见,以定其真,故曰"窈兮冥兮,其中有精"也。①

作为形上本体的"无"是一种"无状无象,无声无响""不偏不彰,

---

① (魏)王弼:《王弼集校释》,楼宇烈校释,中华书局1980年版,第31、32、36、52—53页。

无皦昧之状,温凉之象"的超越存在,以人的"耳""目""体"等为手段是无法达到对"无"的全面把握的。然而王弼又明确指出,假如人类能够做到对"无"的"知",便能达到"明"的境界,也就能够在自己的行动当中包通万物,无所不容。相反,假如人类不能达到对"无"的"知",不能以"无"作为自己行动的指南,就有着陷入"凶"的危险境地的可能。在这里,王弼正确地指出了真"知",特别是对终极存在之序的"知",对于人类现实的生存过程所具有的指导意义。人类有着认识形上本体的必要性,可是这个形上本体却被规定成作为能知的人所具有的现实的认知能力无法对其施加作用的对象,这等于是在能知的人和所知的形上本体之间划下一道不可逾越的鸿沟,否认人类有现实展开对形上本体的认识的可能性。一方面是强调对形上本体的认识的必要性,事实上对形上本体的追寻也已经将形上本体纳入到自身认知的过程当中,另一方面却又否认形上本体有着为人类完全敞开自身的可能性,这可以说是王弼的本体思想与历史上诸多形而上学理论共同遭遇的理论困境。

面对这样的困境,一部分哲人最终陷入不可知论的泥潭,结果是使所谓的形上本体与人类相隔绝。这样的形上本体被规定为无法认知,事实上也就是与人类的现实生存过程相分离,使其对于人类不再具有任何现实的意义。另一部分哲人越出人类常规认知能力的范围,将对这类形上本体的把握归结为神秘主义的认知方式。神秘主义的认知方式为人类与形上本体的沟通留下了余地,却将人类现实的认知能力排除在外,使得这样的认识过程可望而不可及。在对人类认知过程的考察当中,历史上各种不可知论与神秘主义的认知方式往往都从某一侧面指出了人类认知能力的局限性,对于推进人类对自身认知能力的认识有着不可忽视的理论作用,它们都展现了人类认知过程中的非理性方面。但就人类整个的认知过程而言,是各方面相互作用参与的过程,作为所知的对象不仅具有本然自在的一面,也具有向人敞开的一面,作为能知的人不仅可以发挥自身非理性的方面,更以理性的能力作为认知的基础。对于各种形而上的理论而言,若要使自身的理论不脱离于人类的现实世界,就要使得对形上本体的认识不仅仅有必要,而且也要有可能,建立起通向形上本体的途径。在王弼这里,本体之"无"以一种"不可致诘,混而为一"的方式展现在人们的面前,王弼对"无"的规定似乎堵死了以常规的认识方式把握本体之"无"的可能性。通观王弼的著作,对于形上本体的把握王弼的确流露出一种悲观的情绪,对于"无"的把握似乎除了付诸神秘主义别无他途，不过我们必须也要看到，王弼依旧为形上本体与现实世界的沟通提供了一种理性的可能，这就是"无"的现实之"用"。一方面"无"是无法探知的"黑箱"，另一方面"无"也并非完全封闭，"无"以"用"的形式展现自身。"无"之"用"是"无"在具体情境的展现，"用"不能完全等同"无"，但"用"作为"无"的呈现，也非与"无"相异分离。"无"自身难以把握，可是"无"之"用"是具体的有形有象的，可以通过常规的认知方式予以把握，"无"在具体时空的展开也就为其向人的敞开提供了可能。通过"用"这种形式，"无"避免了完全成为超言绝象的存在，避免了与现实世界的完全隔离。正是通过"用"这种形式，王弼没有使自己的理论完全停留在神秘认知的领域，而是将自己的理论朝向理性化的方向推进，这种理论上理性化的努力正是以本体之"无"的具体化为基础。

在王弼看来，万"有"之所以表现出各种具体的特性，其终极根据不在于"有"自身，而在于本体之"无"，本体之"无"对万"有"的支配通过其自身之"用"来实现。"无"自身是不变之一，通过自身之"用"可以使得具体之"有"的特性能够现实展现，使得这个世界展现为多样的统一的世界。对于"无"之"用"，王弼指出：

> 用一以致清耳，非用清以清也。
> 冲而用之，用乃不能穷。
> 言道氾滥无所不适，可左右上下周旋而用，则无所不至也。①

通过"无"之"用"，不仅仅在于成就具体之"有"，也使得"无"自身不再表现为一个完全自我封闭的存在，而是在"用"的动态过程当中得以展现自身，正如韩国学者林采佑所指出的："'用'是作用、功能的意思，是把体，即事物的存在和价值积极地体现、发挥的能动性价值观念。"② 本体之"无"之所以不表现为一种消极、被动的存在，正因为"无"在"用"的过程里实现了自身对于具体之"有"所具有的意义，同时在这一过程当中，本体之"无"也实现了与具体之"有"的结合统

---

① （魏）王弼：《王弼集校释》，楼宇烈校释，中华书局1980年版，第106、11、86页。
② ［韩］林采佑：《略谈王弼体用范畴之原义——"有体无用"之"用体论"》，《哲学研究》1996年第11期。

一。而且这种"用"的过程是"无所不适""无所不至""不可穷尽"的，能够将一切具体存在纳入自身"用"的范围之中。对此，汤用彤先生指出："冲而用之，乃本体全体之用。不自居于成，不自宥于量，舍有穷之域，反乎天理之本。故反本者，即以无为体。以无为体，则能以无为用（即冲而用之）。以无为用，则无穷无不载矣。"① 不过，当具体之"有"的现实存在需要本体之"无"的"用"才能实现时，似乎"无"之"用"成为一种与具体之"有"相异的外在的强制性力量，与王弼对本体之"无"自然无为的规定相背。可是我们再看看王弼对"无"之"用"的进一步说明就可以发现，事实上并非如此。对于"无"之"用"，王弼还指出：

> 德者，得也。……何以得德，由乎道也。何以尽德，以无为用。因物而用，功自彼成，故不居也。②

与"无"之"用"相联系的是具体之"有"的"得德""尽德"。所谓的"德"虽然从根本上要面向本体之"无"，但是其所指向的是具体的事物各自从本体处所获得的特性，意味着本体的某种分化，"德"也就是本体之"无"在具体事物当中的具体展现。所以，"无"之"用"的形态最终并不是一成不变的，而是依物而"用"，依物的各自特性而"用"，随着事物特性的变化而变化。正如康中乾教授所指出的那样："这个作为'体'的'无'不是也不能是绝对的空无或虚无，它是万事万物存在的根据。那么，这个作为万事万物之存在根据并为万事万物所本的'无'怎样才能发挥、表现出其'体'或'本'的作用呢？这就是要依靠'有'，即在作用于'有'的过程中显示出其'体'的存在。这样，这个本体之'无'就在功能和作用的意义上展现了自己的存在，……作用或功用意义上的'无'当然不同于本体意义上的'无'或生成意义上的'无'或抽象意义上的'无'，这样的'无'不是实体性的存在，而是一种作用方式、方法或原理、原则，其具体内容就是无为或自然无为。"③ 这样的"无"之"用"事实上也就是"无用"之"用"，顺自然而"用"，事物

---

① 汤用彤：《魏晋玄学论稿》，上海古籍出版社2005年版，第41页。
② （魏）王弼：《王弼集校释》，楼宇烈校释，中华书局1980年版，第93、7页。
③ 康中乾：《有无之辨——魏晋玄学本体思想再解读》，人民出版社2003年版，第189页。

各自特性的实现便是"无"之"用"的实现。"无"之"用"并非外在于具体之"有",而是一种内在于具体之"有"的力量,是本体之"无"与具体情境的统一。"无"之"用"不能脱离于具体之"有"孤立存在,"用"这种形式使得本体之"无"与具体之"有"得到现实的结合。正是通过"用"的思想,王弼使其普遍原理进一步具体化。

本体之"无"以"用"的形式展现自身,形上本体在"用"当中得以具体化现实化。"无"之"用"正在于其成就万"有"的作用,天地万物在"无"的支配下得以存在、产生和发展,天地万物的生存过程就是本体之"无"展现自身的过程。直接呈现在人类面前的是有形有象的事物,而非无形无象的本体,王弼认为,通过对具体事物的认知,人类同样可以实现对本体之"无"的体认。王弼在同裴徽的探讨中对此有明确说明,

> 王辅嗣弱冠诣裴徽,徽问曰:"夫无者,诚万物之所资,圣人莫肯致言,而老子申之无已,何邪?"弼曰:"圣人体无,无又不可以训,故言必及有。"老庄未免于有,恒训其所不足。①

"圣人体无"也就是去体认"无"之"用",圣人以对本体的体认而达到成圣的境界,其实就在日常的生活世界当中。所谓的"体"是指体认、体会、体悟等义,作为一种认知方式,"体"并不同于通常的分析综合等理性的认知方式,但也不同于神秘主义的认知方式。杜维明教授便指出:"这个提法表面上好像是一种诉诸神秘经验而毫无客观标准的遐思,一种纯属主观论断而缺乏具体事实根据的揣测。其实,……王弼成为本体探究的大思想家,绝非一般常识所谓的遐思和揣测凑合而得的结果。""如果从圣人之迹(五情)可以体知其本(神明),通过日常生活的各种具体经验(用)也许可以品尝到人生真谛(体)。"② 体认并非完全付诸于自我内心的感受和想象,同样需要一定的介质作为认知的基础。本体之"无"自身"不可致言""不可以训",不过通过具体之"有"可以建立起人与本体之"无"之间现实的连接途径,对有形有象的"无"之

---

① 《世说新语·文学》。
② 杜维明、郭齐勇、郑文龙编:《杜维明文集》第五卷,武汉出版社2002年版,第72、80页。

"用"的认识可以进而达到对"不可致言"的"无"自身的体认,所谓"言必及有"即指此。而且王弼认为,通向本体之"无"的道路也只有这一条,对"无"的体认只能建立在具体之"有"的基础上,人们只能从"无"的外在展现来把握"无"。假若脱离现实世界,试图直接对形上本体予以把握,不但不能成功,反而陷入对本体之"无"的执著当中。这正因为"无"只是以其"用"来展现自身,抛弃了"无"的外在展现,就等于是抛弃了"无"自身。本体之"无"所具有的意义正在于其所展现的功用,能够使具体之"有"现实地存在,"用"的舍弃也将使"无"自身失去意义。诸多论者强调了王弼"圣人体无"一说所展现的圣人之境。① 不过我们同样不能忽视王弼在这里也肯定了经验世界对通向圣人之境所具有的意义。在"圣人体无"一说当中,王弼注意到了人在认知过程当中不可偏执,对形上世界或形下世界片面的过度的强调都是错误的,只有在一种统一的视角当中我们才能真实地把握我们所身处其中的世界。当然,在王弼看来,通过"无"之"用",即具体之"有",去对"无"进行体认并不能最终彻底实现对"无"的认知,依旧不能对"无"进行全面的言说和描述,与所谓的"真知"还存在着距离,能达到"体无"之境的也被限定于圣人,不过以"无"之"用"作为切入点的确为对"无"的认知提供了一种现实的可能。"无"之"用"作为"无"自身有形的展现,可以为人直接予以把握,这为人类对"无"的体认奠定了一种可靠坚实的基础。对"无"体认的真实性以"有"的存在作为确证,王弼在这里触到了人类认识的现实基础问题,并提供了自己的回答。虽然王弼"体无"的认知方式还保留着一定的神秘主义的成分,但从其理论的发展方向上看,的确是在朝向理性化推进,并由此拉近了形上本体与现实世界的距离。

不过这里需要特别指出的是,诸多论者为了说明王弼的思想凸显了本体之"无"的"用"对于成就具体之"有"所具有的意义,特举了王弼对《老子》第十一章的注作为论据,笔者认为这是不够确切的,这是对

---

① 如贺昌群先生认为,王弼的"体无"思想所展现的是一种"本体境界之体会"。见贺昌群《魏晋清谈思想初论》,《贺昌群文集》第二卷,商务印书馆2003年版,第55—56页。又如康中乾教授认为:"'体无'就自然要与'无'为一体,要身临于'无'之中去。然而,'无'不同于'有',它无形无体,人(或圣人)如何去与它为一体呢?这就非境界莫属了。"见康中乾《有无之辨——魏晋玄学本体思想再解读》,人民出版社2003年版,第208页。

第三章 系于末度——普遍之无的具体性

王弼思想以及老子本人思想的一种误解。《老子》第十一章里这么写道：

> 三十辐共一毂，当其无，有车之用。埏埴以为器，当其无，有器之用。凿户牖以为室，当其无，有室之用。故有之以为利，无之以为用。①

对此，王弼注解道：

> 毂所以能统三十辐者，无也。以其无能受物之故，故能以寡统众也。木、埴、壁所以成三者，而皆以无为用也。言无者，有之所以为利，皆赖无以为用也。②

对于这里"无"字的含义，诸多论者认为是指本体之"无"，并认为老子和王弼在这里强调了"有"自身特性的发挥有赖于本体之"无"参与其中。③ 不过笔者认为，假如"无"与"有"是"平行并列"发挥作用的，那么这样的"无"也就不是什么超越本体了。本体之"无"相对于形下万"有"具有形上的超越性，而这里的"无"与"有"是在

---

① 《老子·第十一章》。
② （魏）王弼：《王弼集校释》，楼宇烈校释，中华书局1980年版，第27页。
③ 如王晓毅教授认为："王弼以器物的中空部分和形质部分的联系为例，作了形象解说。他指出，车毂（车轮的中空穿轴部分）之所以能统辖三十根辐条形成轮的功利，器皿、房屋之所以能容纳它物形成器皿和房屋的功利，都是因为其内在无形的中空部分起着决定作用。用命题形式表达，就是'有之以为利，无皆赖无之以为用。'为了将无形本体'无'的内在作用与有形质料'有'的外在作用相区别，王弼沿用了老子的语言，将无的作用称为'用'，将'有'的作用称为'利'。"见王晓毅《王弼评传》，南京大学出版社1996年版，第236页。韩国学者林采佑则认为，"再来看看老子下面的比喻，车轮或器皿（有）正是靠中间空儿（无）才得以运行或盛装东西。因此，做成车轮或器皿的木头和泥土的存在（有）以无为用来维持自己的存在。'有'是杂多的、有形的存在，'无'是制御杂多的无形的一者，并以少（无）来统率多（有）。有能发挥自己的作用是因为无称为用。此'无'之用为'本'，为形而上者，是制御有形体的（用形者）。"见［韩］林采佑《略谈王弼体用范畴之原义——"有体无用"之"用体论"》，《哲学研究》1996年第11期。李晓春则认为："在这里，我们同样看到，统三十辐的是作为物（有）的毂，而不是无；无的作用是参与了毂的作用，是毂之所以能统三十辐的最后本体根据。"见李晓春《王弼"体用论"述真》，《兰州大学学报》（社会科学版）2010年7月第38卷第4期。

同一层面上的"平行并列"的存在，这里的所犯的错误就是将不同层面上的"无"作了相同的使用。事实上，老子"车""器""室"三喻中的"无"与"有"是指空间中的"虚"与"实"，这里的"无"与其说是本体之"无"，还不如说是具体之"有"，只是一种空间上相对于"满""实"的虚位，是一种"无形之形"。这里从老子思想的精神特质出发或许可以得到更好的理解，老子是运用其否定性方法，告诫人们在生活当中不能过度执著于"实有"的作用，也要注意其中"空无"所产生的作用，这个世界是在对立统一的力量的相互作用下运动发展的。老子并没有试图将这里所说的"无"规定为形上本体，老子的形上本体是"道"。当王弼将"无"规定为形上本体时，这种概念上的直接继承所造成的内涵的偏离是在所难免的。所以，论者认为王弼是从"用"的角度来论述本体"无"是准确的，不过以这里的具体之"无"的作用来说明王弼"用"的思想是不合适的。假如所谓"用"是指本体之"无"的功用，那么应当将一切具体存在涵盖于其中，所有形而下层面的存在，不论其表现为何种形式，如"有"、"有"的功用、"有"的形体在较宽泛的理解上都应属于本体之"用"的表现。结合王弼所有著作中的表述，我们应当看到，王弼说的"以无为用"的思想是指具体之"有"若要现实地展现自身必然要依赖于本体之"无"发挥自身的功用。而这里的"有之所以为利，皆赖无以为用也"仅仅局限于"车""器""室"三喻中同一层面上的"有"与"无"相互作用，并不是体用论式的统一性思维方式，没有展现王弼以本体"无"的现实之"用"探讨"有"与"无"关系的特色。

　　对于王弼的体用思想，论者更多集中于形上之域展开讨论，即主要探讨了有关于本体之"无"所展现出的体用思想。诚然成熟形态的体用论思想大多从形而上层面展开，但笔者认为将体用论思想完全限制于形而上层面大可不必。如上文所言，体用论作为一种思维方式的可贵之处在于提供了一种统一的视角，有关有形形体与其功用的探讨同样表达了这种统一的视角。的确，王弼常常以"体"指形体，而形体"是存在之中的劣等"，[①] 有关形而下之形体的探讨在王弼的本体思想里处于次要的地位。

---

① ［韩］林采佑：《略谈王弼体用范畴之原义——"有体无用"之"用体论"》，《哲学研究》1996 年第 11 期。

可是从形体的引申含义来看，王弼著作中的"体"还指卦体，① 而王弼关于卦体的论述也包含着体用思想可贵的统一性思维方式。王弼的概念系统表现出不同的层次，"卦"之"体"相对于本体之"无"是具体之"有"，是有形有象之"末"，而相对于一个"卦"而言，则是"本"，是统摄一卦之六爻的宗主，是卦与卦之间相区别的本质规定，构成了一卦之所以为一卦的根本属性。王弼指出：

夫象者，何也？统论一卦之体，明其所由之主者也。②

对此，冯友兰先生认为："'一卦之体'就是那一卦所代表的那一类事物。'其所有之主'就是那一类事物的规定性。"③ 卦体所展现的是一类事物的统一性基础，是对这类事物所涵摄的各种特殊情境的一般性描述。本体之"无"以其"用"展现自身，卦体同样以自身之"用"得以具体展现。对于卦体之"用"，王弼著作中也有提及：

故名其卦，则吉凶从其类；存其时，则动静应其用。④

在这里，王弼依旧没有对举并体"卦"之"体"与"卦"之"用"，不过的确在通过"用"来描述卦体。卦体对应的是一般的类，卦体之"用"对应的是特殊的时。爻所代表的就是各种特殊的情境，在六爻运动变化之间，卦体所包含的一般性原理与特殊情境相结合，得以施展和作用。卦体所代表的一类事物也就蕴藏着一类对人类的忠告和建议，随着爻所代表的形势的变化，这类忠告和建议也就转化为更为具体的要求。这些作为一般性的忠告和建议必须能够根据具体境界来提出具体的要求，否则将失去对于人类的指导意义。正如冯友兰先生在评述王弼本体思想时所说

---

① 对此，林采佑的论文《略谈王弼体用范畴之原义——"有体无用"之"用体论"》（《哲学研究》，1996年第11期）与李晓春的论文《王弼"体用论"述真》[《兰州大学学报》（社会科学版），2010年7月，第38卷第4期]都有所总结。

② （魏）王弼：《王弼集校释》，楼宇烈校释，中华书局1980年版，第591页。

③ 冯友兰：《中国哲学史新编》中卷，人民出版社1998年版，第430页。

④ （魏）王弼：《王弼集校释》，楼宇烈校释，中华书局1980年版，第604页。

到的那样:"抽象的必须依靠具体的,一般的必须依靠特殊的,才能显现出来。"① 总体而言,在王弼的易学思想当中,对义理的注重甚于对形体(卦体)的考察,王弼对卦体及其作用并没有做更多的说明。不过我们在这里可以看到,王弼这种由"用"显"体"的思维方式的确在其思想体系的不同方面都有所展现,而在下文将讨论的随时而变思想中,王弼对此有着更为清晰的表述。

第四节 因物自然

本体之"无"需要在现实之"用"当中显现自身,普遍的自然原则同样不能脱离具体的事物。事实上,王弼所说的自然原则就是指事物自身的自然本性,普遍的自然原则最终所指向的是具体存在的个体。在王弼的本体思想当中,自然原则作为事物存在的必然法则,其"权威"来自于其所具有的普遍性,但是这种普遍性并不意味着自然原则是一种外在于事物的强制力量,并不意味着自然原则以一种一成不变的形式展现自身,而是内在地通过具体事物各自的自然本性,以多样的形式展现。事物之间存在着各种差异,不同的事物具有不同的本性,具有各自所特有的个性,却又都是自然原则的一种具体展现。这种具有多样表现形式的事物内在本性恰恰就是普遍的自然原则,自然原则以普遍言之在于以一种统一性的视角描述事物的本性,从事物具体的现实的存在形态出发又可以得出自然原则的多样性。

以一种历史的维度进行考察,王弼通过多样性和个性的方面深化自然原则的内涵,可以说是对两汉时期名教规范所具有的"普遍必然性"的一次颠覆和反动。任何对普遍性或特殊性的解读都离不开对其所适用范围的限定,普遍性或特殊性的适用范围具有不同的层次,在不同的层次当中,普遍性与特殊性便会发生转换。就名教规范而言,在面向这个世界普遍必然的存在法则时,名教规范表现为一套具体的特殊的规则系统,受到必然法则的约束和引导;在面向社会当中的个体时,名教规范又表现为一套具有普遍效力的行为准则,指导着人们实践活动的开展。现实地看,一切现实的存在都是具体的存在,无论何种层次的普遍性与特殊性都统一于

---

① 冯友兰:《中国哲学史新编》中卷,人民出版社1998年版,第434页。

具体的存在当中，不能分离。任何对普遍性或特殊性单方面的偏重，都有可能导致对具体存在的认识的失真。杨国荣教授指出："从具体的实践领域来看，其规范的形成总是基于现实的存在（实然）以及现实存在所包含的法则（必然）。"① 名教规范的设立和运行需要实现不同层次的普遍性与特殊性的统一，也就是要实现必然与实然的统一，即既要考虑这个世界存在的普遍法则（必然）与具体的特殊的名教规则（实然）之间的统一，也要考虑普遍的名教规范（必然）与现实存在的人类个体（实然）之间的统一。在下文当中，笔者将以此种视角对王弼以及两汉时期的名教观展开考察，我们将可以发现，两汉时期对名教规范的规定，一方面在构建名教规范所依赖的普遍根据时存在诸多理论上的不足，另一方面强化了普遍规范对个体个性的压制。与此相对，王弼追求自然原则，一方面要求以普遍的自然原则统摄名教规范具体的形式规则，另一方面认为自然原则具体化为个体的自然本性，名教规范以自然原则作为自身设立的根据也就是以个体的自然本性为根据，普遍的名教规范要实现与个体个性的统一。这种对自然原则的追求从历史的发展来看，纠正了两汉时期的偏差，从理论上的发展来看，也进一步实现了具体形态的普遍原理。

从当时的社会现实来看，两汉时期礼法规范的运行的确有忽视个体个性，压制个体个性发展的一面，甚至造成了一些有悖于人类自然本性的道德实践。两汉时期是我国大一统封建国家最终形成的时期，这种大一统表现在社会治理上就是统治者需要寻求一种普遍的统一的社会规范并强制推行，而不可能选择一种放任的无为而治的治理方式。对大一统的追求势必造成对个体的支配和控制的片面强化，面对普遍的道德规范，作为道德主体的个体所能做的是服从，个体既无法逾越也无法逃避无法选择。两汉时期以孝悌忠君为基本内容的礼法规范将个体约束在人伦关系之中，个体只是人伦关系当中被动的一环。礼法这种道德规范的强制性使得个体个性的发展受制于其所提供的范围，道德规范对于个体而言不仅意味着道德实践活动的目标，也意味着一种普遍的限制。道德实践活动目标的实现建立在对个体的自我否定之上，个体通过对自我的不断否定，以实现与普遍的道德规范的一致，以最终实现社会对自我的肯定。正如马小虎所指出的那样："汉代'国家社会个体'的'自我'典型特征，就是对社会强制性的

---

① 杨国荣：《成己与成物——意义世界的生成》，人民出版社2010年版，第130页。

自觉遵从、监督、追求和显现。"① 因此，两汉大一统的专制秩序的背后是对个体的遗忘和否定，个体被消解在社会整体当中。② 另一方面，两汉时期的礼法规范对个体自我的道德要求时常有悖于个体的自然本性，进一步造成了对个体个性的压制。大一统专制秩序越是强化，普遍的礼法规范在对个体的评价体系中所占有的地位也就越高。在两汉时期，对于道德实践中的典范，统治者往往给予丰厚的物质利益，社会也给予极高的道德评价。因此，在物质利益以及社会评价的驱动下，人们为了使自我达到普遍道德的要求，有时所开展的道德实践活动并不是基于自身真实的情感，有时甚至是背离自身真实的愿望。马小虎便指出："在政府制度性的大力表彰之下，以伦理道德的角度和标准来看待、评价个体行为，越来越成为东汉人的意识状态，以'成人—成圣'为目标的传统儒家思想得以倡导，道德羞耻感——荣誉感这种传统的个体心理调节机制系统得以整合重构，因而汉代'国家社会个体'重'名教'、重'名节'的社会风气炽热，时人都极端地追求自己的社会声誉。到东汉末年已达登峰造极，个体行为的道德化程度达到了一种令人匪夷所思甚至是荒诞离奇和病态自虐的程度（如'巨孝'、'至孝'）。"③ 事实上，当道德规范以一种与个体相分离的普遍要求出现时，最终所造成的只能是对个体自然本性的泯灭，对个体个性发展的压制。

两汉时期以礼法为基本形式的道德规范忽视甚至是压制个体个性的发展，这种道德实践活动在理论上同样有其根源。两汉时期礼教规范的内容主要源自儒家思想，以仁义为其价值内核。在先秦儒家的仁道原则当中，克己复礼的要求并没有走上与人自身的对立，而是相信为仁由己，相信人自身的力量，表达出了对人自身的爱和尊重。在两汉独尊儒术的学术背景下，儒者也对儒家思想做了适应政治现实的改造，这首先表现在个体自我

---

① 马小虎：《魏晋以前个体"自我"的演变》，中国人民大学出版社2004年版，第386页。
② 不仅仅在道德实践当中，两汉时期对个体的遗忘和忽视同样体现在造型艺术当中，如李泽厚先生指出，汉代的艺术作品"没有细节，没有修饰，没有个性表达，也没有主观抒情。相反，突出的是高度夸张的形体姿态，是手舞足蹈的大动作，是异常单纯简洁的整体形象"。见李泽厚《美学三书》，安徽文艺出版社1999年版，第86页。即使两汉在造型艺术等方面，"对个体个性产生了一定程度上的兴趣，已经形成了对个体'自我'的固定描写模式和语言模式"，这种对个体个性的重视也只是"突出个体以'社会自我'为主的等级身份及其美德的典型特征"。见马小虎《魏晋以前个体"自我"的演变》，中国人民大学出版社2004年版，第384页。
③ 马小虎：《魏晋以前个体"自我"的演变》，中国人民大学出版社2004年版，第321页。

地位的降低。如董仲舒便提出了"以义正我"的要求，认为个体需要通过普遍的道德规范实现自身品性的提升，使个体自我最终能够融入社会整体。对此，董仲舒指出：

> 所以治人与我者，仁与义也。以仁安人，以义正我。
> 义之法在正我，不在正人；我不自正，虽能正人，弗予为义。①

"义"作为一种社会整体共同树立起的价值标准，表现为一种普遍的要求，往往以一种先于且外在于个体自我的形式存在，"以义正我"就意味着对个体自我的成长施加一种普遍的约束和引导。现实地看，一种合理的普遍的道德规范的产生并非与人类自身相分离，而是在人类现实的道德实践中历史地产生和发展，是在一定历史时期的社会群体当中无数个体所共同追求的价值目标。人类自身的发展过程同样无法与普遍的道德规范相分离，只有在先于个体自我的普遍规范的引导下，个体才有可能成长为一个社会的人，并避免自我成长的任意性。毋宁说，个体自我与普遍的道德规范之间有其内在的一致性。不过在历史的发展当中，个体自我与普遍的道德规范之间同样有相冲突相分离的可能性。当普遍的道德规范以先于且外在于个体自我的形式出现，便有演化为一种外在的强制力量的倾向，普遍的道德规范对个体自我的依赖被遗忘，个体自我则演化为普遍道德规范的附庸。董仲舒对"义"与"我"之间关系的说明，显然有片面侧重"义"的倾向。这正如杨国荣教授所指出的那样："义主要表现为一种普遍的规范，将'我'与'义'重合为一，即意味着将自我视为普遍之义的人格化。于是自我不再是一种具有独特个性的存在，它在实质上开始成为'大我'的内化。"② 这样，权威化的"义"对个体所施加的引导和约束，最终所导致的不只是个体自我的塑造或是成长，更是个体自我的抑制和否定，直至个体自我完全消解于群体当中，成为一个毫无个性可言的存在。董仲舒"以义正我"的要求，使得在个体自我的成长当中，个体自我特有的个性与普遍的道德规范之间的沟通与互动被片面地忽视，个体自我被降低为无价值的被动方面。在此种价值理论的支持下，两汉时期对道

---

① 《春秋繁露·仁义法》。
② 杨国荣：《善的历程——儒家价值体系的历史衍化》，上海人民出版社1994年版，第172页。

德规范的设定，显然无法出现个性张扬的局面。

与此相对，王弼从自然原则出发，在对普遍的道德规范——名教的设定中，对个体个性的发展给予了更多的关注。毫无疑问，王弼对自然原则的追求首先突出的是自然原则所具有的普遍性，只是在王弼看来，对自然原则普遍性的重视并不意味着去否定个体的个性。王弼所反对的只是"舍本以逐末"①，所要求的是"固其根，而后营其末"②。自然原则的普遍性一旦得以确立，就应当从理论上将此种普遍原理具体化。具体就名教问题而言，就是在名教规范的设立与运行当中既要注重自然原则对具体规则的统筹；另外也要考虑个体存在的自然本性——也就是个体存在的特有个性。可以说，从自然原则的角度切入个体个性的关注是王弼本体思想的题中应有之义。

杨国荣教授指出："个体呈现为一种个别的形态，所谓'个'所表述的是个体的个别性，强调的是个体之间的彼此区别，所谓'体'所表述的是个体的实体性，强调的是个体对各种属性或规定的承担，使得个体表现为具体的统一体。"③ 以一种相对宽松的态度进行考察，可以说王弼对个体的有关表述已经一定程度上触及了以上两点。在有无之辨当中，王弼认为作为这个世界存在终极根据的本体之"无"具有无形无象、不偏不彰的特点，本体之"无"处于一种混沌未分的状态，王弼对本体之"无"的此种描述突出了本体之"无"所具有的整体性、无限性和不可分割性。"无"的这些属性对于奠定"无"作为本体的根本地位具有重要作用，在王弼的思想体系当中，本体之所以为本体必须以一种混沌未分不可分割的整体形态出现。不过，王弼对这个世界的认识并未限制在混沌未分的形态，在王弼对本体之"无"的描述当中就已经包含了本体之"无"分化的可能。王弼指出：

> 同出者，同出于玄也。异名，所施不可同也。在首则谓之始，在终则谓之母。④

---

① （魏）王弼：《王弼集校释》，楼宇烈校释，中华书局1980年版，第139页。
② 同上书，第143页。
③ 杨国荣：《成己与成物——意义世界的生成》，人民出版社2010年版，第230页。
④ （魏）王弼：《王弼集校释》，楼宇烈校释，中华书局1980年版，第2页。

在这里，所谓的"终""始"还只是对本体之"无"的一种描述，不过也表明了"无"自身依旧具有不同方面。既然本体之"无"并非彻底的混沌，而是包含不同方面，那么本体之"无"分化为万物便有可能成为一种理论的延伸。事实上，在王弼看来，本体之"无"的分化不可避免，本体之"无"的分化有其自身的合理性和必然性。王弼指出：

朴，真也。真散则百行出，殊类生，若器也。①

所谓"朴"，即是"无"。当本体之"无"散为万物，这个世界就由无限的整体走向有限的个体。这些个体由本体之"无"分化而来，就个体与本体之间的关系而言，个体的存在依赖于本体，就个体与个体之间的关系而言，每个个体独立存在，互不依赖。王弼对本体分化万物虽然还包含有宇宙生成论的意味，不过通过一种生成的过程，"无"赋予了个体存在的合理性依据，建立起了整体与个体之间的联系，也树立起了一种从整体向个体转换的理论视野。随着"无"分化为万物，整体当中的混沌不分也演化为个体之间清晰分明的界限，每一个个体都成为确定的自在之物。

个体之间的区别更在于个体所承载的各种规定性的差异。就个体以本体之"无"作为自身存在的依据而言，可以说所有个体都普遍地遵从自然原则，每一个体都承载着自然的属性。王弼指出：

万物以自然为性。②

对个体的认识离不开对个体所蕴含的自然原则的把握。不过就个体之所以为个体而言，个体必须具备自身特有的根本属性，即个体自性，以使得个体成其为自身，以使得个体自身与其他个体相区别，与整体相区别。王弼认为："夫耳、目、口、心，皆顺其性。"③ 一事一物若成一独立的个体，便有其特有之性。个体自身所承载的这种特有的规定性成为个体与外界的界限，使得个体成为确定的独立的存在之物。在王弼看来，个体对自

---

① （魏）王弼：《王弼集校释》，楼宇烈校释，中华书局1980年版，第75页。
② 同上书，第77页。
③ 同上书，第28页。

然原则的普遍遵从与个体自性的特殊性恰恰是对同一规定性的不同描述。所谓的个体自性便是指个体内在于自身,从而与他物相区分的根本属性,因其内在于自身,而非外在的附加,所以可以称为自然,个体自性也就可以称为个体的自然本性。因为每一个体的自性都与其他个体的自性相异,所以个体的自性是一种个体自身特有的属性。又因为每一个个体的自性都是源自自身,内在于自身,是一种自然之性,所以所有个体的自性都是对普遍的自然原则的一种遵从。王弼指出:

> 道不违自然,乃得其性,法自然也。法自然者,在方而法方,在圆而法圆,于自然无所违也。①

在不同的个体那里,自然之性就具有不同的表现形态,在方为方,在圆为圆。可以说,每一个个体的自然本性都是自然原则在个体身上的一次具体展现,每一个个体的自然本性都是普遍性与特殊性的一次统一。同时,个体的自然本性虽是对自然原则的一种遵从,但因其所具有的特殊性,从而与单纯的抽象的自然原则相区分开来。个体的自然本性是一种具体的有限的属性,只能适用于具体的个体,而不能适用于整体。在面对普遍地遵从自然原则的世界整体时,承载特定自然本性的个体就得以树立自身特有的地位。在个体对自身的自然本性的承载当中,个体的存在得以彰显。

黑格尔曾指出,概念本身包含有普遍性、特殊性和个体性三个环节,在个体性当中,普遍性与特殊性两种规定性都返回到自身内。② 所谓个体的存在,往往就是指一种具体的现实的存在。在王弼对自然的解读当中,王弼使得普遍的自然原则与事物特殊的自然本性统一于个体之中,使得自然原则以一种具体的现实的形态展现,避免了普遍的自然原则的抽象化。这个世界不可能存在独立于个体之外的整体,同样也不可能存在独立于个体本性之外的自然原则。从个体特有的自然本性切入,我们可以发现王弼赋予自然原则的普遍性内涵。事实上,只有从一切个体的自然本性出发,我们才可以发现自然原则之所以是一种普遍原则的原因。肯定每一个个体

---

① (魏)王弼:《王弼集校释》,楼宇烈校释,中华书局1980年版,第65页。
② 请参考[德]黑格尔《小逻辑》,贺麟译,商务印书馆1980年版,第331页。

的自然本性，也就是肯定自然原则的普遍性。同时，普遍的自然原则在个体当中具体的现实的展现，展现为个体所特有的自然本性，最终达到了对个体存在的肯定。自然原则只有具体化为每一个个体所特有的自然本性，使其承载于个体之中，才能使得一个个体与外界相区分开来，成为一个特定的存在。个体在时空的变化当中，得以维持自身的存在，维持自身的同一，其原因就在于个体特性所具有的稳定性，以及与其他个体特性的相异性。个体在对自身特性的承载当中，成为一个独立存在的个体，否则将消解在偶然性与变化当中。理解个体自然本性的关键就在于其所内含的普遍性与特殊性的统一。个体存在于世界整体之中，个体的自然之性不能违背普遍的自然原则。个体表现为一种独立的存在，其原因在于个体的自然本性的特殊性。

通过个体的自然本性，王弼首先表达了对个体存在的肯定，又进而表达了对个体特性的确认。个体的自然本性构成了一个个体之所以为其自身的根本属性，个体维持自身的同一就要求个体的自然本性要具有一定的稳定性，这也就意味着个体特有自然本性的任何改变，"分解""添加"或是"变形"，都将导致个体自身的破坏或是消灭，甚至演化为其他存在物。对个体自然本性的维护就是对个体存在的维护，王弼指出：

> 自然已足，益之则忧。故续凫之足，何异于截鹤之胫。[1]

所谓"足"，便指出了个体自然本性所具有的完整性、不可分割性，任何对个体自然本性所施加的外在作用，或"续"或"截"，都是对个体自然本性的一次破坏。正因为个体自然本性所具有的"足"的特征，所以要尊重个体的自然本性，维护个体的自然本性，不施加任何外在的影响改变个体原有的特性，以免导致个体自身的改变或消灭。

王弼对个体特有的自然本性的尊重不仅仅是因为肯定个体自性的完整性是维护个体既有形态的基础，也在于肯定当个体以一种合乎自身特有之性的形式存在时，便是一种合理的完美的存在形态。个体自身本性的完整性关乎个体以自身同一的形式存在，并不必然意味着此种存在形态的完美性与合理性。在一些哲人看来，个体的本然形态都是一种尚不完善完美的

---

[1] （魏）王弼：《王弼集校释》，楼宇烈校释，中华书局1980年版，第47页。

存在形态，必须施加影响，否定个体现有的存在形态，以使个体趋于完善完美。不过在王弼看来，个体基于自然本性的本然存在形态具有完美性完善性，无须改变，施加外在影响使个体偏离本然形态都将带来消极的后果。王弼指出：

> 夫御体失性，则疾病生；辅物失真，则疵衅作。①

这里的"性"与"真"相等同，所谓"真"便是对个体依其自身本性那般尽善尽美地存在的一种描述，所谓"失"是指对个体本然存在形态的一种偏离，所谓"疾病""疵衅"是指个体偏离自身本然存在形态之后的消极后果。王弼将个体本然的存在形态视作尽善尽美，可以说是王弼对个体自性的肯定在理论上的进一步深化。王弼这种对个体自然本性的高度肯定可以说的确突出了对个体的尊重，不过是在以一种静止的视角看待个体的存在，是一种片面的观点，未能注意到个体自身的生成和变化，不能够将个体的存在视作一个发展的过程，在理论上就可能走向抹杀一切改变世界改变自身的必要。

既然个体本然的存在形态尽善尽美，那么对个体自然本性的尊重就表现为对个体本然存在形态的维持。不过这种对个体本然形态的维持并不是以一种外在力量实现个体既有形态的不变，而是不要对个体自身的存在施加任何外在的影响，也就是尊重个体自身的运行法则，尊重个体自身内在的力量，肯定个体依靠自身的力量就能使自身实现如其自身本性那般地存在。所以当个体依靠自身力量进行活动时，外界所能做的就是维护个体既有运行轨迹，确保个体依照本性的活动不受干扰。这样，个体的活动最终所获得的成果其根源都在于自身，而非外在的附加。王弼指出：

> 因物而用，功自彼成，故不居也。②

哪怕是外界采取一定的行动（用），同样要因顺个体自身的本性展开，而不可以妄加干涉。即使获得了一定的成果（功），也要明白成果来

---

① （魏）王弼：《王弼集校释》，楼宇烈校释，中华书局1980年版，第41页。
② 同上书，第7页。

自于个体自身，而不可归于外界。通过要求因顺个体自性，王弼又进一步肯定了个体自身的能力，注意到了个体活动的内在根据问题。不过在这里王弼只是片面地突出了个体自身的能力，却忽视了个体活动所需要的外在条件，容易导向以一种封闭的角度展开对个体的认识。

当对个体的考察转向社会之域时，便关涉到了作为个体存在的个人。对于存在于社会当中的个人的能力和地位，王弼同样表达了肯定和尊重。王弼对个体的以上考察，大部分停留在对个体自身内涵的关注上。在进一步对社会当中的个人进行考察时，便要围绕具体的个人与普遍的名教规范之间的关系展开探讨。而王弼将普遍的自然原则具体化为个体的自然本性，也为沟通普遍的名教规范与具体的个人，奠定了理论基础。王弼所提出的"名教本于自然"的要求，也将具体化为"名教本于个体的自然本性"。

当面向个人时，普遍性可以说是社会规范的一种基本属性。就社会规范本身设立目的而言，就是在于约束和引导作为个体存在的个人的活动。社会规范是在一定时期社会发展所取得的文明成果，蕴含着社会整体共同的价值理想、认识水平等内容。对于个人而言，社会规范先于个人存在。当人刚来到这个世界的时候，更多是一个生物学意义上的人。通过对个人活动的约束和引导，社会规范将个人塑造成一个社会人。同时，个人处于普遍的社会关系当中，个人需要普遍的社会规范处理人与人之间的关系。社会规范所具有的普遍性使得所有个人都处于一个共同的平台上，使得个人之间具有共同认可的规则体系去沟通交流。社会规范的此种特性意味着社会规范往往以一种单一的普遍的形式展现，以一种外在的强制的方式对个人施加影响。[①] 社会规范的普遍性方面的片面发展难免会造成对个人个性的忽视，甚至是压制，使得社会规范成为一种外在于个人的束缚。在王弼看来，他所处时代的名教规范就有此种弊端，王弼指出：

> 若乃多其法网，烦其刑罚，塞其径路，攻其幽宅，则万物失其自然，百姓丧其手足，鸟乱于上，鱼乱于下。[②]

[①] 请参考杨国荣《成己与成物——意义世界的生成》，人民出版社2010年版，第二节"个体与个人"和第三节"成就自我与个性发展"。其中对于社会领域当中各种普遍性存在，如普遍的社会规范等对个人的约束和引导所产生的正面以及负面的作用，均有相关的详细论述。

[②] （魏）王弼：《王弼集校释》，楼宇烈校释，中华书局1980年版，第130页。

王弼认为，越是通过名教规范对社会进行管制，越是会使人们遗忘其原有的淳朴的自然本性，最终反而导致社会的混乱。王弼对名教规范的此番说明显然是注意到了普遍的规范对个人的限制，表达了个人对外在强制的反抗。社会规范作为既成的社会发展成果，其所设立的规则体系的确有其合理的成分，是在各种历史发展的可能性当中所得到的一种现实的结果，绝非是一种虚妄的假设。只是普遍的社会规范所提出的更多是一种抽象的统一的要求，并不总是与具体存在的个人的个性相符合。仅仅去突出甚至是夸大普遍规范所具有的整齐划一的治理模式，使得个人的成长与个人之间的交往依赖于外在的普遍规范，无视个人个性的要求，势必会造成个人的排斥和反对。王弼认为："任术以求成，运数以求匿者，智也。……能无以智乎？则民不辟而国治之也。"① 这里所说的"术""数"之"智"所指向的是作为社会发展成果的社会规范，所关涉的是对个人的外在强制，所谓"辟"便是指个人对此种外在强制的一种反对，王弼所期望的正是摆脱普遍规范外在强制的"无智"社会。

正如同王弼在对个体个性的相关讨论里所提到的重视个体特有之性那样，王弼对外在普遍规范的强制性的反对是通过强调社会当中作为个体存在的个人自身所具有的特性完成的。万事万物各有其性，同样，个人具有各自不同的个性。不过相比作为个体存在的物所具有的个性，作为个体存在的个人所具有的个性蕴含着更为独特的价值意蕴。因为人具有主观能动性，可以通过认识世界和认识自己，进一步改变世界改变自己。个人自身个性的差异，使得个人在对自己对世界的认识和改变当中有着不同的指向和不同的选择。个人的存在是一个不断成长的过程，个人个性的差异意味着不同的个体有着不同的成长方向。个人处于社会的普遍交往当中，个人个性的差异表明个人在交往中有着不同的价值诉求，有着不同的行为方式。个人的成长有着多样的可能，个人的交往有着多样的选择，因此对于个人的知行活动不能赋予单一的要求，不能通过外在的强制实现，而是要允许个人根据自身的个性采取不同的行动。对个体的重视不仅体现在尊重个体个性上，还体现在对个人自身力量的肯定上。事实上，在王弼对个人的关注中，王弼多次肯定了个人自我的能力才是个人成就自我的根据，比如：

---

① （魏）王弼：《王弼集校释》，楼宇烈校释，中华书局1980年版，第23页。

> 六亲，父子、兄弟、夫妇也。若六亲自和，则孝慈、忠臣不知其所在矣。①

王弼认为，父子、兄弟与夫妇之间和睦关系的实现，并不需要"孝""慈""忠"加以引导和约束，只要父子、兄弟与夫妇之类的个体各自根据自身的本性去处理各自之间的关系，就能实现各自之间关系的和睦。个人之所以能通过自身的活动依靠自身的力量实现自身的目的，是因为只有个人自己才能对自身的个性对自身的目的有着最真实的把握，才能采取最适合自身的行动，而不需要任何外在的不合自身个性的强制。王弼又指出："不塞其原，则物自生，……不禁其性，则物自济。"② 这里对个体之物的说明同样适用于个人，这里对外在强制的反对也就具体化为对外在普遍规范的反对。在王弼看来，只要个人的个性不受到外在普遍规范的钳制禁锢，个人完全可以依靠自身的力量实现自我的成就（自生、自济）。而且这样一种成就自我的过程是一个自然而然顺应本性的行为，不会产生任何负面的效应。假如个人采取违逆自身自然本性的活动，最终只能遭到失败。在王弼对名教规范与个人个性的如上比较当中，王弼显然是突出了个人的地位，表达了对个人自身个性的重视以及对个人自身力量的肯定，在社会领域进一步地贯彻了他的个体性原则。

不过王弼对外在普遍规范的反对以及对个人个性的肯定并未导致彻底否定普遍规范存在的必要性，王弼所期望的是使普遍规范能够依据个体的个性去设立和运行。正如杨国荣教授所指出的那样："积极形式下的自由取向以认同和肯定普遍规范的意义为其题中应有之义。相形之下，以超越、摆脱、否定等等为进路，消极形式下的自由则在逻辑上蕴含对规范的疏离。……自由的以上二重形式各有自身的限定。…… 积极形式的自由取向固然肯定了人的创造性并确认了价值导向的意思，但片面地强调以上方面，又蕴含着独断性与强制性；消极形式的自由取向诚然有助于抑制积极自由可能导致的独断性与强制性，但自身又因缺乏价值的承诺及忽视规范的引导而在逻辑上容易走向虚无主义。"③ 的确，对普遍规范片面的肯定和片面的否定都不能正确认识到普遍规范在社会当中所具有的现实作

---

① （魏）王弼：《王弼集校释》，楼宇烈校释，中华书局1980年版，第43页。
② 同上书，第24页。
③ 杨国荣：《成己与成物——意义世界的生成》，人民出版社2010年版，第63页。

用，个人的存在既需要普遍规范的引导和约束，又需要坚持个人自身特有的个性。不能因为普遍规范对个体个性的约束而将普遍规范简单地取消，更不能将个体自我的成就完全寄托于普遍规范的引导和约束，个人所需要的是将普遍规范对个人的引导和约束建立在与个体个性相统一的基础之上。对于名教规范存在的合理性，王弼首先予以了肯定，王弼指出：

> 大人在上，居无为之事，行不言之教，万物作焉而不为始。①

所谓"无为之事，不言之教"指的就是合乎自然原则的名教规范，而不对个人活动妄加干涉。因为王弼将普遍的自然原则具体化为个体的自然本性，所以名教规范与自然原则的统一就被具体化为名教规范与个人的自然本性的统一，王弼又进一步指出：

> 圣人因其分散，故立之为官长。②

王弼认为，当名教规范设立的依据在于个人的自然本性，名教规范的对个人施加的影响因顺于个人的个性，名教规范的存在才不会招致个人的反对，名教规范与个人之间的紧张关系才能得以化解。现实地看，个人对外在规范的认同是外在规范引导和约束个人活动的现实基础，个人认同外在规范的前提是外在规范对个人的引导和约束考虑到了个人个性之间的差别。事实上，当外在的规范不能被个人接受时，也就无法内在地通过个人的活动得到现实的运转。如果说在个体的自然本性当中，自然原则的普遍性与特殊性得到了一种内在的统一，那么名教规范与个人个性之间的统一还是一种外在的沟通与协调。不过当王弼要求名教规范对个人的约束和引导因顺个人的个性时，当名教规范为个人自愿接受时，名教规范对于个人不再是一种他律，而是演化为基于自身认识自身需要的自律。与其说个人自我是名教规范的人格化，不如说名教规范只是个人自然本性的一种外在的展现。这样，王弼所规定的名教规范就完成了对董仲舒所提出的"以义正我"观念的否定，在名教规范的设立和运行中凸显了个人自身的地

---

① （魏）王弼：《王弼集校释》，楼宇烈校释，中华书局1980年版，第40页。
② 同上书，第75页。

位和作用。

　　进一步而言，基于个人个性的名教规范对个人所要采取的活动，所要实现的社会治理，也就是老子提出并为王弼所继承的无为而治。正如诸多学者所提到的那样，"无为"并不是什么都不为，而是依据自然原则而为，依据个人个性而为，不妄加作为。所谓"无为"就可以指普遍的名教规范在面向具体个人的时候，根据个人的个性作出相应的权变而为，不以单一的外在的模式强加作为，使个体自身的力量发挥主要作用。名教规范因顺个人个性所施加的引导和约束所采取的活动都可以视作"无为"，所有这些开展的活动都是自然而然，看似无所作为，却可以产生积极的正面的效果，因为这些活动使得个人的存在可以依靠自身力量依据自身个性展开，而没有外在的附加。相反，越出个人个性之域所采取的活动都是"有为"，所得到的将是消极的负面的效果。对此，王弼指出：

　　　　顺自然而行，不造不施，故物得至，而无辙迹也。顺物之性，不别不析，故无瑕谪可得其门也。因物之数，不假形也。因物自然，不设不施，故不用关键、绳约，而不可开解也。此五者，皆言不造不施，因物之性，不以形制物也。圣人不立形名以检于物，不造进向以殊弃不肖。辅万物之自然而不为始，故曰"无弃人"也。不善贤能，则民不争；不贵难得之货，则民不为盗；不见可欲，则民心不乱。常使民心无欲无惑，则无弃人也。①

　　王弼所说的"无为"正是"因物之性"的"顺自然而行"，所反对的正是"以形制物"的"造施"。正因为此种"行"并不"制物"，对于个体没有外在的附加，所以此种"行"才能够"无辙迹"，才可以被称作"无为"。就社会之域而言，便是不采取违逆个人自然本性的"形名""贤能""难得之货"方面的作为，不使个人陷于不必要的争斗，使个人关注于自身合乎本性的活动，最终就可以使得每个个人的存在都得以彰显（无弃人）。王弼要求普遍的名教规范以"自然无为"的形式展开，其理论前提就在于对个人个性的认可以及对个人自身能力的肯定。在对"无为"与"有为"的对比当中，王弼又对合个体自然本性之"为"予以了

---

① （魏）王弼：《王弼集校释》，楼宇烈校释，中华书局1980年版，第71页。

肯定，对合个体自然本性的名教规范予以了肯定，既避免了对名教规范的片面否定，也避免了名教规范对个人个性的片面压制。

在王弼对个体自然之性的相关论述当中，王弼一方面探讨了普遍的自然原则的具体化，使得自然原则具体化为个体的自然本性，另一方面探讨了普遍的名教规范与具体存在的个人之间的沟通，要求名教规范的设立和运行必须依据个人的个性。这些内容使得王弼的本体思想凸显出了个体性原则，表达了对个体存在的重视。这些内容在王弼整个思想体系当中，在王弼促使普遍原理具体化的努力当中，都是不可或缺的重要部分。当王弼提出设立合乎个人自然之性的名教规范时，既避免了对个体特性和个体力量的片面强调，也避免了对个体存在所需要的外在约束的片面忽视，在一定程度上实现了普遍的外在规范与个人存在之间的沟通。虽然哲人的理论设想在实际的社会生活当中并不总是能得到现实的推行，在历史的发展当中，普遍的规范与个人存在之间总是有着一定的张力，但是王弼提出以个人的自然本性为基础设立名教规范，的确为解决普遍规范与个人存在之间的紧张关系提供了一条可以参考的路径。在社会整体当中，在任何地方任何时候，都不能忽视对个人个性的尊重。只有个人的个性得到发展，这个社会整体才能得到发展。因顺个人个性才是社会治理的正途，这正如王弼所说的那样，"建德者，因物自然"。①

第五节　随时而变

王弼本体思想对具体性特殊性的重视不仅仅表现在"子""末""用""个体"等概念上面，还体现在王弼对"时"的关注当中。王弼所追求的是一种超越具体时空的普遍原理，普遍原理往往表现为一种必然的永恒的形式。普遍原理的必然性永恒性并不意味着普遍原理总是以一种一成不变的形式展现自身，普遍原理自身不变，但是在与具体时空的结合当中，总是表现为一种现实的具体的形态。随着具体时空的变化，普遍原理的现实展现也跟着变化。普遍原理的永恒性强调了普遍的制约，普遍原理在具体时空当中的变化则为人们的自由选择提供了空间。通过随时而变的思想，王弼对普遍原理在具体时空当中的变化展开

---

① （魏）王弼：《王弼集校释》，楼宇烈校释，中华书局1980年版，第112页。

了论述，进而表达了对社会人事的关注，这是王弼推进普遍原理具体化的又一次尝试。

如果说对《老子》的注释王弼主要对这个世界普遍性的一面展开了讨论，那么王弼对《周易》的注释主要针对普遍原理在运动变化当中的具体展现进行了说明。就《周易》本身而言，是一本研究变易之理的经典，《周易》通过对六十四卦、三百八十四爻之间关系的解说，阐发了世界运动变化的规律，并对社会人事进行了比附。对于《周易》的变易之理，王弼予以了进一步的发挥，并从理论上进行了全面的总结，其《周易略例》便是对《周易》理论特质的概括。对于何为"变"，王弼在《明爻通变》篇中指出：

> 夫爻者，何也？言乎变者也。变者何也？情伪之所为也。夫情伪之所动，非数之所求也。故合散屈升，与体相乖。形躁好静，质柔爱刚，体与情反，质与愿违。巧历不能定其数，圣明不能为之典要；法制所不能齐，度量所不能均。为之乎岂在夫大哉！陵三军者，或惧于朝廷之仪；暴威武者，或困于酒色之娱。①

用变来解释爻的作用以及用情伪相感来说明变的原因是在《系辞》中本已有的观点，② 所谓情伪一般是指真实的和虚假的情感，余敦康教授便认为情伪"是支配人们行动的种种矛盾心理状态，也泛指事物由两个对立的方面所形成的种种复杂的实际情况"。③ 在王弼看来，现实社会活动的运行过程有人类的情感参与其中，人类情感的易变也造成了现实社会活动的易变性。各种具体情况往往复杂多变，充满矛盾，事物的外在表现与其内在特性之间存有差异，难以把握。好比如一个人，其外表看上去似乎躁动不安，内心却可能是平静安闲，其外表看上去似乎柔弱，内心却可能刚强。所以，人们无法以一种僵死的方式对现实社会进行描述，也无法以一种均匀划一的模式对具体变化进行设定。正因为人类情感的参与，哪怕是"巧历""圣明""法制""度量"也无法对现实社会的变化进行限

---

① （魏）王弼：《王弼集校释》，楼宇烈校释，中华书局1980年版，第597页。

② "爻者，言乎变者也。""情伪相感而利害生。"见《周易·系辞》，（魏）王弼《王弼集校释》，楼宇烈校释，中华书局1980年版，第538、575页。

③ 余敦康：《魏晋玄学史》，北京大学出版社2004年版，第149—150页。

定。在这里，王弼注意到了人类自身的参与对于人类所生存于其中的世界的影响，从更广的角度来看，注意到了世界当中各种对立的力量对世界的运动变化的推动。以情伪相感阐明运动变化的复杂性，其理论意义在于在对普遍原理的追寻当中，避免了对运动规律普遍性必然性一面的片面强化，强调发现各种运动变化当中的特殊性偶然性的一面。王弼并非将这个世界的运动变化都归结为纯粹的随机或无规律，而是要求注重运动变化在规律的支配下同样具有多样发展的可能性。从王弼整个理论体系来看，这显然是其应有的理论设定。如上文所述，六爻之变以一卦之体为前提，这个世界的一切运动变化都置于普遍规律的支配之下，随着具体情境的变化，又展现为各种复杂多样的形态。运动变化的复杂性就使得人们对运动变化的全面把握必须建立在对各种特定情境下的复杂关系全面分析的基础之上，仅仅将现实世界的运动变化还原为不变的规律还是片面的，无法达到对这个世界的真实把握。

通过卦与爻的分析，王弼展开了对现实世界复杂的多样的运动变化的说明。卦与爻的变化就是对现实世界复杂多样的运动变化的总结与描述，就某一卦的整体而言，是对一类关系的总结，而在卦与卦的转化之间，整个世界便展现为变化万千的景象。在一卦之内，六爻相错之间同样说明了卦内关系的错综复杂。《周易》作为圣人对世界真理的洞见，具有至上的权威，后世的解《易》者所要做的工作就是参透其中的智慧，对卦与卦之间、爻与爻之间的关系进行合理的解说，这在两汉时期便发展为系统的象数规则。在王弼看来，把握卦与卦之间、爻与爻之间的关系就要摆脱刻板规则的束缚，僵死的规则无法说明现实世界运动变化的复杂性多样性。对此，王弼指出：

> 近不必比，远不必乖。同声相应，高下不必均也；同气相求，体质不必齐也。召云者龙，命吕者律。故二女相违，而刚柔合体。隆墀永叹，远壑必盈。投戈散地，则六亲不能相保；同舟而济，则吴越何患乎异心。故苟识其情，不忧乖远；苟明其趣，不烦强武。能说诸心，能研诸虑，睽而知其类，异而知其通，其唯明爻者乎？故有善迩而远至，命官而商应；修下而高者降，与彼而取此者服矣。
>
> 是故，情伪相感，远近相追；爱恶相攻，屈伸相推；见情者获，直往者违。故拟议以成其变化，语成器而后有格。不知其所以为主，

鼓舞而天下从，见乎情者也。①

爻自身表现出"阴""阳""刚""柔"等性质，爻与爻之间呈现为"乘""承""比""应"等关系，这使得六爻的相错变化展现出千变万化的形态，如"远近相追""爱恶相攻""屈伸相推"等，从而表现出吉凶悔吝等情况。然而，通过对爻位的分析总结，王弼认为在一卦当中，爻与爻的关系并非固定不变，所处之位相邻的两爻之间未必就亲比，所处之位远隔的两爻之间也未必就乖离。这是因为卦与爻作为对现实世界的比拟，其所刻画的图像可以说是对现实世界的真实还原，现实世界当中的事物的外在形态与其内在状况不总是一致，爻与爻之间的关系并非固定不变的，而是时常出现各种相反的情况。王弼举例指出，在处于战争等危难之际，平常被认为最亲近的亲人也可能无法互相保护，而假如处于类似同舟共济这样需要互相扶助的时候，哪怕是被认为是生死冤家的吴越之人也可能团结一致。现实的世界是如此多变，爻与爻之间的关系也是如此多样，正如楼宇烈教授对此段文字所做的注解说的那样："相应者，不必在同一高低之地位；相求者，阴阳刚柔之体质也不必相同。"② 卦与爻的变化既然如此多端，那么阐明卦与爻涵义的关键就在于把握其所处的具体情境，也就是所谓的情伪相感之际。对卦与爻的分析不能套用僵死的象数模式穿凿附会，不能以外在的形式限制对卦与爻内在义理的说明，而是要识别每一卦和每一爻的特殊形态与特定发展趋势，指明其中蕴含的义理所欲阐发的具体指向。这就是所谓的"识其情""明其趣"，实际上就是将对卦与爻的解释建立在对现实世界各种事物实际状况的把握之上。只要结合卦与爻所处具体情境来展开对卦与爻的理解，就没有必要去执著忧心那些表面上的差异与分歧，因为爻已经为事物在特定情境下的运动变化指出确定的发展方向。这也将进一步为人类的行动指明方向，人们可以凭借爻的指导从眼前变化万千的现象当中辨析出某一事物运动变化的方向所在。

假若能够做到"识其情""明其趣"，那么哪怕爻的变化呈现出种种相异多样之象，人们也能通达其中变化之理。爻的变化是对现实世界变化的总结和比拟，人们一旦把握爻的变化之理，就能够对现实世界的变化做

---

① （魏）王弼：《王弼集校释》，楼宇烈校释，中华书局1980年版，第597页。
② 同上书，第599—600页。

出预测和推断,用来指导现实世界的实践活动。对于爻的变化所具有的归纳现实世界变化的理论意义,王弼给予了大量的赞美,在其《明爻通变》一文中,王弼又说道:

> 是故,范围天地之化而不过,曲成万物而不遗,通乎昼夜之道而无体,一阴一阳而无穷。非天下之至变,其孰能与于此哉!是故,卦以存时,爻以示变。①

卦与爻的变化穷尽了现实世界的所有运动变化,天地之间万事万物的运动变化纵然有万千形态,都可以通过一阴一阳的对立运动予以说明。一切具体情境都被涵盖于卦与爻当中,没有什么会被遗漏。王弼认为,对现实世界运动变化的比拟,卦和爻有着不同的地位和作用。所谓卦,是指统摄一时情境之大义;所谓爻,则指一定情境当中的各种变化。这样,卦便是对某一类运动变化的归纳总结,统摄六爻之变,意味着某种整体的视角,而爻则是对这类运动变化当中某些特殊状况特殊情境的说明,所着眼的更多是特定的方面。一卦相对于六爻代表了一种整体,而相对易之大道而言又是对易之大道的某些具体情境的描述,所表达的是易之大道的特殊方面。事实上,三百八十四爻相对于现实世界的具体存在,何尝不是一种普遍的规律。这样,《周易》的理论体系便呈现出对普遍性与特殊性不同层次的规定,卦和爻在不同的视角当中代表着不同层次的普遍性或特殊性。只是从《周易》一书所展现的学术精神来看,其所侧重的更多在于对运动变化的关注,无论是"卦"或"爻"、"时"或"位",都强调了具体性和特殊性的地位。当然,爻的变化复杂多端,对爻的理解无法与其所处的具体情境相分离,可这并不意味着对爻的变化的认识毫无规律可循。对运动变化的关注,对具体性和特殊性的强调,并不就意味着无序和缺少规律,其中蕴含着必然的确定的发展趋势。假如这个世界的运动变化是纯粹的随意和偶然的,人们所关注的仅仅是特殊和具体的个体,那么作为对现实世界运动变化的总结和归纳,作为对人类现实实践的指导,《周易》也将失去其原本的理论意义,失去其应有的存在价值。所以我们可以看到,王弼所反对的是对僵死的象数规则生搬硬套,反对用不变的规则

---

① (魏)王弼:《王弼集校释》,楼宇烈校释,中华书局1980年版,第598页。

束缚义理的阐发，而不是否定卦与爻以及现实世界的运动变化有着确定的运动规律。事实上王弼对《周易》的注解仍然包含大量象数规则的使用，只是这种使用不再是一种外在的强制，象数规则要服从于义理的阐发。王弼所要求的重点在于让人们在对运动规律的理解当中注意到对运动变化的过程中各种具体情境的把握，注意到在规律的支配下运动变化同样具有各种发展的可能性，而不会仅仅呈现为一种单一不变的形态。

既然现实世界呈现为一个不断发展的过程，其运动变化表现出多样的形态，那么就为主体的自主选择提供了空间。在每一具体情境当中，事物的运动变化都体现为某种特定的形态，人们就要以此种特定形态为根据，为自己进一步的行动做出特定的选择。事物在不同情境当中有着不同的特性，相应的人们所采取的行动有着不同的选择。人们所要做的就是"随时而变"，这里的变是指人类随着外界事物的变化而变化，而不再是指爻之变或者是外界事物的变化，时则指事物在具体情境下所蕴含的时机。对此，王弼指出：

> 夫卦者，时也；爻者，适时之变者也。夫时有否泰，故用有行藏；卦有小大，故辞有险易。一时之制，可反而用也；一时之吉，可反而凶也。故卦以反对，而爻亦皆变。是故用无常道，事无轨度，动静屈伸，唯变所适。故名其卦，则吉凶从其类；存其时，则动静应其用。寻名以观其吉凶，举时以观其动静，则一体之变，由斯见矣。①

卦所反映的形势有着大道光明和君子道消的差别，那么相应的解卦之辞就有吉与凶的区分；事物所处的时机有着顺利和不顺利的差别，那么相应的人们所采取的行动就有积极的和消极的区分。所谓的君子就应当根据形势的发展采取适当的行动，这在先秦有关经权观念的讨论当中便已经有所体现。孔子在《论语》里对此有多处说明，如：

> 子谓颜渊曰："用之则行，舍之则藏，惟我与尔有是夫！"
> 子曰："笃信好学，守死善道，危邦不入，乱邦不居。天下有道

---

① （魏）王弼：《王弼集校释》，楼宇烈校释，中华书局1980年版，第604页。

则见，无道则隐。邦有道，贫且贱焉，耻也；邦无道，富且贵焉，耻也。"①

这便是孔子的"用行舍藏"的思想，在这里孔子要求人们以当政者是否尊重肯定以及社会形势是否合乎道义来决定仕途上的选择，所关切的是人们在采取行动时应当如何遵循价值标准的问题，即人们在追寻普遍的价值理想时应当根据特定环境做出适当的权变。通过权消解经的绝对性不变性，既可以使得经所代表的价值体系呈现出开放性，也可以使得对经本身的贯彻能够具体化、多样化。王弼从更一般的运动变化的角度对人们行动的选择提出了要求，不停的运动变化在王弼看来是这个世界普遍存在的现象，人们无法以一种不变的方式去处理所有可能出现的状况，人们必须随着外在环境的改变而改变自身的处理方式。某一时刻的形势原本是对人有所制约的，有可能马上就转化为对人们有所用的形势；某一时刻的形势原本是十分凶险的，也有可能转化为顺利的形势。王弼认为，六十四卦以相反者成对排列正表明了事物在发展过程中会向相反方向转化，卦与爻、吉与凶、动与静、屈与伸等，无不表现了变的观念。所以人们在实践过程中没有不变如一的模式可以效法，没有固定不变的行动守则可以遵循，人们所采取的行动与人们所处的外在环境一样表现出变动不居的性质。正因为都着眼于运动变化，所以人们可以从卦的变化当中获取某种启示，卦反映了运动变化的总体形势，人们可以以此为指导做出相应的选择。

面对不同的外在客观形势，人们可以采取的行动大致上可以分为两大类，即顺时和待时。顺时与待时的思想在《周易》经传中都已经有所阐发，学者们认为王弼在前人的基础上又有了进一步的推进，② 如韩国学者尹锡珉便认为："前代随时观点仅仅局限于经验的境界，王弼的随时则注重于卦义因时而变、君子待时而动，超越经验境界而达到理论境

---

① 《论语·述而》及《论语·泰伯》。
② 可参考王晓毅《王弼评传》，南京大学出版社1996年版，第205—297页；田永胜《王弼思想与诠释文本》，光明日出版社2003年版，第203—204页；[韩]尹锡珉《王弼易学解经体例探源》，巴蜀书社2006年版，第166—172页。余敦康教授据孔颖达对"豫"卦的注解，将卦之时大致分为四类，即治时、乱时、离散之时、改易之时，人们则采取相应行动。见余敦康《魏晋玄学史》，北京大学出版社2004年版，第218—237页。

界。"① 顺时与待时即根据所处形势的有利或者不利而采取积极或者消极的应对，在王弼看来，无论是顺时而行还是待时而行都是自然无为原则的体现。所谓无为不是毫无作为，而是根据具体的形势采取适当的合理的行动，以符合自然的发展规律，不要与运动变化必然的发展态势相冲突。无为是要求不妄加作为，只要与客观形势相符合，那么不论采取积极主动的行动还是消极的等待都是合理的。当客观形势要求人们采取必要的积极的行动时，人们却消极等待，那也是对自然无为原则的违反。在要求人们根据客观形势采取相应行动时，王弼所谓的"因而不为，顺而不施"② 作为一个一般的原则便体现在对人们具体行动的合理性适当性的要求当中，自然无为原则得以从理论上向更为具体的形态推进。

所谓待时而行是指当外在形势处于凶险不利的局面时，人们不可以轻举妄动，任意妄为，而是要静待有利时机到来，再采取进一步行动。这时人们若妄然进取，不但达不到所期望的效果，反而可能遭遇更大的失败。所以待时就要求人们采取行动时能够灵活变通，避免做出盲目无谓的牺牲。《周易》的"否"卦所描述的就是一种凶险不利的形势，就"否"卦之象而言，上乾下坤，上天下地，内阴外阳，内柔外刚，这种看似"正常"的局面却恰恰意味着"天地不交而万物不通也，上下不交而天下无邦也。……内小人而外君子。小人道长，君子道消也"。③ 正如周山教授所指出的那样："照理言，天上、地下与自然界相符合。但是从辩证的角度看，天、地各安其位，从此不相交。……表面看起来合情合理的现象，其实最不合乎自然法则。"④ "否"卦所说的"小人道长，君子道消"也就是孔子所说的"天下无道"之时，这时君子就应当懂得归隐自守，不可妄为，避免被小人算计，反而失去时机好转之时重新振作的机会。对于"否"卦的初六爻，王弼的注解说道：

　　居否之初，处顺之始，为类之首者也。顺非健也，何可以证？居否之时，动则入邪，三阴同道，皆不可进，故茅茹以类。贞而不谄，

---

① [韩]尹锡珉：《王弼易学解经体例探源》，巴蜀书社2006年版，第167页。
② (魏)王弼：《王弼集校释》，楼宇烈校释，中华书局1980年版，第77页。
③ 同上书，第281页。
④ 周山：《解读周易》，上海书店出版社2002年版，第254页。

则吉、亨。①

在王弼看来，"否"卦初六之际正是小人之道最长之时，看似"顺"却并非"健"，因为这时"三阴同道"，君子才能无法得以施展，君子若"动"则可能"入邪"，君子若能"贞而不谄"，反而可以"吉、亨"。随着"否"卦发展至九五爻之时，形势发生转变，闭塞的巨变得以缓解，正义的力量上升，君子同样要改变自身的应对策略。不过因为总体上仍然处于君子道消之时，君子仍然不能忘记各种危险的可能性。王弼在对九五爻的注解里说道：

> 居尊当位，能休否道者也。施否于小人，否之休也。唯大人而后能然，故曰"大人吉"也。处君子道消之时，己居尊位，何可以安？故心存将危，乃得固也。②

居于尊位的君子便是君主，可以压制小人的势力，却依旧不可以掉以轻心，只有做到居安思危，才能维持已有的稳固局面，一旦麻痹大意，就有再次陷入危难局面的可能。同样是面对不利局面，随着小人力量的消长，君子就要采取不同的方式应对。但因大形势的凶险，君子所采取的行动总体上要保持克制和等待，以避免出现不必要的损失。

所谓的顺时而行是指面对有利平和的形势时，人们应当刚健有为，积极进取，创造出全新的局面。这时若错失时机，消极等待，任由有利时机流逝，那便是对自然之道的违逆。顺应时势而有一番作为，并非妄加作为，恰恰是顺应自然的一种表现。"泰"卦对人们处于有利局面之时该如何行动有所说明，"泰"卦之象上坤下乾，上地下天，内阳外阴，内健外顺，这种地升天沉的局面反而意味着"天地交而万物通也，上下交而其志同也。……内君子而外小人。君子道长，小人道消也"。③ 这恰恰是处于一种天地交通、社会和谐兴旺的状况，大形势吉祥亨通，君子应当把握住这良好时机，与众人团结一致，成就事业。王弼在对"泰"卦九二爻

---

① （魏）王弼：《王弼集校释》，楼宇烈校释，中华书局1980年版，第281页。
② 同上书，第282页。
③ 同上书，第276页。

的注解中说道：

> 体健居中，而用乎泰，能包含荒秽，受纳冯河者也。用心弘大，无所遐弃，故曰"不遐遗"也。无私无偏，存乎光大，故曰"朋亡"也。如此，乃可以得尚于中行。尚，犹配也。中行，谓五。①

行于"泰"卦吉祥亨通之时，九二爻又以刚健之体处于中位，这时处于强势的君子切忌不可妄自尊大，自私自利，仅凭一己之力采取行动，更应以宽容弘大之心，接纳他人，哪怕是那些所谓的无能污秽之人，要聚集所有的社会力量，共同获取社会的繁荣进步。"泰"卦的前三爻正如同茅草的根系一样，紧密一致，有着共同的志向，其前进的道路必定十分顺畅。在王弼看来，只有这种不自困于朋党之私的君子才能合理利用所处有利形势，配得上其所处的中位。处于有利的形势应当积极进取，可这并不意味着可以任意妄为，人们的气势不可过于强盛，超出外在环境所能提供的帮助。这时若过度的进取，反而会将原先吉祥亨通的形势拖入衰败之中。王弼在对"泰"上六爻的注解中便说道：

> 居泰上极，各反所应，泰道将灭，上下不交，卑不上承，尊不下施，是故"城复于隍"，卑道崩也。"勿用师"，不烦攻也。"自邑告命，贞吝"，否道已成，命不行也。②

上六爻虽然总体上仍然处于"泰"卦吉祥亨通之时，但是向上的力量已经达到顶点，形势有着向反面转换，逐渐趋于危难的可能。这时候人们若仍然以太平盛世自居，好大喜功，所面临的状况将会是十分危险的。哪怕是那些被视作正义的战争，也应当注意警惕，避免消耗实力，加速有利形势的终止。面对有利形势难以为继之时，人们更应该将自己有限的能力施加于有限的范围之内，以取得最好的效果，尚可维持"贞吝"的局面。同样是有利的形势，也有着程度上的差别，人们所采取的积极作为也要顺应时势，做出改变。

---

① （魏）王弼：《王弼集校释》，楼宇烈校释，中华书局 1980 年版，第 277 页。
② 同上书，第 278 页。

  "乾"卦更是对如何待时而行和顺时而行的经典描述,"乾"卦以龙为喻,对君子由归隐于野到进得君位的发展道路进行了说明。关于"乾"卦的一个著名的说明就是"天行健,君子以自强不息"①,可是这种自强不息的精神正同时包含了进退之道。正如奋发向上的人们在前进的道路上既要敢于勇往直前,也要懂得坚忍之权,以退为进,这些都是自强不息精神的展现。王弼在对"乾"卦九三爻的注解里说道:

  处下体之极,居上体之下,在不中之位,属重刚之险。上不在天,未可以安其尊也,下不在田,未可以宁其居也。纯修下道,则居上之德废;纯修上道,则处下之礼旷。故终日乾乾,至于夕惕犹若厉也。居上不骄,在下不忧,因时而惕,不失其机,虽危而劳,可以无咎。处下卦之极,愈于上九之亢,故竭知力而后免于咎也。乾三以处下卦之上,故免亢龙之悔,坤三以处下卦之上,故免龙战之灾。②

  九三爻位于内卦之顶,处于上升的通道之中,君子在这时也已获得了一定的成就,但是九三爻却又处于外卦之下,又未能得中位,有着"重刚"的危险。君子在发展的道路当中位于这种状况时,由于未得到尊位,并不能实现治理天下的抱负,又由于没能身处民间,不能够深入现实的社会生活。这时君子前进的抱负若仅仅停留于当前的所得,便不可能有着远大的发展,可若完全停留在一些宏大目标之上,却又怕完全脱离现实的社会生活,这对于君子的发展而言是一种十分危险的境地。所以这时的君子应当懂得警惕忧心,始终保持警觉,对下要懂得不骄傲自满,对上又不要对自己的发展过于忧心。君子这时若能因应时势,不失时机地采取行动,那么即使处于危险劳累之中,最终也能转危为安的。而君子一旦获取君位,就要施展抱负,为民服务,使自己的德行与所处之尊位相配,这样才能够最终达到吉祥亨通。王弼在对九五爻的注解里说道:

  不行不跃而在乎天,非飞而何?故曰"飞龙"也。龙德在天,则大人之路亨也。夫位以德兴,德以位叙。以至德而处盛位,万物之

---

① (魏)王弼:《王弼集校释》,楼宇烈校释,中华书局1980年版,第213页。
② 同上书,第211—212页。

瞩，不亦宜乎。①

以"飞龙在天"来比喻君主，既强调君子所处之位的显赫，也是对君主的个人品德的要求。九五爻既然被称为"九五之尊"，其关键在于以处位之人的德性和德行去保证，而君主处于尊位去平治天下又能使自身的品德得到进一步的发展。所以，九五爻所谓的自强不息的精神就在于以其才能努力去服务百姓，使百姓能够得到最大的恩惠，这时其所说的"利见大人"也就指向了普通百姓，正是在对百姓的服务当中，君主完成了自身的升华。在这样一个君子由下至上的奋斗过程中，随时而变的原则得到了具体的体现。

无论是待时而行还是顺时而行，都是随时而变的具体展现，都是要求人们根据具体情境的变化而采取特定的行动。总而言之，通过对《周易》六十四卦的注解，王弼强调了在运动变化当中对具体情境的关注。不过，诚然王弼对《周易》的注解推进了《周易》随时思想的发展，其注解也成为后世经典，可是我们也可以看到，一些关于随时而变的基本思想是《周易》本身就已经提出的，正如同王弼诸多关于本体之"无"和普遍的自然原则的讨论是《老子》本身便已经提出的。单纯从王弼对《老子》和《周易》两本著作所做的注解来看，王弼虽然作出了大量的创新和推进，但还不能称作完全突破或颠覆了原著所提供的理论空间，其所注解的一些基本概念和基本的理论框架是《老子》和《周易》原本就已构建好的。理解王弼对《老子》和《周易》的注解所获得的理论成果一个重要视角就是，王弼不仅仅在对两本经典的注解中取得了创新，而且还在于对两本经典都进行注解以使得自己的理论体系保持开放。从时间上看，王弼是在注解《老子》的基础上又展开了对《周易》的注解，②其原因在于避免在对普遍原理的追求当中造成单方面的强化，去加强对具体存在的关注。《老子》一书突出了作为终结根据的"道"所具有的普遍性和无限性，王弼受时代大思潮的影响，通过注解《老子》，将"道"转化为"无"，表达了对普遍原理的追寻。单方面对普遍原理的强调容易导致普遍原理的抽象化，所以王弼在肯定"无"的基础上又提出"崇本举末"

---

① （魏）王弼：《王弼集校释》，楼宇烈校释，中华书局1980年版，第212页。
② 王葆玹教授认为，王弼对《老子》的注解先于他对《周易》的注解，王弼《老子注》成书时间的下限是正始八年，而其《周易注》则是在其"求官失意"之后开始撰写，即在正始九年之后才开始撰写。具体参见王葆玹《正始玄学》，齐鲁书社1987年版，第163—166页。

和"名教本于自然"等观点,推进普遍原理具体形态的构建。然而,在对《老子》的注解当中,"崇本举末"和"名教本于自然"等观点还仅仅表述为一些一般的原则,只是对"末""名教"等的地位和作用给予了肯定,没有进一步对其具体内容作出更为详细的说明。通过对《周易》的注解,王弼以一种更为直接的方式对普遍原理在具体情境中的展现进行了讨论,六十四卦三百八十四爻都是普遍原理的一种具体展现。普遍原理的这种具体性特殊性在《周易注》当中更多通过人类活动去展现,"道"或"无"所指向的是天道,随时而变所指向的则是人道,其讨论的是人们在具体情境所采取行动的合理性。从王弼整个思想体系来看,合理的采取行动便是对自然原则的遵循,是对自然原则具体灵活的运用。这样,在随时而变当中,王弼完成了由天道到人道的转变,实现了在人类自身的生存过程当中去展开对普遍原理的理解,将理论的关注点转向了社会人事。

随时而变在一定程度上为个体的自主选择留下了空间,理论上起到了避免将本体之"无"所蕴含的自然原则转化为外在权威强加于个体的作用。从老子提出自然原则的本意来看,就在于反对社会上各种权威主义的价值原则,树立起对个体自然本性所蕴含的独特价值的尊重。然而,任何思想理论被奉为完满自足的体系时都有着权威化的可能,比如在汉初的黄老之治当中,老子的思想就可以被转化为政治生活的绝对准则,又比如,在后世诸多对老子思想的阐发里,老子思想往往只是被描述为一些高人隐士遁世生活的精神资粮,而遗忘了常人的现实生活。这就造成了老子思想时常被定性为消极逃避的典型,本意在于权威主义的消解却走向了在另一向度上执著于超越境界的"权威"的树立。把握老子思想的关键在于对其所展现的学术精神的理解,如以否定性方法对现实社会的批判性认识,而不能仅仅拘泥于个别字句便认为是对现实社会的完全否定。所以对自然原则的认识和运用不能将其转化为某种一成不变的规则,而要注意其在具体情境当中应当采取必要适当的权变,这里的关键是要体现出自然原则的精神实质。正是通过对《周易》随时而变思想的阐发,王弼引入了儒家传统的经权之辩,探讨了普遍原理在具体情境中的变化。王弼认为:

> 权,反经而合道,必合乎巽顺,可以行权也。[①]

[①] (魏)王弼:《王弼集校释》,楼宇烈校释,中华书局1980年版,第212页。

在这里似乎存有矛盾，所谓的反经可以看作是对那些通常被视作权威的价值原则的违背，所谓的合道则可以看作是对这些价值原则的把握。事实上我们可以这样理解，所谓的权变可以看作是抛弃价值原则在形式上的一成不变，而要随着具体情境做出变通，以使其最终能符合这些价值原则所蕴含的精神实质。经通常作为必然的普遍的原则出现，而在这里，王弼以更高阶的概念"道"去消解了经的权威性，将经转化为一些形式化规则化的行为准则，对这些行为准则的变通其目的正在于避免其所代表的价值原则的僵化和权威化。人类行为准则的构建源自对必然法则的理解和遵循，但必然法则本身的普遍性永恒性并不意味着人类行为准则的不变性。这也正如自然原则那样，王弼没有将其转化为某些一成不变的行为准则，而是在出世与入世之间，在进与退之间，在顺时与待时之间，在运动变化当中，自然原则以随时而变的方式得到更为真实全面的展现，而这些变通也始终处于自然原则所提供的范围之内。通过《周易》当中的随时而变思想，王弼试图去化解《老子》当中对普遍性的片面强化，这的确表现出王弼在理论上推进普遍原理具体化的努力。

第四章　崇本举末的理论体系
——性情之辨

魏晋玄学的发展主要围绕着有无之辨以及自然与名教关系的探讨展开，但魏晋玄学作为一种哲学理论为世人所知，也有赖于作为玄学作者的魏晋士人自身所展现出的热爱自然崇尚自由的名士风度。士人之所以能够在现实生活中展现出所谓的名士风度，这与士人在理论上注重探讨性情关系难以分离，正如朱晓鹏教授所指出的那样："玄学作为一种致力于超脱经验世界而玄思无限本体的形上学，其宗旨虽是'贵无'，但其最高主题乃是对个体人生意义和价值的探寻，其现实意蕴是对魏晋人所亟亟追求的理想人格作理论上的建构，表现出了道家的本体论哲学与人生哲学在魏晋玄学中新的融合统一。"① 王弼便自觉地继承了道家的自然人性思想，将自然人性视作成就理想人格的普遍基础，注意到了人类自我成就过程所需要的根据问题，并以此否定了魏晋之际部分士人在理论上重情轻性的片面倾向。同时，王弼又克服了道家自然人性思想所包含的"至人无情"观点的不足，从自然人性思想合理地推出了"圣人有情"思想，将自然而发的人类情感视作自然人性应有的内容，在理论上为理想人格的实现奠定了现实的基础。

第一节　性其情

不同类的事物具有不同的自然本性，事物的自然本性是一类事物所特有的属性。同时，一类事物的自然本性对于该类事物而言，又具有普遍的适用性，构成了该类事物之所以为该类事物的根本属性。当自然本性指向人时，也就构成了所谓的人性。在中国哲学史当中，所谓人之"性"一

---

①　朱晓鹏：《智者的沉思——老子哲学思想研究》，杭州大学出版社1999年版，第59页。

般指人的精神本体，往往与人的道德观念、道德实践相关联。"性"作为人与生俱来的根本属性，既是人之所以为人的根据，也构成了人成就道德自我的基础。总体而言，中国古代哲人更多地将人性规定为一种先天的道德禀赋，这的确指出了人性作为人成就自我的基础所具有的普遍的稳定的一面，但也有着相对忽视人性所具有的后天生成发展的一面的可能。另外，通过赋予人性以道德的内涵，可以突出对人类道德完善的关怀。可是当人性与某种确定的道德标准相关联时，便有着将人性绝对化、权威化的可能，有着超然于人类现实生存过程的可能。现实地看，人类现实的生存过程并不总是能由那些抽象的人性规定所涵盖解释，人类的现实存在还表现出多样之"情"。所谓"情"，一般指在特定境遇中人所展现出的情绪情感，往往与个体的现实存在相联系。不同于"性"往往被视作人所固有的、内在的，"情"则具有多变的外在的性质，是人自身直接呈现于外的存在形态。"情"是哲人无法回避的事实，如何安排"情"在人类自我道德成就过程中所具有的地位和作用，如何说明"性"与"情"之间的关系成为哲人所必须面对的问题。以某种道德观念为标准，诸多哲人认为"情"与"性"不符，甚至相背，在两汉时期便流行着"性"善"情"恶的观点。王弼便是在前人性情之辨的基础上，展开了对"性"与"情"之间关系的探讨。

总体而言，以孔孟为代表的先秦儒家提出了人性本善的观点。① 徐复观先生认为，在中国的远古时期，人们的道德自觉源自对宗教权威的恐惧与敬畏，随着历史的发展，人文精神的跃动，人们才逐渐将视野转向人自身，这其中孔子起到了划时代的作用。② 在孔子看来，人类"性相近，习相远"③，在人性基础上是共通一致的，造成人与人之间的品格差异是由于人们后天习行的不同。这样，孔子便确定所有人都具有某种相同的人性品格，这种人性基础构成了人类自我成就的普遍根据，宗教中的"天"则逐渐与人远离。徐复观先生指出："在中国文化史上，由孔子而确实发现了普遍的人间，亦即打破了一切人与人的不合理的封域，而承认只要是

---

① 这里只是总体而言，并不是所有儒家学者都持人性本善的观点，如荀子。
② 请参考徐复观《徐复观文集》第三卷，《中国人性论史·先秦篇》第二、三、四章，湖北人民出版社2002年版，第27—99页。
③ 《论语·阳货》。

人，便是同类的，便是平等的理念。"① 正因为以普遍的人性为基础，所有人都有着在道德上自我完善的可能，成圣被设定为一种普遍的可能性。对于人性的内涵，孔子并没有做更多的阐释，但是从其仁道原则我们可以推定，人之所以为人而区别于物正在于人类具有一种在道德上知善行善的人性能力，这种普遍的人性就是仁。人们自己能够做到恭、宽、信、敏、惠，对亲人能够做到孝悌，对他人能够忠恕敬爱，无不是自身仁之本性的展现。人们德行的根源在于自身的德性，外在的教化建立在自我的潜能之上。

孟子继承了孔子人性本善的观念，并予以了扩展和强化。孟子反复地强调，人之所以有道德实践的能力在于人有先天的良知良能，理想人格的实现在于对自我天性的返归。对于人类天性的内涵，孟子将其规定为仁、义、礼、智以及坚定的意志品格。对此，孟子认为：

> 水信无分于东西，无分于上下乎？人性之善也，犹水之就下也。人无有不善，水无有不下。
> 恻隐之心，人皆有之；羞恶之心，人皆有之；恭敬之心，人皆有之；是非之心，人皆有之。恻隐之心，仁也；羞恶之心，义也；恭敬之心，礼也；是非之心，智也。仁义礼智，非由外铄我也，我固有之也，弗思耳矣。②

在孟子看来，人性之善犹如水之就下是一种必然的趋势，是自我先天的本能。仁义礼智四善端是每一个人都具备的品格，是内在于自我的普遍的人性能力，而非接受于外在的环境。人们若采取不善的行为是对自身天性的否定，知善行善则是对自我天性的肯定和实现。这样，自我善的天性不仅仅是人类道德实践的起点，更是人类道德实践最终的目标。不同于孔子还大量强调了人们后天教育习行对于实现道德理想的意义，孟子对自我天性在自我道德成就过程中所具有的地位和作用给予了进一步的突出和强调。人性向善所具有的普遍必然性，既排除了人们以外在借口逃避道德责

---

① 徐复观：《中国人性论史·先秦篇》，《徐复观文集》第三卷，湖北人民出版社2002年版，第69页。

② 《孟子·告子上》。

任的可能，也使得人们在通向理想人格的道路上有了确定的依据和内在的制约。

《老子》的理论主旨并不在于人类心性的探讨，其书全文也未见"性"字，然而考察老子整个思想体系，我们依然可以发现老子有自己的"性"论，老子的"性"论便是自然人性论。在老子看来，世界的本体是"道"，"道"的运行法则是自然无为。人作为这个世界的有机组成部分，其生存过程受"道"与"自然"的支配是老子思想应有的理论推定。这种支配体现在人性上便是"德"，所谓"德"就是指得之于"道"。张岱年先生便指出："道家所认为'性'者，是自然的朴素的，乃所谓'德'之显见。宇宙本根是道，人物所得于道以生者是德，既生而德之表见于形体者为性。"[①] 人所得于"道"便是性，是"道"的具体化现实化，人性的基本内涵便是自然素朴。人的自然本性相比"道"所具有的普遍性无限性，已是一种特定的分化，并不具有"道"所具有的那种普遍的效力。然而，正因为人的自然本性源自于本体之"道"，使得自然本性在人类理想人格的实现当中具有最根本的地位，所有个体都要遵从自身的自然本性。老子对所谓"赤子""婴儿"之类生存状态的描述，不仅仅是对人类自然素朴天性的说明，事实上也表达了对理想人格典范的向往。人类的天性展现为虚静柔弱，人类的自我实现便是排除外界的干扰，维系这种生而有之的天性。老子并不同于儒家，立足于有限的善恶判断，而是从更宏大的视野出发，将人类的天性规定为自然素朴。而以普遍的自然天性为基础，人类成就自我的过程就是不断向自然天性复归的过程。

庄子在人性思想上与老子一脉相承，强调了个体在精神上的自由自足。庄子所向往所追求的是逍遥齐物之境，逍遥自在在庄子看来就是最为理想完美的存在形态，是个体自我成就所指向的目标。个体能够逍遥自在的理论前提是个体在自性上的自足，自我的完善不能受任何外在的因素的限制。庄子认为任何存在之物都有其自身的有限性，人亦不例外，但这种有限性对于个体自身而言就意味着自足，所谓的逍遥之境并不意味着对人类天性之中有限品格的超越和摆脱，反而恰恰是对自我先天本性的实现和完成。对此，庄子指出：

---

① 张岱年：《中国哲学大纲》，江苏教育出版社 2005 年版，第 193 页。

彼至正者，不失其性命之情。故合者不为骈，而枝者不为跂；长者不为有余，短者不为不足。是故凫胫虽短，续之则忧；鹤胫虽长，断之则悲。故性长非所断，性短非所续，无所去忧也。意仁义其非人情乎！彼仁人何其多忧也。①

　　在这里，庄子以比喻的方式说明了维系自我的本性对于自我成就所具有的重要性。不同于孔孟儒家，庄子将仁义等道德观念排除在人类天性之外，将其视作一种外在的后天的附加。在庄子看来，哪怕是仁义这些往往在价值上被视作正面的积极的观念，只要不是先天本性所具却又强加于人，都会妨碍自我成就的实现。个体真正的自由建立在自我天性的施展之上，而不论这种天性具体所指。通过将自由规定为自得其性，庄子就为自我成就设定了内在的根据，而自性的自足使得自我成就的过程有了坚实的基础。

　　儒家的理想人格典范是圣人君子，道家的理想人格典范是真人至人，对于成就理想人格的探讨离不开对人性内涵的设定。如上所见，儒家与道家对于人性的规定有着明显的差异，儒家从道德实践出发，强调人先天便具有知善行善的能力；道家以自然为标准，重视人类本性的素朴自然。虽然对于人性的内涵有着不同的认识，但是笔者认为，在人性设定问题上，儒家与道家有着一些基本的共同点，那就是都在不同程度上将人类天生之性视作某种完美的或接近完美的形态，人类后天习行的目标就在于使先天之性得到施展或者澄明。② 设定一种对于人而言必然具备的人性规定，而不论其具体内涵为何，其所具有的理论意义就在于使理想人格的实现有了内在的根据、现实的基础、确定的方向和普遍的制约。这样，理想人格典范的实现便不再是无本之木、无源之水，成就理想人格的过程不仅仅表现为任意随机的后天努力。现实地看，人之性构成了人之所以为人的根本规定，人性既表现为统一的整体，又展现为多重的形式；人性既现实地包含了确定的内容，构成人类知行活动的起点，又在人类的知行活动过程当

---

　　① 《庄子·骈拇》。
　　② 必须注意到，在这个问题上，孔、孟、老、庄四人有着不同程度的差异，这里只是就总体而言，其中以孟子与庄子两人对人类天性的完美性的强调尤为突出，而孔子相对对于人类后天习行的地位和作用给予了更多的关注。

中，得到不断的生成与发展。① 不论是将人性规定为善或是自然，儒家和道家对人性内涵的设定无疑都有突出人性的已完成性的倾向，人性以一种不变的形态参与至人类后天的知行活动当中。在自我成就的过程当中，人类后天的努力既无法与作为内在根据的人性相分离，也不表现为对人类天性的否定性改造。那些所谓的对人类天性的遮蔽或者戕害都表现为一些外在的偶然的影响，而不至于从根本上导致人类天性基本内涵的改变，人们可以通过自身的习行实现天性的复归。将人类的天性设定为一种封闭的形态所得到的只能是一种抽象的人性理论，而对于人性在自我成就过程当中所得到的生成和发展并不能给予足够的重视。以此种角度考察，可以说孔孟和老庄的人性思想都存有不同程度的不足。事实上，正是对人性内涵的此种设定，为两家思想的后世继承者进一步将人性形态抽象化、封闭化、权威化提供了理论的空间。可是我们应当看到，也正是这种设定，为人性内涵注入了确定的、正面的、肯定的内容，使相应的自我成就过程表现为一个自我肯定、自我实现的过程，避免了在自我成就问题上虚无主义态度的蔓延，为中国传统哲学的人性理论奠定了基础。

  在西方哲学史当中，我们可以看到，康德对于人性能力在形式上所具有的绝对必然性予以了特别的强调。在对道德实践问题的探讨中，康德认为从经验层面上对人类善和恶的观念和行为进行说明都无法为人类道德实践确定必然的根据。康德认为，人类内在地具有善良意志，人类的道德实践以绝对的善为目的。以自我的善良意志为基础，人类在道德实践上的要求就表现为一些直言式的无条件的绝对命令，而将一切有条件的、有外在目的的、以经验要求为基础的活动排除在道德领域之外。这样，人类自我的道德成就便表现为以内在的先天的理性能力为基础，去实现至善本身。通过自我理性的纯粹性先天性，康德最终论证了道德实践当中实现知善行善的绝对性必然性。康德指出："纯粹实践规律的目的是理性完全先天给出的，这些规律不以经验性的东西为条件，而是绝对地命令着的，它们将是纯粹理性的产物。"② 源自于先天理性的道德要求最终成为普遍的法则、

---

① 请参考杨国荣《成己与成物——意义世界的生成》第二章"人性能力与意义世界"，人民出版社 2010 年版，第 77—123 页。人性能力构成了人类一切知行活动的必要条件，可以说人性能力便是"人性"的具体展现，所以也可以从人性能力的角度展开对人性的理解。

② ［德］康德：《纯粹理性批判》，邓晓芒译，杨祖陶校，人民出版社 2004 年版，第 609 页。

必然的义务。康德对人类理性能力的考察更多在于强调纯粹理性在形式上所具有的绝对性、必然性,对于现实世界当中那些与人类理性能力相涉的实质内容康德并没有给予足够的重视,康德此种思维模式显然有偏于一端的不足,但在理论上突出了那些形式上的绝对必然性对于人类知行活动所具有的意义。正如在道德实践领域,从纯粹理性推导而来的绝对命令,为道德上的要求提供了普遍的形式,也使得这些道德上的要求有了普遍的效力。

从以上分析我们可以看到,对人类知行活动的探讨离不开对人性内涵的说明。人性是人类一切知行活动的起点,是人类开展知行活动的内在根据,也是对人类知行活动的引导和约束。相对于人类具体的知行活动,人性构成了一种普遍的基础。对人性内涵正面的肯定,可以给予人类知行活动积极的引导,避免虚无主义的侵蚀。可是对人性内涵的过度肯定,特别是对某种单一的内容予以片面的强化,忽视人性内涵的多重性生成性,也将导致权威主义的人性论。儒家思想倾向于以道德意义上的善对人性内涵进行说明,这种性善理论在两汉大一统时代便发展成为了权威主义的人性论。就性情关系而言,孔子与孟子在肯定人性本善的同时,不仅未排斥情,还强调了真情与本性的相合。而在两汉人性思想的发展当中,诸多经学家却将情感排除在了人类绝对的善良本性之外,经学家往往以阴阳、善恶等与性情相比附,认为性阳情阴、性善情恶,从而将性与情相对立起来。比如,董仲舒便认为:

> 天之大经,一阴一阳。人之大经,一情一性。性生于阳,情生于阴。阴气鄙,阳气仁。曰性善者,是见其阳也。谓恶者,是见其阴者也。①

这种性情思想固然通过人性本善强调了人类的道德能力和道德义务,但这种片面的强调否定了人类合理的情感欲望,仅仅以道德观念规定人性内涵,与真实的世界相分离,这些道德原则最终只能是一些空洞的道德要求。现实地看,人既有知善行善的能力,也有基本的情感欲望上的需要。从人性当中抽离出知善行善的能力,并将其形而上化,进而以善的名义贬

---

① 黄晖:《论衡校释》,中华书局1990年版,第139—140页。

斥情感欲望为恶，这无疑会压抑人类真实的本性。可以说，两汉的人性思想已包含了宋明理学当中"存天理，灭人欲"思想的萌芽。事实上，这种性善情恶的思想的确在两汉的社会生活当中导致了各种虚伪的重形式的所谓的道德"成就"。

魏晋之际，作为对两汉抽象人性思想的一次反动，当时社会兴起了一股"重情"的思潮。不同于两汉哲人扬性抑情，魏晋士人对情的地位给予了全面的肯定。以道家思想为指引，士人们认为情出乎自然，与道相合。如向秀认为："有生则有情，称情则自然得，若绝而外之，则与无生同。"① 阮籍从自然之境指出："大均淳固，不贰其纪，清静寂寞，空豁以俟，善恶莫之分，是非无所争，故万物反其所而得其情也。"② 嵇康指出："夫喜怒哀乐爱憎惭惧，凡此八者，凡民所以接物传情，区别有属，而不可溢者也。"③ 对情的注重本意在于反抗对情的压抑，强调人类本性之中的率真之情。然而，魏晋之际重情思想的发展并不仅仅表现为"适情""任情"，甚至还出现了"纵情""乱情"的状况，这是在对权威主义人性思想的否定当中走向另一极端所造成的。众所周知的是，在所谓的魏晋风度当中，部分确实展现了玄学名士的潇洒风度，另外许多情况则是一些玄学末流假借风度之名而肆意妄为。汤用彤先生便指出："当时放任派的人，自以为有契于庄生，因而《庄子》一书即成为不经世务不受礼法者的经典。"④ 当时通过老庄表达放任之意的经典注释并不能得到社会的认同，这是因为在当时社会那种乱情纵欲之事可以说大量存在，引起人们很大的不满。裴頠著《崇有论》，乐广称"名教中自有乐地"都是对那些放荡不羁行为的反击。哪怕在理论上强调以自然之性为根据，骨子里还留有对名教肯定的嵇康，一样扭曲了对情意释放的理解。嵇康对自己的生活描述道：

> 少加孤露，母兄见骄，不涉经学。性复疏懒，筋驽肉缓。头面常一月十五日不洗。不大闷痒，不能沐也。每常小便而忍不起，令胞中略转乃起耳。又纵逸来久，情意傲散，简与礼相背，懒与慢相成。而

---

① 转引自《嵇康集》，《鲁迅全集》第九卷，人民文学出版社1973年版，第58页。
② （魏）阮籍：《阮籍集校注》，陈伯君校注，中华书局1987年版，第150页。
③ 《嵇康集》，《鲁迅全集》第九卷，人民文学出版社1973年版，第73页。
④ 汤用彤：《魏晋玄学论稿》，上海古籍出版社2005年版，第108页。

为侪类见宽,不攻其过。又读庄老,重增其放,故使荣进之心日颓,任实之情转笃。①

嵇康所表达的虽是对礼教的反抗,但他许多表现出来的行为的确不合常情,这也难怪他难以为当时世人所理解。这种"纵情""乱情"状况的出现,一方面固然是当时社会礼教制度崩塌所造成的,另一方面也是因为士人们在理论上未能注重对人性地位和作用的探讨。对某种人性内涵的片面偏重容易导致权威主义的人性论,而忽视普遍人性的设定也容易导致虚无主义的人性思想。权威主义的人性论不能够认识到人性的多重性生成性,这在两汉时期便表现为对情的否定。然而如魏晋士人一样,单单注重情的作用,也将使情失去必要的基础。性作为人的本质规定,不仅仅构成了人类自我成就的内在根据,也构成了人类自我成就的普遍限制,将自我成就过程约束在合理之域当中。情若失去性的引导,也只能是"纵情""乱情"。这便是王弼提出"性其情"思想的历史背景及其展现出的理论意义,即在魏晋之际重情思潮泛滥的情况下,通过引入自然人性思想,恢复了先秦儒道两家对人性的注重和肯定,在理论上完成了对所谓的"纵情""乱情"的制约。

与《老子》一书重普遍之道相契合,王弼主要是通过其《老子注》论述了普遍的自然人性思想。《老子》原文并无"性"字,王弼以儒家思想传统的"性"完成了对老子自然人性思想的阐发。从王弼对"性"的描述当中,我们可以看到,王弼同样认为"性"构成了一物作为一个统一的整体而与他物相区别的根本规定。王弼指出:

> 言任自然之气,致至柔之和,能若婴儿之无所欲乎?则物全而性得矣。
> 物皆不敢妄,然后万物乃得各全其性,对时育物,莫盛于斯也。
> 夫御体失性,则疾病生。辅物失真,则疵衅作。②

所谓的"御体失性",指执著于事物的形体而遗忘其内在本性将导致

---

① 《嵇康集》,《鲁迅全集》第九卷,人民文学出版社1973年版,第45页。
② (魏)王弼:《王弼集校释》,楼宇烈校释,中华书局1980年版,第23、343、41页。

负面、消极的结果发生，这间接指明了一物之所以为一物的根本规定在于其内在之"性"而非外在之形体。而所谓的"物全而性得""各全其性"，指出了与一物的"性"之得相关联的是一物成全其自身，一物在得"性"的同时也就以一个统一的整体展现自身。一物就其与外界的关系而言，处于与他物的普遍联系当中，但在这种联系里，必然存有一物与他物相区别的界限。一物就其自身而言，处于连续的运动变化当中，但在这种运动变化里，必然存有使一物维持其自身同一的确定性。一物就其与自身的组成部分之间的关系而言，必然存有某种特定的规定性使得各组成部分凝聚成一体，从而使得一物作为一个统一的整体而区别于各组成部分简单的组合。这些与他物相区别的界限、维持自身的确定性、统一各组成部分的规定性也就是一物之所以为一物的根本属性，事物的根本属性与事物的存在相同一，无法与事物相分离，是人们认识这一事物辨析这一事物的基本切入点。正如黑格尔所说的："质首先就具有与存在相同一的性质，两者的性质相同到这样程度，如果某物失掉它的质，则这物便失其所以为这物的存在。""定在或限有是具有一种规定性的存在，而这种规定性，作为直接的或存在着的规定性就是质。定在返回到它自身的这种规定性里就是在那里存在着的东西，或某物。……某物之所以为某物，乃由于其质，如失掉其质，便会停止其为某物。再则，质基本上仅仅是一个有限事物的范畴，因此这个范畴只在自然界中有其真正的地位，而在精神界中没有这种地位。"① 在黑格尔看来，所谓质还只是对事物存在的抽象规定，不过这里对质的说明的确指出了质对于一物之所以为一物所具有的重要性。无论是单个的个体，还是作为整体的类，都可以视作一个相对封闭的系统，必定有其限定自身的根本属性。在王弼这里，王弼以事物之"性"相对于事物之"（形）体"，指出了对事物根本属性的认识不能通过外在的偶然的因素达到。王弼以事物之"性"与事物之"全"相联系，显然指出了"性"对于对一物之所以为一物所具有的根本地位。

以此种视角去分析人，哲人将人之所以为人的根据设定为"性""心""灵魂"等。② 从形式上看，王弼对人性内涵的说明多少延续了儒家对圣人理想人格的探讨。从内容上看，王弼的人性思想实际上继承了老

---

① ［德］黑格尔：《小逻辑》，贺麟译，商务印书馆1980年版，第188、202页。
② 在王弼对"性"的使用当中，"性"还是普遍地用于一切事物，而不仅仅用于人。

庄的自然人性思想。事实上，这也是他"以无为本"的本体思想在其人性论上的进一步推进。在王弼看来，把握事物本性就需要追本溯源，去追问事物本真恒常的形态，王弼指出：

> 归根则静，故曰"静"。静则复命，故曰"复命"也。复命则得性命之常，故曰"常"也。
> 物反窈冥，则真精之极得，万物之性定。①

与理论上对普遍原理的重视相一致，王弼将对万物本性的设定建立在本体之"无"的基础之上，这使得对万物本性的设定有了形而上的根据。本体之"无"的本性在于自然无为，同样，具体的万事万物的本性也在于自然无为。对于万物本性之自然，王弼又指出：

> 论太始之原以明自然之性，演幽冥之极以定惑罔之迷。
> 道不违自然，乃得其性。法自然者，在方而法方，在圆而法圆，于自然无所违也。
> 万物以自然为性，故可因而不可为也，可通而不可执也。物有常性，而造为之，故必败也。物有往来，而执之，故必失矣。②

天地万物以无为本，自然而无为，人作为天地之间的一员，必定也以自然为性。在王弼看来，人们也许有或"方"或"圆"的差别，但"方"和"圆"都是源自自身的本性，并无优劣之分。王弼提出自然人性思想，认为人类本性无善无恶，突破了儒家人性本善的思想传统。儒家讲人性本善亦强调人们在知善行善当中的真诚，注重人们为善的自然感发。王弼不讲性善，突出人性的本真纯朴，所针对的是人们在现实社会生活当中的各种虚伪矫饰。所谓的善和恶，只能是在人类丧失自然本性之后才会产生。因此，王弼要求人们因顺自然本性，人们若违逆自然本性必将遭到失败。对此，王弼指出：

---

① （魏）王弼：《王弼集校释》，楼宇烈校释，中华书局1980年版，第36、53页。
② 同上书，第196、65、77页。

> 夫耳、目、口、心，皆顺其性也。不以顺性命，反以伤自然，故曰盲、聋、爽、狂也。
>
> 顺物之性，不别不析，故无瑕谪可得其门也。……因物自然，不设不施，故不用关键、绳约，而不可开解也。此五者，皆言不造不施，因物之性，不以形制物也。
>
> 大夷之道，因物之性，不执平以割物。其平不见，乃更反若颣（土内）也。①

因顺自然便是因顺人类自我的自然本性，人类的自然本性构成了人类知行活动的根据，无论是人的耳、目、口、心，都必须顺应人的自然本性，盲、聋、爽、狂便是违逆自然本性的后果。

只有有了这种人性基础的设定，王弼进一步推进性情关系的探讨，说明普遍之"性"对多变之"情"的引导和约束，才会有理论上的可能。在这里，王弼首先肯定了"性"对于自我成就所具有的基础地位，进而赋予了人性确定的内容——自然。这样，从一个更为具体的角度切入我们就可以看到，自然人性在自我成就的过程当中便具有了统摄和制约人之五情的地位和作用，人对自然之性的因顺便体现在人类情感合于自然。前文已经提及，魏晋之际社会生活当中的一个问题便是过于放任纵情，这在思想理论上的根源在于不注重人性思想的构造，使情失去必要的约束和限制。王弼自然人性思想的提出，其理论意义正在于指明了情感的表达不能脱离人性的普遍要求。王弼以自然论人性，人的自然本性便构成了个体自我成就的基础和根据，个体的自我成就过程不能越出人的自然本性所提供的范围，这其中就包含对情感表达的约束。不同于一些名士将自然理解为个体情感任意的不受限制的放纵，王弼并没有将自然看作任意妄为，人的自然本性也有着确定的内容，情感的表达必须与人性自身所包含的要求相一致。

对于"性"对"情"的引导和约束，王弼提出了著名的"性其情"的观点，并有多处论述。在对《周易》"乾"卦里"乾道变化，各正性命"一句的注解当中，王弼说道：

---

① （魏）王弼：《王弼集校释》，楼宇烈校释，中华书局1980年版，第28、71、112页。

> 静专动直，不失大和，岂非正性命之情者邪？①

在对"乾"卦里"乾元者，始而亨者也，利贞者，性情也"一句的注解中说道：

> 不为乾元，何能通物之始？不性其情，何能久其正？是故始而亨者，必乾元也；利而正者，必性情也。②

在这里，与"性其情"相关联的是"正"。王晓毅教授指出："在王弼的意识中，'性命'是自然本性，无须'正'，也无法'正'，所以将经文的'性命'一词，注为'性命之情'。那个用来'正性命之情'的天道，即是指天的自然本性。"③ 在王弼看来，人之"性"作为人的精神本体是一种绝对的存在，并不需要改变，"各正性命"所要"正"的是人类多变的容易走向虚伪的情感，通过"正"的过程所要达到的是"情"的变动能够符合人的自然本性。

"性"之所以无须"正"是因为其有着"静"的品格，"情"之所以需要"正"是因为其有着"动"的品格。王葆玹教授指出："道家论性主要从动静着眼，……与儒家论性往往牵涉善恶、阴阳、五行的倾向不同。"④ 王弼继承了道家的这种人性论思想，以动静论性情，认为性静情动。王弼在对《周易》"复"卦的注解中说道：

> 复者，反本之谓也。天地以本为心者也。凡动息则静，静非对动者也；语息则默，默非对语者也。然则天地虽大，富有万物，雷动风行，寂然至无是其本矣。故动息地中，乃天地之心见也。若以其有为心，则异类未或具存矣。⑤

王葆玹教授认为："这里的反本、复归就物理而论，是复归于无；就

---

① （魏）王弼：《王弼集校释》，楼宇烈校释，中华书局1980年版，第213页。
② 同上书，第217页。
③ 王晓毅：《王弼评传》，南京大学出版社1996年版，第325页。
④ 王葆玹：《正始玄学》，齐鲁书社1987年版，第363页。
⑤ （魏）王弼：《王弼集校释》，楼宇烈校释，中华书局1980年版，第336—337页。

心性而论,是复归于静,应是性静情动说。"① 王弼在其人性思想当中延续了动静之辨,认为"静非对动",静为动之主宰。动是一种相对的存在形态,静则是一种绝对的存在形态。天地万物变化万千,不能互为主宰,只能以不变之一为最终依归。以动静论性情,则"性"为静,"情"为动。"性"是至纯至真的不变之一,"情"是变动不居。动必以静为本,正因"情"之多变,所以必须以不变之"性"予以统摄。"正性命之情"最终的理想结果便是"静专动直,不失大和",即人的"性"与"情"都符合自然的要求,至于"大和"的形态。这里所谓的"静"便是指"性",所谓的"动"便是指"情"。这样,"性其情"所要求的"正"便表现为"以静制动"。

"以性正情"的原因不仅仅在于"情"的多变,更在于"情"在变动之中容易走向虚伪。在王弼看来,人是"凶恶不能害其性"②,人的本性总是自然的,并不会因为受外界事物的干扰而改变。相反,人之"情"并不总是表现为自然,容易在外界的干扰当中偏离自然。不同于"性"内在于人自身,属于人的固有属性,"情"的产生是"应感而动"③,是人对外界各种刺激所做出的相应的反应。在人与外界的交感当中,人之"情"会因外界事物的干扰而可能与自然相背离。"以性正情"所要"正"的正是那些走向虚伪之"情",王弼指出:

> 不性其情,焉能久行其正,此是情之正也。若心好流荡失真,此是情之邪也。若是以情近性,故云性其情。情近性者,何妨是有欲。若逐欲迁,故云远也;若欲而不迁,故曰近。但近性则正,而即性非正;虽即性非正,而能使之正。譬如近火者热,而即火非热;虽即火非热,而能使之热。能使之热者何?气也、热也。能使之正者何?仪也、静也。又知其有浓薄者。孔子曰:性相近也。若全同也,相近之辞不生;若全异也,相近之辞亦不得立。今云近者,有同有异,取其

---

① 王葆玹:《正始玄学》,齐鲁书社1987年版,第363页。
② (魏)王弼:《王弼集校释》,楼宇烈校释,中华书局1980年版,第632页。
③ 同上书,第625页。

共是。无善无恶则同也，有浓有薄则异也，虽异而未相远，故曰近也。①

王弼认为人之"情"有"正"与"邪"之分，"情"之"正"是"情"始终能与人的自然本性保持一致，"情"之"伪"则表现为人心的流俗放荡，失去自我天性的纯真。对于人之"情"之所以出现两种相异的形态，王弼通过孔子的"性相近"予以了解析。王弼指出，人与人之间的相近正说明了人与人之间既不能全同，也不能全异。人与人之间所相同的是都先天具有无善无恶的自然本性，人与人之间所不同的是人所禀赋的这种自然本性有着"浓"与"薄"的差别，这也导致了人在后天的发展当中会出现"情"的"正"与"邪"。不过王弼并不认为"情"之"邪"无法得到纠正，通过人的自然本性的引导，邪情同样可以归于正途，这就是性其情。

这样，人普遍的先天的所具有的自然本性对于人后天的自我成就过程便具有了引导和约束的意义。现实地看，在人的现实生存过程当中，人直接外在展现于世界的是其"情"，人之"性"作为人的精神本体，则内在于自身。人之"性"一方面作为普遍的基础参与至人后天的生存过程，是"情"的先天根据，另一方面"性"在参与人后天的生存过程当中，自身也得到不断的生成与发展。可是在王弼看来，人之"性"虽参与至人后天的生存过程，但"性"有其超然于具体生存过程的一面，并不受制于后天的生存过程。人类本性自然，"性"无善无恶，至纯至真，不受外界的影响。正因"性"所具有的这种完满性，使得"性"具有了引导"情"之发展，纠正"情"之邪的作用，可以对"情"的变动施加影响。所谓"仪也"便是指人之"性"作为一种绝对的标准所具有的规范作用，

---

① （魏）王弼：《王弼集校释》，楼宇烈校释，中华书局1980年版，第631—632页。这段文字原引自皇侃《论语义疏》，不少论者认为其中仅"不性其情，焉能久行其正"一句为王弼原文，剩余部分为皇侃所做之议论。如王葆玹教授认为："皇疏'久行其正'下文与王弼《文言传注》不合，乃是皇侃自己的议论，不是王弼的文字。不过，皇侃既引王弼《周易注》，他所依归的'一家旧释'应与王弼相合，甚至有可能就是王弼《论语释疑》的解释。"见王葆玹《正始玄学》，齐鲁书社1987年版，第387页。王晓毅教授同样持此种观点。可参见王晓毅《王弼评传》，南京大学出版社1996年版，第322—323页。在这里，笔者采用传统观点，认为这段文字与王弼思想所展现的一贯思路相一致，可以采信为王弼原文，这里便以楼宇烈的《王弼集校释》所校正之文为准。

林丽真教授指出："王弼所谓的'仪'或'法'，就静态义讲，系指一切自然的规律；就动态义讲，系指一种'以自然为仪'、'以自然为法'、'无违于自然'的人生仪则和态度。"① 何善蒙教授也认为："'仪'在王弼这里兼具本体和功能的意义。"② "性"不仅仅是人类知行活动的先天基础，作为人类精神本体的"性"也被王弼设定为评价人类知行活动的现实标准，是否合乎"性"成为判定人类知行活动正当性的依据。"性"在王弼这里既构成了必然之则，又构成了"当然之则"。人类情感的表达若不合乎自然本性便是"邪"，人类情感的表达若合乎自然本性便是"正"，所谓"正"表达的正是一种合理性正当性的要求。作为"当然之则"的"性"具有矫正邪情的效力，人们使得自身情感表达正当化的途径就在于以"情"合"性"，而不在于抑制情欲的产生。以"情"合"性"就是要将人们情感的表达限制在自然本性所提供的范围之内，从而做到"若欲而不迁"。从王弼的理论体系来看，以"情"合"性"事实上就是对普遍的自然原则的遵从，要求"情"的表达能够做到自然感发。但是，王弼同时认为名教本于自然，当"性"作为"当然之则"出现，外化为规范系统时，便暗藏着制"情"之"性"被形式化规则所替代的可能。当形式规则脱离其内在的价值原则时，自然之"性"对情感的引导便有可能转化为形式规则对情感的限制。另外，在王弼看来，只有以"情"近"性"，才能做到"久其正"。在"久其正"的要求下，暗含了"性"走向绝对化权威化的可能。这样，通过以"性"制"情"的探讨，王弼注意到了人类知行活动内在的普遍的人性根据问题，但是对于如何避免这种普遍的内在根据的封闭化和绝对化，王弼还是未能给予足够的重视。

就所处时代的理论任务而言，王弼"性其情"思想的提出正是为了应对当时社会当中的人们过于强调"纵情""任情"，而忽视普遍人性制约的状况。就历史的理论继承而言，王弼强调以"性"制"情"的理论意义在于继承和发展了儒道两家对人性的探讨。从形式上看，王弼对人性的探讨更多地围绕着如何成就圣人之境展开，表现出了儒家人性思想的特色。从实质内容上看，王弼对理想人格的设定源自于道家传统的自然人性

---

① 转引自何善蒙《魏晋情论》，光明日报出版社2007年版，第93页。
② 何善蒙：《魏晋情论》，光明日报出版社2007年版，第93页。

思想，肯定了人类本性的自然素朴。就王弼人性思想所展现出的理论特质而言，王弼之所以注重普遍的人性基础在人类自我成就过程中所具有的地位和作用，正在于他对普遍原理的一贯重视，是他对普遍原理的追寻在人性问题上的具体展现。在王弼的人性思想当中，"性"构成了人的精神本体，"情"是本源于"性"而展现于外的具体现象，"性"对"情"的统摄正如同"无"对"有"的统摄。人类自我成就的过程无法与自我的人性根据相分离，自我的人性根据以不同方式制约着自我成就过程的各个方面，"性"对于"情"的制约可以说只是其中的一个方面，自我的人性根据相对于自我的成就过程而言构成了一种普遍的存在。专注于"情"的释放，而忽视普遍人性的引导和约束，只能是将自我成就的过程视作一种偶然的、任意的活动。这样的自我成就的过程缺少必要的确定的方向，最终沦落为对各种具体情境的简单反应。与魏晋之际重情的时代氛围不同，王弼更多地关注了普遍人性的作用，他对"性"的肯定促使了对精神本体的探讨在魏晋之际重新树立，这对于解决魏晋之际士人们现实的精神危机有着重要的理论意义，其所不足的是还没有注意到人性在人类后天生存过程当中所具有的生成性和发展性。

第二节　圣人有情

与自己思想一贯的理论特性相一致，王弼对性情关系的探讨同样表现为既"崇本"又"举末"。王弼既要求"性其情"，也认为"圣人有情"。围绕着如何成就自我，王弼不仅仅强调了普遍人性在其中所具有的引导和约束的作用，同时对于人类多样的情感所具有的地位也予以了肯定。如果说王弼对"性"的重视在于回应魏晋士人们对"情"的过度强调，那么王弼对"情"的肯定在于回应另一种思想倾向，即对"情"的过度压制和否定。

在儒家的思想传统当中，如何成就自我具体地表现为如何成就圣人之境，而对于如何成就圣人之境，首先需要得到说明的便是圣人这种理想人格的内涵。对于理想的人格典范，即圣人，在感性方面所具有的规定性，孔子与孟子都给予了不同程度的肯定。孔子本人便是一个易于真情流露的人："叶公问孔子于子路，子路不对。子曰：'女奚不曰，其为人也，发愤忘食，乐以忘忧，不知老之将至云尔。'""颜渊死，子哭之恸。从者曰：'子恸矣！'曰：'有恸乎？非夫人之为恸，而谁为？'"① 孔子认为，真诚的情感与人类的善良本性——仁相关联，孔子指出："唯仁者能好人，能恶人。"② 因此，孔子将是否具有真诚情感规定为判定个人人格境界的标准，孔子认为："不仁者不可以久处约，不可以长处乐。"在孔子看来，颜渊就可以做到"长处乐"，"一箪食，一瓢饮，在陋巷，人不堪其忧，回也不改其乐，贤哉，回也！"③ 在孟子那里，他所说的"不忍人之心"是一种源自于人类天性之中的良知良能，是能够怜悯体恤他人的真实情感。人类人格的自我完善就是要维护人类天性之中这种真实的情感，避免自我善良情感的堕落。孟子曾指出："乃若其情，则可以为善矣，乃所谓善也。若夫为不善，非才之罪也。"④ 对于情感，孔子和孟子都提出了合理性正当性的要求，注重对情感表达的节制。不过我们也可以看到，在孔子和孟子看来，人类真实的情感与人类自我善良的天性相关联，他们对情感的要求所关注的重点在于人类情感表达的真诚性以及人类在道德践行当中的自愿性。对于人类情感在自我成就过程中的地位，孔子与孟子无不予以了肯定。

两汉时期经学被权威化，圣人亦被权威化。圣人不再以一个现实的"人"的形象出现，而是被奉为如同"神"一般的存在，圣人全善全智且不具有任何瑕疵。前文已提及，两汉经学家往往以阴阳、善恶比附人之性情，认为性阳情阴、性善情恶，使"情"带上了消极否定的意味。从这样一种性情观出发，董仲舒还能认为圣人不能无情，圣人"情"之发以"中和"为其要义。⑤ 但在后世那些腐儒那里，以性善情恶为理论基础，将"情"排除在了圣人的人格内涵之外。在东汉便出现了所谓的"损欲辍情"之说，如：

---

① 《论语·述而》及《论语·先进》。
② 《论语·里仁》。
③ 《论语·里仁》及《论语·雍也》。
④ 《孟子·告子上》。
⑤ "中者，天地之所终始也；而和者，天地之所生成也。夫德莫大于和，而道莫正于中。中者，天地之美达理也，圣人之所保守也。""故君子怒则反中而自说以和，喜则反中而收之以正，忧则反中而舒之以意，惧则反中而实之以精。""喜怒止于中，忧惧反之正，此中和常在乎其身，谓之得天地泰。"（《春秋繁露·循天之道》）

> 夫情胜其性，流遁忘反，岂唯不肖，中才皆然。苟非大贤，不能见得思义，故积恶成衅，罪不可解也。

在对这段文字的注解里说道：

> 性则生之质，情则性之欲。性善情恶，情胜则荒淫也。①

这种抽象的人性思想在其后的发展中越发走向极端，那些虚伪化形式化的道德教条可以说正是这种抽象人性思想的产物。这种抽象的人性思想在汉末魏晋时期依旧有着顽强的生命力，如与王弼争夺黄门郎一职的王黎便持圣人无情的观点，在《北堂书钞》里记载道：

> 王黎为黄门郎，轩轩然乃得志，煦煦然乃自乐。傅子难之曰："子以圣人无乐，子何乐之甚。"曰："非我乃圣人也。"②

在《世说新语》当中，我们同样可以看到大量这种圣人无情的观点。③ 在这种圣人无情观当中，能否做到忘情构成了评价个体自我道德成就的标准，忘情所达到的境界就要高于有情，圣人不同于常人就在于能够做到忘情。对圣人内涵的抽象理解所导致的是对人类真实情感的压制，可以说，魏晋之际重情思潮的产生正是对这种抽象的人性思想的过度反应。

另外，圣人无情思想在魏晋之际的兴盛与道家思想的流行不能不说有很大的关系。不同于孔孟"制情"的主张，老庄主要持"无情"的观点。

---

① 《后汉书·张衡传》，转引自韩星《秦汉政治文化整合中儒学思想的变异》，《孔子研究》2006年第5期。

② 《北堂书钞》，转引自魏明安、赵以武《傅玄评传》，南京大学出版社1996年版，第136页。

③ "张玄之、顾敷是顾和中外孙，皆少而聪慧；和并知之，而常谓顾胜，亲重偏至，张颇不恢。于时，张年九岁，顾年七岁，和俱于寺中。见佛般泥洹像，弟子有泣者，有不泣者。和以问二孙。玄谓'彼亲故泣，彼不亲故不泣。'敷曰：'不然，当由忘情顾不泣，不能忘情故泣。'"（《世说新语·言语》）"王戎丧儿万子，山简往省之，王悲不自胜。简曰：'孩抱中物，何至于此？'王曰：'圣人忘情，最下不及情；情之所钟，正在我辈。'简服其言，更为之恸。"（《世说新语·伤逝》）

如老子便认为：" 天地不仁，以万物为刍狗；圣人不仁，以百姓为刍狗。"① 庄子则提出："有人之形，无人之情。有人之形，故群于人；无人之情，故是非不得于身。眇乎小哉，所以属于人也；謷乎大哉，独成其天。"② 道家的这种无情思想与本体论上追求超越之道与人生境界上追求超然的逍遥自在相关联，从其理论实质上看，并非要求情感的消灭，而在于情感的自然而发。朱晓鹏教授指出："'无为'作为一种理想的人生境界……就是要摒弃外在的、人工的作为，使人的一切都处于无造作、无偏执、无烦扰、任其自发、合乎本性的状态。"③ 道家所谓的"无情"事实上就是要求情感的自然无为，反对一切情感的虚伪矫饰和欲望的放纵无度，希望情感的表达合乎自然本真的天性。但是这种对至人真人的描述毕竟以"无情"为其外在表现形式，这就为道家以自然原则为理论基础的无情思想与两汉儒家以性善情恶为理论基础的无情思想的合流提供了理论上的契机，并为圣人无情思想最终滑向灭情禁欲留下了可能。

直接促使王弼圣人有情观产生的是何晏的圣人无情观，可以说何晏的圣人无情观正是道家的无情思想与两汉儒家的无情思想的一种结合。从对形上本体的追求来看，何晏同样强调万物以"无"为本，这使他有偏好超脱玄远的一面。从对理想人格典范的描述来看，何晏并未突出人性的自然纯朴，而是直接强调了无情无欲的地位，将圣人的超脱玄远视作情感品格的消灭。对于何晏的圣人无情观，何劭的《王弼传》记载：

> 何晏以为圣人无喜怒哀乐，其论甚精，钟会等述之。④

何晏认为达到圣人之境便能够没有喜怒哀乐等情感了。对于凡人和贤人的区别，何晏则在对《论语》中"不迁怒，不贰过"一句的注解中指出：

> 凡人任情，喜怒违礼。颜渊任道，怒不过分。迁者，移也。怒当

---

① 《老子·第五章》。
② 《庄子·德充符》。
③ 朱晓鹏：《道家哲学精神及其价值境域》，中国社会科学出版社2007年版，第61页。
④ （魏）王弼：《王弼集校释》，楼宇烈校释，中华书局1980年版，第640页。

其理，不移易也。不贰过者，有不善，未尝复行也。①

与传统的"性三品"思想相一致，何晏在这里以人在情感表达上所达到的境界为标准将人分为三个等级，凡人是"任情，喜怒违礼"，贤人是"任道，怒不过分""怒当其理，不移易"，圣人是"无喜怒哀乐"。在何晏看来，主体的人格越是完善，就越是能忘却情感，忘情无情构成了理想人格应有的规定性。冯友兰先生在对何晏情论的总结中说道："贤人要求心中没有任何欲望，但是这个要求就是一种欲望，……圣人连这种欲望都没有。……所以圣人'常空'，而贤人则'屡空'。"② 显然，这样一种无情、忘情、常空的"情感状态"，既与人类现实的生存状态不相符合，也不应该构成为对人类的当然要求。如果说对"任情违礼"的反对是注意到了过度的情感欲望所带来的消极后果，对"任道""不过分""当其理"的肯定是注意到了要以普遍的理性要求去规范人类的情感欲望，那么所谓的"无喜怒哀乐"最终所导致的是对人类基本的情感欲望的否定与消灭。在理论上，这种无情忘情的要求为进一步趋向灭情禁欲提供了契机。在理论上，这种无情忘情的要求表面上所指向的只是超然的圣人，事实上在实践当中最终转化为灭情禁欲的要求而指向一般民众，造成抽象的理性要求对人类真实情感欲望的压制。人类自我成就的主体是人自身，理想的人格典范是对沉沦于日常状态当中的人自身的某种超越，但也无法与人的日常形态完全分离。圣人终究还是人，以无情去描述一个现实存在的人必然将遭遇理论上的困境。显然，一个无情的圣人超出了人们的可理解之域，人们既不曾在日常生活当中与具有此种品格的人接触，也无法在思维当中构造出这样一种缺少现实可能性的形象。魏晋之际，部分固守传统人性思想的士人将圣人设定为一种超凡绝俗的存在，忽视了理想人格在感性方面所具有的规定性，不同于部分"反正统"士人在人性理论的构造中过度偏重情感的地位，他们是在相反的方向上存在着理论的不足。

与此相对，王弼持圣人有情观，认为圣人同样具有情感的品格，肯定

---

① 《论语集解义疏》，（曹魏）何晏集解，（南朝梁）皇侃义疏，中华书局1970年版，第69页。

② 冯友兰：《中国哲学史新编》中卷，人民出版社1998年版，第446页。

了情感欲望在自我成就过程当中所具有的地位,他的这种圣人有情观的理论前提正是他的自然人性思想。王弼圣人有情观的提出直接源自于对何晏圣人无情观的回应,何劭的《王弼传》里记载:

> 何晏以为圣人无喜怒哀乐,其论甚精,钟会等述之。弼与不同,以为圣人茂于人者神明也,同于人者五情也。神明茂,故能体冲和以通无;五情同,故不能无哀乐以应物。然则,圣人之情,应物而无累于物者也。今以其无累,便谓不复应物,失之多矣。①

通过比较,王弼指出了圣人与凡人之间的异同。王弼认为,圣人与凡人之间所共同具有的品格便是都有喜怒哀乐之"情",圣人所不同于凡人在于圣人能够做到"神明茂",使情感的表达合乎自然本性。在王弼看来,无论是圣人还是凡人,都不是一种脱离人世间的存在,都无法避免与物相应的状况的发生。人在与物相应的过程当中以"情"作为其"相应"的方式,与物相应之人必然存在着情感的发生。这样,王弼这里的"情"便是指人对外界刺激所做出的反应,便表现为人与外物相接之时的哀乐。王弼肯定圣人与凡人都具有五情,是注意到了人作为一种现实的社会存在,在其具体的生存过程当中必然包含着多样的情感这种存在方式,不可能只是一种抽象的纯粹的理性存在。情感这种存在方式的发生正在于人类生存的过程是在与对象世界不断互动的过程中展开,这种互动过程的多变性和多样性就决定了人类必然以一种多变的多样的方式与对象世界相应,进而展现出多变的多样的情感。

在这里,王弼不仅注意到情感这种存在方式的必然性,也注意到了情感这种存在方式的偶然性。不同于人之"性"内在于人自身,是人自身一种稳定的固有的内在品格,人之"情"表现出外在的偶然的特性,是人在具体情境当中的特定展现。事实上正因为人的生存过程即与物相应的过程是具体的,人的情感才是多变的。人必然在多样的特定的情感当中去展现自身,同时任何特定的情感又都是暂时的,并非恒常不变的。因为情感的这种特性,王弼在指出圣人"不能无哀乐以应物"之后,又强调"圣人之情,应物而无累于物",所谓"圣人之情,应物而无累于物"便

---

① (魏)王弼:《王弼集校释》,楼宇烈校释,中华书局1980年版,第640页。

是指不能因为执著于任何对象物而执著于任何特定的情感。这就是王弼所说的圣人高于凡人之处"神明茂","无累于物"在王弼这里构成了理想人格特有的规定性,圣人与凡人都不能在应物的过程当中避免情感的发生,可是凡人的情感受对象世界的牵制,圣人则能发现对象世界的外在性,可以使自身情感不受外物束缚。显然,王弼在这里是有所见于异化的情感作为一种外在的束缚对人类自我成就过程的限制。通过其圣人有情的思想,王弼指出了情感作为人类存在方式发生的必然性及其特殊性,并认为作为理想人格典范的圣人既无法避免情感的必然产生,却又不执著于特定的情感当中。在王弼看来,那些持圣人无情观点的士人是指出了圣人能够"无累于物"的高明之处,却因此错误地认为圣人"不复应物",最终得出了圣人无情的观点,他们是片面地关注圣人的不执于情而忽视了情感发生的必然性。

通过对圣人应物过程的说明,王弼着重对情感发生所需要的外界条件进行了探讨。在王弼看来,情感的必然发生不只是因为与外物相应,更是源自人类内在本性的要求。喜怒哀乐等情感不但不与理想的人格典范相对立,反而恰恰是人类自然天性的展现。在王弼回应荀融对大衍义的诘难的信当中,王弼便对此展开了说明。何劭的《王弼传》记载:

> 弼注易,颍川人荀融难弼大衍义。弼答其意,白书以戏之曰:"夫明足以寻极幽微,而不能去自然之性。颜子之量,孔父之所预在。然遇之不能无乐,丧之不能无哀。又常狭斯人,以为未能以情从理者也。而今乃知自然之不可革,足下之量,虽已定乎胸怀之内,然而隔逾旬朔,何其相思之多乎! 故知尼父之于颜子,可以无大过矣!"①

在这里,王弼提出了有关"以情从理"的问题,即多变的多样的感性(情)与普遍的恒常的理性(性)之间的关系问题。所谓的"以情从理"强调了普遍的理性对多变的感性所具有的支配地位,从不同的角度出发,这种支配地位又包含着不同的理解,既可以指多变的感性遵从于普

---

① (魏)王弼:《王弼集校释》,楼宇烈校释,中华书局1980年版,第640页。

遍的理性，以合乎普遍理性的形态存在，也可以指多变的感性屈从于普遍的理性，合乎普遍的理性就意味着多变感性的消灭。具体就王弼的性情思想而言，这里的普遍之理便指向了作为人类自我成就的普遍基础和内在根据的自然本性。王弼认为他曾经也犯下过这样的错误，即把"遇之不能无乐，丧之不能无哀"当作一种未能达到"以情从理"的人格形态，也就是把"以情从理"视作无情无欲。当然，这种对"以情从理"的理解最终为王弼所抛弃，王弼给荀融的信正是围绕着对这种错误观念的批判展开。王弼指出，他之所以能够明白"遇之不能无乐，丧之不能无哀"具有合理性，是因为理解了"不能去自然之性""自然之不可革"，哀乐之情的存在以人的自然之性作为其合法性依据。人类的自然本性内在于人自身，与人的自我成就过程相同一，人们哪怕至于理想的圣人境界——也就是这里所说的"明足以寻极幽微"——也无法与人的自然本性相分离，因为理想的人格典范正是以人的内在本性作为基础和根据。而人的内在本性作为人所具有的一种普遍的规定性，其自身并不是以一种"直接的"形态去外在地展现于世界，普遍的内在本性必须通过某种具体的形态去展现自身。在人现实的生存过程当中，自然之性便具体地表现为自然之情，或者说直接呈现于人们面前的自然之情就是人们的内在本性。既然情感构成了人类本性的固有品格，那么所谓的"以情从理"就是要求情感以合于本性的方式表达，而不是使情感归于消灭。对于人类的自我成就过程而言，无法与自身的本性相分离，那么自然也无法与情感相分离。这样在王弼看来，当孔子面对颜回时，能够做到"遇之不能无乐，丧之不能无哀"，这种随感而发的哀乐之情正是自然本性的真实流露，正是孔子至于圣人之境，与自然本性相合的最有力证明。

通过"圣人有情"王弼也进一步表明，每一个个体都无须排斥情感的表达。对于所有个体而言，在其生存过程当中情感的发生是必然的。事实上，正是在情感表达当中，个体的存在才得以彰显。人之"性"所指向的是人这一种类所共同具有的本质，对于所有人都是一样的。人之"情"则与个体的存在相关联，表现了个体所特有的存在方式。王弼对人之"情"的肯定表达了对个体存在的关注，在自身特有的情感表达当中，个体实现了自身所特有的个性。如果人的自然之"性"并不是具体地通过个体的自然之"情"展现出来，那就意味着在一种普遍的人性当中，个体的存在遭到忽视。人这一种类由无数的个人组成，个人与个人之间必然存在着共同的一致的规定性，即人之"性"。但是所有的个人拥有共同的本性并不意味着个人是相同的、可重复的，每一个个人都有各自不可替代的存在价值，都有自身特有的存在方式。情感的表达是多变的且多样的，而非一致的不变的，正是在情感的表达当中，而非普遍的人性当中，个人所特有的存在价值和存在方式才能得以展现。孔子面对颜回时，"遇之不能无乐，丧之不能无哀"，这种情感表达是由孔子与颜回两人之间特定的交往关系所决定的。两人之间这种关系的特殊性不能由他人取代，这种对对方的情感也是他人所不具备的，对颜回的情感使孔子自身特有的生存状态得以展现。可以说，通过"圣人有情"这一表述，王弼再次表达了对个体存在的关注。

通过肯定多样的情感在人类自我成就过程当中所具有的合理性，王弼进而探讨了人之"性"与人之"情"之间的关系。在这里，王弼是从人自身的角度注意到了人类自身生存过程所具有的具体性，人之"性"作为人的精神本体构成了人类一切知行活动的内在根据，却并非以一种抽象的形态存在，而必然以一种具体的形态展现，这里便特指人之"情"。情感作为人性所固有的内容，使普遍人性得到了现实的具体的直接的展现。王弼这封给荀融的信是为了回应荀融对其大衍义的诘难，上文已经提及，王弼的大衍义表现出了一种"崇本举末"的理论特质，王弼在这里通过性情之辨来回应对大衍义的诘难，事实上正因为他的性情观也展现出了这种"崇本举末"的理论特质。这种"崇本举末"表现在王弼既强调了精神本体作为普遍基础和内在根据所具有的地位和作用，也肯定了多变的多样的情感对于普遍的精神本体的具体展现所具有的意义。在有无之辨当中，本体之"无"通过具体之"有"得以展现，在性情之辨当中，普遍之"性"通过具体之"情"得以展现。

与王弼圣人有情思想相关联的是人类的自我成就，王弼在性情之辨当中肯定了理想的人格典范同样具有情感的品格，同时也对于何种形态的情感表达才是合乎理想人格的要求进行了说明。不同于部分士人强调情感欲望的肆意放纵，王弼并没有忽视情感表达所需要的正当性与合理性，人之"情"合理正当的表达的依据在于人之"性"。上文已经提及，王弼认为人之"情"有"正"与"邪"之分，圣人与凡人都具有情感的品格，但圣人不同于凡人在于圣人之"情"能够始终做到正当。在王弼看来，人之"情"是"正"还是"邪"在于情感表达是否能够合乎人的本性，也就是以自然原则作为情感表达正当与否的标准。① 为情感表达设定某种普遍的标准，一方面的确使情感的发生有了一种普遍的引导和约束；但从另一方面看，当这种普遍的标准被规定为自然原则时，其所突出的是人类自身情感的真诚性，进而所肯定的是人类在知行活动当中所具有的自愿性。自然原则所带来的并非外在的束缚，而是对主体自身真实意愿的尊重，它所反对的恰恰是情感的异化，批判对象世界对自我情感的束缚。在人类的生存过程当中，面对着各种不同的情境，人类情感的表达不应受制于任何外在的目的，而是源自于内心对所处情境的自然感发。人类的情感不应当也不可能以某种外在的不变的规则予以限定，情感对于人类存在所具有的意义正在于在情感的表达当中充满了多样的个性和自愿的品格。结合汉末魏晋之际社会当中大量存在的虚伪腐朽的现象，王弼提出自然之情的思想便显得格外有现实意义。

从自然的角度出发，对于王弼的圣人有情思想、何晏的圣人无情思想及道家的至人无情思想之间的异同，我们也可以得到更好的理解。老庄道家的确有着要求无情忘情的一面，但老庄的无情忘情与何晏的圣人无情还是存在差异的。从相同的一面看，何晏与老庄都要求无情，但是从理论倾向看，何晏所说的圣人无情更多的是从正面的角度出发，将理想的人格典范规定为情感的消灭，老庄更多的是从反面的角度出发，提出对人类异化情感的批判，要求人们的情感能够做到自然而发。② 老子未谈及"情"，他所批判的重点事实上所指向的是人类过度的欲望，如他所说的"五色令人目盲，五音令人耳聋，五味令人口爽，驰骋畋猎令人心发狂，难得之

---

① 在这里我们同样可以看到王弼本体思想一贯的理论特质，或者说理论上的不足，即一方面强调普遍原理对具体存在的统摄；另一方面却又认为有部分具体存在并不合乎普遍原理的要求，使得其所追求的普遍原理并不总是具有普遍的解释效力。这种理论特质体现在性情之辨中就是一方面强调情感的发生存在以人类普遍的自然本性为基础和依据；另一方面却又认为现实中存在着不合乎自然的情感。之所以产生此种理论上的不足是因为王弼既强调自然原则作为一种价值原则所具有的引导和规范作用，又肯定自然原则作为一种客观法则具有普遍的有效性，在理论上却还未能做到对价值原则（价值理想）和客观法则（客观现实）之间的统一，还只是停留在分而述之的阶段。

② 事实上，不论是老庄，还是孔孟，这四位儒道学说的开创人，在提出或是"有情"或是"无情"的观点的时候，其理论注重点都在于突出人类情感的真诚性，从情感层面反对各种虚伪，他们只是从不同的方向对这种思想上的追求进行了论证。或许这就是他们的思想能够长久保持活力，而少有后世思想理论那般教条的原因。

货令人行妨"①。在老子看来，这种欲望的张扬妨碍了人类纯朴的自然本性。庄子更是十分明确地对他所反对的"情"的内涵作出了澄清，《庄子·德充符》当中对庄子和惠子之间的一次对话记载：

> 惠子谓庄子曰："人故无情乎？"庄子曰："然。"惠子曰"人而无情，何以谓之人？"庄子曰："道与之貌，天与之形，恶得不谓之人？"惠子曰："既谓之人，恶得无情？"庄子曰："是非吾所谓情也。吾所谓情者，言人之不以好恶内伤其身，常因自然而不益生也。"惠子曰："不益生，何以有其身？"庄子曰："道与之貌，天与之形，无以好恶内伤其身。今子外乎子之神，劳乎自之精，倚树而吟，据槁枯而瞑。天选子之形，子以坚白鸣。"②

在这里，庄子的"无情"所反对的是"以好恶内伤其身"之"情"，所期望的是能够"常因自然而不益生"，可以说庄子肯定自然之"情"是庄子"无情"思想应有的逻辑推论。老庄所谓的无情忘情思想的理论归宿还在于情感的自然纯朴，从这个角度看，老庄的无情忘情思想与王弼的圣人有情思想在精神实质上确是相通的。当然，从理论的外在表现上看，毕竟老庄要求无情忘情，王弼肯定圣人有情，我们还是要注意到其中的差别。或者说，王弼的圣人有情思想正是在儒道两家的性情思想之间实现了沟通和协调，张岱年先生指出："儒家重情之发而中节，道家主无情，王弼之说是讲有情而不累于情，亦即是有情而无情。"③

同时，自然之情也是王弼肯定名教规范合理性的一个重要理论立脚点。就对人类知行活动的引导和约束而言，其中既有来自于内在人性根据的作用，也有来自于外在规范系统的作用。但是现实地看，人类规范系统对人类知行活动的影响并非纯粹地外在强加于人，人类的规范系统是在人类的知行活动当中被历史地创造的，并在形成之后又对人类的知行活动进行引导和约束。人类知行活动的起点在于人自身，这样在某种意义上就可

---

① 《老子·第十二章》。

② 《庄子·德充符》。

③ 张岱年：《中国哲学大纲》，江苏教育出版社2005年版，第427页。

以说，人类的规范系统是人类本性的一种外在表现形式，人类的内在本性通过自我的知行活动外化为人类的规范系统，人类规范系统的形成无法与人类的内在本性相分离。具体而言，人类规范系统的创造过程既需要理性思考的参与，也需要情感选择的参与。王弼对名教规范产生过程当中情感所起的作用进行了说明，在王弼看来，合理正当的名教规范应当以人们自然而发的情感为基础。在对《论语·泰伯》当中"兴于诗，立于礼，成于乐"一句的注解里，王弼说道：

> 言有为政之次序也。夫喜、惧、哀、乐，民之自然，应感而动，则发乎声歌。所以陈诗采谣，以知民志风。既见其风，则损益基焉。故因俗立制，以达其礼也。矫俗检刑，民心未化，故又感以乐声，以和神也。若不采民诗，则无以观风。风乖俗异，则礼无所立，礼若不设，则乐无所乐，乐非礼则功无所济。故三体相扶，而用有先后也。①

王弼认为，社会政治活动的开展有其必然的规律，其出发点便是人类的自然情感。在王弼看来，喜惧哀乐都是人类自然之情应感而动的产物，并进而展现于诗歌之中。当政者应当通过对诗歌的把握去了解人们的情感，了解人们的生活状况，了解社会的习俗风情，再以此为根据设立社会的礼教制度，去实现对社会的管理。社会的礼教制度建立以后，还应当辅以音乐艺术等手段，去实现对人们的教化。在这里，对人们具体的生活状况的把握，也就是对人们自然而发的情感的把握，构成了社会管理最终能够达到文明有序水平的现实基础。相反，假若当政者与人们的现实生活相分离，不去了解社会的习俗风情，也就是指不去体察人们内心真实的情感，那么社会的礼教制度便无法建立，社会的管理最终也将走向失败。通过人们现实的生活状况——即诗歌和民俗的连接——王弼建立起了社会的礼教制度与人们自然情感之间的联系，礼教以情感的自然表达为其实质内容，这样王弼所说的"名教本于自然"在理论上就具体落实为"名教本于自然之情"。

应该说对礼乐外在形式背后的人类真实情感的注重并非王弼的创见，

---

① （魏）王弼：《王弼集校释》，楼宇烈校释，中华书局1980年版，第640页。

孔子早已对此有所说明，王弼只是进一步从逻辑的角度展开了论证。在这里，王弼是注意到了普遍的外在的规范与个体的内在人性之间的关系问题，并从情感的角度切入进行了探讨。现实地看，无论是人性，还是社会的规范系统，都不是以一种既成的形态存在于这个世界当中，而是在人类的实践活动当中得到生成创造，并不断发展，同时在一定时期又具有相对的稳定性确定性。就规范系统的形成而言，离不开人类情感选择的参与，其中凝结着一定时期一定社会群体对待各种具体情境在情感态度上的普遍反应。规范系统形成后，在一定时期又成为一种相对独立的社会存在，并重新回归至人类知行活动的领域，对人类的知行活动展开引导和约束。从人类自我成就过程当中情感生成和发展的角度出发，无论是一个社会群体，还是单个的人，面对各种情境并非一开始就有着确定的合理的情感态度，这时规范系统便以自身特有的形式向个体或群体传递一种既成了的为人们普遍接受的情感态度，引导和约束情感的发展。① 从中我们可以看到，规范系统对人类自我成就过程的影响并不只是形式上的引导和制约，其中同样包含着实质内容的传递，也正因如此，才使得规范系统对人类自我成就过程的影响不是一种外在的强制。当然我们也需要看到，规范系统作为一种相对独立的社会存在，有着与人类真实情感相分离，与人和社会的发展相脱节的可能，容易走向异化，最终演化成对人类的外在强制。在这里，王弼对于人性和规范系统所具有的生成性并没有展开更多说明，但是对两者之间的互动已经有所接触了，并注意到了人类知行活动在其中所起的连接作用。

在王弼看来，自我成就的理想之境就是"圣人达自然之性，畅万物之情"。② 总体而言，在性情之辨这个问题上，王弼既从普遍之"性"出发，要求"性其情"，强调了人性在自我成就过程当中所具有的普遍基础和内在根据的作用，同时又不脱离具体之"情"，认为"圣人有情"，对个体多变多样的情感在自我成就过程当中所具有的地位予以了肯定，这正是他本体思想"崇本举末"的理论特质的一贯展现。对于"性"与

---

① 我们可以看到，不同时期、不同社会、不同群体的人们在面对同一情境时常常会有着不同的情感态度，如刑罚当中是否应当包含有死刑的问题，其中不仅仅包含有理性的判断，更包含着人们强烈的情感偏向，由此可知人类情感也有其历史性社会性，人们对待某一类问题的态度并不总是一致。

② （魏）王弼：《王弼集校释》，楼宇烈校释，中华书局1980年版，第77页。

"情"之间辩证关系的认识，王弼依旧有其不足之处。王弼性情思想的可贵之处在于从他一贯的"崇本举末"思想出发，要求以一种同举并重的态度展开"性"与"情"之间关系的考察，这为后世从理论上进一步促进两者的统一提供了理论上的资源。

第五章 崇本举末的理论体系
——言意之辨

王弼本体思想对语言的内涵和作用展开了探讨，这主要体现在他有关言意之辨的思想当中。在王弼这里，通过语言这种手段，所指向的不仅是对圣人之"意"的把握，还指向对本体之"无"的把握。在相关论述当中，王弼本体思想"崇本举末"的理论特质也得到了展现。王弼认为若要把握圣人之"意"或是本体之"无"，就要达到"忘象""忘言"或是"无名"，摆脱语言的束缚和限制，以通向超越的普遍之域。同时，王弼并非将语言完全否定抛弃，而是将对语言的超越建立在对语言的肯定的基础之上，强调了语言对于人类现实生存所具有的作用。语言在人类知行活动当中被历史地创造，是人类现实的存在形态。语言的存在无法与人类相分离，人类的存在同样无法与语言相分离。对于语言是否能把握圣人之"意"或是本体之"无"，从浅层上看涉及的是语言作为一种工具所具有的界限问题，从更实质的层面上看，是通过语言这种存在形态，围绕着人类现实生存所具有的具体性，以及人类要求超越经验追求普遍无限，展开了多方面的探讨。

第一节 尽意莫若象，尽象莫若言

在人们的日常生活当中，人们无时无刻地与语言发生接触，语言是人们认知与交流最基本的工具。对于语言内涵的探讨，更多在于追问人们是否可以通过语言来把握这个世界最本真的形态。语言并非是一种可以与人相分离的独立系统，对语言内涵的追问必须从人自身存在的角度进行切入。就语言最基础的功能而言在于指称实在，人类通过语言这套符号系统赋予对象物以确定的名称。从人类自身的生存过程进行考察，语言对某物的指称就意味着该物已经现实地进入人类的知行之域，成为人类知行活动的对象之物，而不再是本然之物。本然的世界对于人类而言并不具有任何现实的意义，也就意味着黑暗与混沌，人类知行活动的介入便是在这黑暗与混沌当中进行区分与确定，使其带上人的为我之维。语言对实在的指称过程便是这样一个区分与确定的过程，实在获得指称并不仅仅意味着实在与语言之间获得对应关系，更意味着实在对本然形态的超越，从此向人类敞开。正如杨国荣教授所指出的那样："名言在对存在做区分的同时，又不仅再现对象之间的联系，而且也将人与世界联系起来。"① 可以说与语言所及之域的扩展相伴随的是人类知行所及之域的扩展，是人类存在之域的扩展。语言将人类的知行活动指向世界和自我，使得世界和自我在语言这种形态当中成为人类的对象。然而对于通过语言能否达到对存在最彻底最真实的把握，还是只能实现对存在部分的有限的把握，哲人们却有着不同的理解。语言运用所及之域必然意味着人类知行活动所及之域，然而人类的存在之域是否以语言为界限，是否存有语言所不能及的人类存在之域，哲人们同样存有疑惑。

诸多将自身理论追求指向超越之境的哲人对语言的作用作了严格的限定，如老子。《老子》开篇便指出："道可道，非常道；名可名，非常名。"② 这里的"道可道"与"名可名"当中的第二个"道"与"名"便是我们所说的一般意义上的语言，老子认为语言只适用于经验世界，并不能触及恒常普遍之"道"。"道"是这个世界存在的终极根据，人类由"道"而来，最终也将复归于"道"，这复归于"道"的过程无法依赖语言去完成，与人类最本真的存在形态相对应的是对语言的超越。如果要了解老子要肯定什么追求什么，那就要先了解老子所要否定的是什么所要超越的是什么。对于语言在指称事物时所进行的区分和确定，老子是有明确认识的，老子指出："始制有名，名亦将有，夫亦将知止。"③ 在老子看来，对事物的命名就是用确定的语言对事物进行区别规定（制），使其成为一个现实的对象物（有），如同一些西方学者所比喻的那样，是对"未切割块体（uncarved block）"进行"分割"。④ 具体之"有"便是在对世

---

① 杨国荣：《存在之维——后形而上学时代的形上学》，人民出版社2005年版，第164页。
② 《老子·第一章》。
③ 《老子·第三十二章》。
④ 请参见［美］陈汉生《中国古代的语言和逻辑》，周云之、张清宇、崔清田等译，社会科学文献出版社1998年版，第77页。

界的划分和切割当中占据了一特定位置，本体之"道"无法进行命名正是因为"道"表现为一种混沌未分的形态。① 老子不仅认识到语言所具有的区分和确定的功能，还看到了语言具有指导和规范人类活动的功能。老子讲："圣人处无为之事，行不言之教。"② 这里我们可以推定存在着相对应的"有为之事""有言之教"，即以语言的区分和确定为基础所进行的一种有序规范的活动，具体而言便是指通过各种规章制度所展开的治理活动。美国学者陈汉生便指出："《老子》一书引证了命名、欲求和行为之间的一个强的因果联系。""道的口头用法的译文，简单地就是'说'。因此道反映了话语或语言的特征，它本质上是规范的，而且它'创造'事物。"③ 语言不仅通过指称命名从混沌之"道"当中分化出"有"，并通过对人类活动的指引实现对现实世界进一步的规范和"创造"。老子指出了语言的一些基础功能，也看到了语言如何对人类的知行活动产生影响，可是正如陈汉生所说的那样："道家并不怀疑我们有知识，但是道家怀疑这种知识的价值。"④ 在老子看来，人类建立在语言基础之上的活动，无论是指称实在还是规范行为，所指向的都是有限之域，通过语言所达到的区分和确定并不能视作对这个世界本真形态的把握。老子对这个世界本真形态的理解更多指向这个世界普遍的无限的整体的一面，而语言所进行的区分和确定恰恰是对存在整体的切割，这就意味着语言与本真存在形态的对立。老子认为语言的运用所涉及的只是这个世界特殊的具体的一面，对于语言是否可以对这个世界的共性统一性整体性进行把握，老子予以了否定。语言可以为我们带来现实的确定的知识，却无法为我们指引世界的本质。在老子这里，人类对形上之"道"的复归正是通过超越语言这种有限的存在形态来完成的。

与此相对，也有诸多哲人对通过语言把握这个世界最本真的存在形态

---

① 有物混成，先天地生，寂兮寥兮，独立不改，周行而不殆，可以为天下母。吾不知其名，字之曰道，强为之名曰大。(《老子·第二十五章》) 视之不见名曰夷，听之不闻名曰希，搏之不得名曰微。此三者不可致诘，故混而为一。其上不皦，其下不昧，绳绳不可名，复归于无物，是谓无状之状，无物之象。是谓惚恍。(《老子·第十四章》)

② 《老子·第二章》。

③ [美]陈汉生：《中国古代的语言和逻辑》，周云之、张清宇、崔清田等译，社会科学文献出版社1998年版，第74、84页。

④ 同上书，第82页。

予以了肯定，如荀子。从语言所具有的指称功能出发，荀子肯定了语言与现实世界有相对应的关系。在荀子这里，与语言相对应的现实世界首先指向的是日常的经验世界，也就是我们通常所说的形下之域。荀子指出："故王者之制名，名定而实辨。""故知者为之分别，制名以指实。"① 在人们的知行活动当中，人们正是可以通过语言的作用，实现对现实世界的区分辨别，这种区分辨别进而使得社会治理当中的各种规范制度得以可能。这便是荀子"制名以指实"的思想，但是荀子并没有将语言所具有的指称现实世界的功能限定在对这个世界的区分和辨别，"制名"同样可以指向这个世界的共性方面。在荀子看来，名不仅可以辨"异"，也可以辨"同"，这个世界最为普遍之"同"一样可以通过名得到把握，荀子指出："故万物虽众，有时而欲遍举之，故谓之物。物也者，大共名也。推而共之，共则有共，至于无共然后止。"② 这里所谓的"至于无共"的"大共名"就是指适用于这个世界整体的普遍之"道"，就对于一切具体存在的统摄而言，它所具有的效力是与老子所说的"道"是一样的，只是荀子认为可以赋予它"大共名"，而不必强为之名。正如荀子自己所说的那样："辨说也者，不异实名以喻动静之道。"③ 通过语言的辨说，在名称与实在的相合当中，可以实现对世界变化原理的把握。荀子虽然没有像老子那样设定了一个作为形上本体的"道"，但这里所谓的动静之道与荀子所理解的这个世界的本质规律相关联，在荀子看来，通过语言的途径实现对这个世界的普遍之"道"的认识是完全可行的。

在西方哲学当中，如海德格尔也肯定语言有着指示这个世界存在的本真形态的作用。海德格尔在关于语言本质的探讨中指出："在语言上取得一种经验这回事却大相径庭于人们去获得关于语言的知识，……我们在语言上取得的经验就将使我们接触到我们的此在的最内在构造。"④ 在海德格尔看来，语言所指向的是现实世界，语言与物的存在相对应，人们通过在语言上所取得的经验"进入词与物的关系之中"，"词语这种关系总是在自身中扣留着物，从而使得物'是'（ist）一物。""只有在合适的词语

---

① 《荀子·正名》。
② 同上。
③ 同上。
④ ［德］海德格尔：《在通向语言的途中》，孙周兴译，商务印书馆2004年版，第147、146页。

从而就是主管的词语命名某物为存在着的某物,并且因而把当下存在者确立为这样一个存在者的地方,某物才存在(ist)。"① 语言对物的存在不可或缺,是语言使物获得了存在,一个地方假如语言缺失,那么也就无物存在。海德格尔并认为,语言甚至可以将人置于某种"指令"之中,招呼着人,使人创造新物。通过语言,物才得以向人显现,人也才得以进入物的存在之域,是语言将这样一种关系赋予人与物。因此,海德格尔认为:"任何存在者的存在寓居于词语之中,……语言是存在之家。"② 通过语言,人们可以使存在的本真形态向人显现。

在这里我们可以看到,与其说荀子与海德格尔肯定语言可以把握形上之域,还不如说他们根本就反对将一种超验的、超越我们语言范围的、超越我们理解能力的形上之域设定为这个世界的本质。语言是人类所具备的确保我们知行活动开展的一种现实能力,与语言相关联的是我们具体地生存于其中的这一个世界。肯定语言可以把握形上之域,事实上就是肯定我们可以从我们具体地生存于其中的这一个世界获得这一个世界的普遍之"道",也就是肯定我们具体的生存过程就是这一个世界最本真的存在形态。老子强调"道"的"无名",所反映的是一种相反的致思进路,即要求摆脱日常庸见和有形事物的束缚,寻求生命的超越。那么以此种角度观察,王弼关于语言的探讨又具有何种特色呢?

历史地看,王弼关于言意之辨的思想是为应对时代的理论课题而产生。在魏晋之际,与言意之辨相关联的理论问题主要有两个。其一是关于人物品评的问题,欧阳建在其《言尽意论》一文中记载:

> 世之论者,以为言不尽意,由来尚矣,至乎通才达识,咸以为然。若夫蒋公论眸子,钟傅言才性,莫不引此以为谈证。③

这里所谓的"言不尽意"是指在对人物的品鉴当中,认为无法通过语言达到对人物内在品性的把握。其二是关于对历代经典的理解问题,两汉注经活动的结果是留下了浩瀚的经文注释,过于烦琐的注释压抑了思想

---

① [德]海德格尔:《在通向语言的途中》,孙周兴译,商务印书馆2004年版,第159、154页。

② 同上书,第154页。

③ 引自(唐)欧阳询《艺文类聚》,汪绍楹校,上海古籍出版社1999年版,第348页。

的生命，这便引发了人们关于经文能否穷尽圣人思想的讨论。如荀粲认为六经不过是圣人之糟粕，并未论及性与天道，荀粲指出：

> 盖理之微者，非物象之所举也。今称立象以尽意，此非通于象外者也，系辞焉以尽言，此非言乎系表者也；斯则象外之意，系表之言，固蕴而不出矣。①

在荀粲看来，经文所阐发的只是圣人一些浅层的思想，却无法涵盖"象外之意""系表之言"。从总体上看，无论是对人物的品评，还是对经典的理解，魏晋之际的士人们对于语言文字能否通向对人的内在品性、天道和圣人之"意"的正确把握表现出了强烈的怀疑。②

从当时的社会现实来看，儒家的经典著作和人才的选拔活动虽然一再受到批判，但的确构成了现实社会运转的必要基础，彻底地否定语言在其中所起的作用并不符合社会的需要，但摆脱旧有的束缚同样迫在眉睫。王弼并没有简单地停留在"言尽意"或"言不尽意"，而是以其本体思想为基础，结合儒道两家相关的言意思想，对言意关系进行了全新的发挥。就王弼的本体思想而言，一方面表现出了对本体之"无"的超越追求，王弼将"无"视作这个世界存在的根据，人类的知与行不能简单地停留在有形世界，而是需要具备一种普遍性的视域，这反映在王弼的言意思想里，便是王弼认为人类在通向普遍之"无"通向认识对象的过程当中，要突破语言的限制，不能受语言的束缚，语言仅仅作为一种把握真理的工具而存在，不能将语言就看作这个世界的真理本身。另一方面，王弼在追求本体之"无"的同时，并没有否定具体之"有"的地位和作用，本体之"无"并非与具体之"有"相隔绝，而是通过具体之"有"来展现自身，人们对本体之"无"的追求不能与人类具体的生存过程相分离，这反映在王弼的言意思想当中便是对语言在人类现实生存过程当中所具有的作用予以了充分肯定。人类本真的存在形态正在于其生存过程的具体性，在人类具体的知行活动当中，普遍性

---

① （晋）陈寿：《三国志·魏书》，（宋）裴松之注，中华书局1959年版，第319—320页。
② 对这个时期人物品评活动和经典注解活动当中有关言意问题的研究，可以参考王晓毅《王弼评传》，南京大学出版社1996年版，第212—216页；王葆玹《正始玄学》，齐鲁书社1987年版，第321—356页。

共性和特殊性个性之间具体的统一得以向人类现实地展现。王弼通过对语言的分析，恰当地指出了语言所具有的"分"和"定"的作用，人类具体的知行活动的开展正有赖于语言的此种功能。在人类对语言的使用当中，人类生存过程的具体性得以展现。

王弼关于语言内涵的论述主要出现在他的《老子指略》和《周易略例》当中，在《老子指略》里王弼探讨了语言与普遍之"道"之间的关系，在《周易略例》里王弼探讨了语言与圣人之"意"之间的关系。在这里，语言所指向的对象似乎有所不同，但我们依然可以将其看作一个问题进行考察。在中国古代哲学当中，圣人不仅仅是理想的道德典范，更是绝对真理的把握者。所谓圣人之"意"指的就是圣人所达到的关于这个世界终极真理的思想，当然也包括普遍之"道"在内，荀粲所说的"言不及意"便是指通过经典当中的文字无法达到对圣人关于性与天道思想的把握。所以这里语言所指向的普遍之"道"和圣人之"意"可以视作一个对象，都可以视作是对这个世界本真存在形态的一种表述。

对于语言的作用和地位，王弼首先指出了语言所具有的局限性。王弼对语言的理解受到了老子的影响，老子认为语言具有局限性，无法把握无限的"道"。王弼同样认为"名"只能指向特定的对象，无法直接指向普遍之"无"。对此，王弼指出：

> 名之不能当，称之不能既。名必有所分，称必有所由。有分则有不兼，有由则有不尽；不兼则大殊其真，不尽则不可以名，此可演而明也。
>
> 随其所鉴而正名焉，顺其所好而执意焉。①

就"名"与"称"自身而言，其所具有的"有所分"与"有所由"的特性，造成了"有不兼"与"有不尽"的局限。就运用语言的主体而言，在运用语言的过程中也存在着"随其所鉴"与"随其所好"的问题。王弼在这里认为，如果"名"或"称"只能说明"分"，不能说明"全"，那最终将偏离这个世界的"真"。因为语言具有此种弊端，所以人们不能通过"名"或"称"直接去描述本体之"无"。在这里，王弼对

---

① （魏）王弼：《王弼集校释》，楼宇烈校释，中华书局1980年版，第196、196—197页。

语言的作用给与了否定性的评价,也正确地指出了语言本身所受到的限制。

显然,王弼这里所说的"名"是指"专名""私名"。现实地看,就"名"的种类而言,"名"不仅有"专名""私名",也有"共名""总名"。王弼对"名"的认识仅仅停留在"专名""私名"之上,并不能完全展现"名"所具有的作用。"名"不仅可以用来描述特定的对象,也可以用来描述世界整体,只是两者之间有着不同特色。"专名""私名"所指向的是特定对象的特定方面,而"共名""总名"所指向的是对象的共性、统一性和整体性。对象不仅向人敞开自身特定的方面,也向人敞开自身所具有的统一性和整体性。"名"不仅具有"分"的能力,也具有"合"的能力。"共名""总名"正是在"专名""私名"的基础上,对对象的进一步的总结和概括,是对象向人的进一步敞开。正如杨国荣教授所指出的那样:"形上之域与形下之域并不呈现为名言之域与超名言之域的对峙关系,对形上之域或道的澄明,也非疏离对形下之域或'用'的言说。"① 事实上,"专名""私名"所描述的正是"共名""总名"的一个具体的特定的方面,通过"专名""私名"的把握,人们可以进一步实现对对象的"合",通向对"共名""总名"的把握。王弼曾指出,本体之"无"通过具体之"有"展现自身,通过具体之"用"展现自身,人们可以通过具体之"有"和具体之"用"来把握本体之"无"。但是单单就对"名"的界说而言,王弼并没有指出人类可以通过对"专名""私名"的把握,进一步实现对"共名""总名"的把握。在下文的论述当中,王弼固然在一定程度上肯定了语言在认识对象当中所具有的作用,但并没有指出"名"所具有的"合"的能力。

如上所述,王弼更多地突出了"专名""私名"所具有的"分"的作用,而没有注意到"共名""总名"所具有的"合"的作用。不过,正是从"名"所具有的"分"的作用出发,从语言的有限性出发,王弼进而肯定了语言是人类生存过程当中所具有的一种具体的存在形态,语言是人类知行活动开展的现实基础,语言的缺失将导致无法开展相应的知行活动。对此,王弼指出:

---

① 杨国荣:《存在之维——后形而上学时代的形上学》,人民出版社 2005 年版,第 163 页。

> 夫不能辩名，则不可与言理；不能定名，则不可与论实也。①

就语言的功用而言，王弼在这里不仅指出了语言作为理论思考和人际交流的工具，因此对于人类不可或缺，而且从更一般的角度指出了语言作为人类的存在方式对于人类的重要性。人类的现实存在展现为一个具体的生存过程，人类的知行活动所指向的是具体的对象，人类对普遍性的把握必须通过具体存在的个体才能实现。因此，人类必须具备一定的手段去指向具体的对象以使得自身的知行活动得到现实的开展。在王弼看来，语言便是人类实现与对象世界沟通的众多工具当中的一种。王弼在这段说明当中所透露出的语言所具有的几种特性是语言具有此种功用的原因，其一，语言具有"定"的作用。事物之所以成为一个对象进入人的知行之域正在于该物不再处于一种混沌不分的状态，有着自身相对确定的稳定的形态，与他物相区别。语言对事物的指称和命名，正实现了对事物的区分和确定，使事物作为确定的对象物向人敞开。其二，语言所指向的对象具有"实"的品格。"定名"活动所要区分和确定的对象，无论是物质世界，还是精神世界，都与现实世界相涉，或是现实存在，或是具有现实的可能性，而不可能是纯粹的不存在。同时，指向现实世界也使得语言自身带上了"实"的品格。王弼指出："名号不虚生，称谓不虚出。"② 从语言的产生切入，王弼认为"名"与"称"的产生和存在并非空洞没有根据，而是有着现实的基础。其三，语言与实在之间具有相互对应的关系。语言与实在之间的对应关系并非是一种先天必然的关系，但是通过"定名"的活动，使得语言与实在之间建立起现实的联系。王弼认为："凡名生于形，未有形生于名者也。故有此名必有此形，有此形必有其分。"③ 在对实在的指称当中，语言所依据的是事物的特定之"形"，进而设定特定之"名"。这种对应关系所具有的相对的确定性稳定性，使得"论实"活动的开展有了可能。

在人类现实的生存过程当中，人们通过语言这种形式使自身的知行活动得以开展。同时王弼在一定程度上注意到，语言并非是一套自身完全独

---

① （魏）王弼：《王弼集校释》，楼宇烈校释，中华书局1980年版，第199页。

② 同上书，第198页。

③ 同上书，第199页。

立的系统，语言的存在依赖于人的存在，语言存在于为我之域。语言所具有的意义源自于人，源自于人在知行活动过程当中的创造。离开人的知行活动，语言将失去其应有的内涵。对此，王弼指出：

> 名也者，定彼者也；称也者，从谓者也。名生乎彼，称出乎我。名号生乎形状，称谓出乎涉求。①

在这里王弼区分了"名"和"称"。在王弼看来，"名"由对象本身内在的规定性所决定，"称"则根据主体的需要由主体设定。通过这种区分，王弼强调了"名"所具有的客观必然性，以及与对象的存在之间的不可分性，"称"的设定则具有一种主观性，随着主观的意愿和视角的变动而变动。王弼这里对"名"的考察注意到了语言对实在的指称和命名的客观基础问题，却夸大了语言与实在之间的这种联系。语言对实在的指称并非是任意创设，而是以实在的客观性质为基础，但是将"名"视作由对象所"定"所"生"，显然是把对象的客观性质在"名"的创设当中所起的作用唯一化了。这里有益的理论启示在于对"称"的考察，王弼对"称"的分析注意到了语言所具有的为我的品格。当事物进入人类的知行之域，由自在之物转化为为我之物，进而向人敞开时，人们对该物并非全盘地接受，而是基于自身特定的意愿和视角，有着特定的指向。对象物只有经过主体的分别和选择，才能现实地进入到主体的存在之域。人们根据自身的需要，通过语言这种形式，切入对象的存在之域，实现对对象的把握。在对对象的"称"当中，既包含着对象的敞开，也包含着主体的选择。正如杨国荣教授所指出的那样："作为澄明、显示形上之道的形式，名言既以必然为根据，又隐含着当然：喻道的过程，往往渗入了人对存在的规定。"② 这里所说的"当然"就是指以语言的形式所表达的人们的目的和意愿。人类在以语言这种形式切入对对象的把握时，这种当然的观念使得人们对对象的规定，不仅有着认识上的对对象现存属性的分别和选择，也有着行动上变革对象的预期，也就是"创造新物"的预期。海德格尔在探讨词语的存在和物的存在之间的对应关系时，曾指出有着这

---

① （魏）王弼：《王弼集校释》，楼宇烈校释，中华书局1980年版，第197、198页。
② 杨国荣：《存在之维——后形而上学时代的形上学》，人民出版社2005年版，第161页。

样一种对应形式，即词语可以将人置于一种指令，去挑起人的急迫，召唤着人去行动，去创造新物。① 海德格尔这里所说的指令便是一种当然的观念，这种当然的观念就蕴含在词语的存在和物的存在的对应当中。这样我们就可以看到，语言指向对象物时离不开人对对象物的选择和规定，人类的存在事实上构成了语言的存在的本体论前提。

从以上分析我们可以看到，人们在"指实"的活动当中，对对象的"称"包含了主体的"涉求"，使得"称"包含着特殊性的品格。其实在王弼看来，哪怕是以对象自身内在属性为根据，进而向人呈现的"名"，同样是"名必有所分"②，"名"仅仅是对象的特定方面向人的展现。总体而言，王弼对语言内涵的考察还是着重说明了语言所蕴含的指向特殊性的品格。就语言自身而言，语言具有"分"和"定"的作用；就语言所要把握的对象而言，语言所要把握的是特定事物的特定方面，需要对对象进行区分和确定；就运用语言的主体而言，人类在运用语言的过程当中掺入了自身的意愿与视角，运用语言的活动以人类具体的知行活动为基础；就语言运用活动的最终结果而言，是人类通过语言的运用，实现特定的语言内容与现实世界的特定方面之间的对应。这样就意味着主体、语言与对象三者之间所建立起的联系是一种现实的具体的联系，事实上，正因为三者各自所具有的具体性品格才使得三者之间的统一有了可能。

正是基于对语言功能的此种评价，王弼一再地肯定了语言在认识活动当中所具有的作用。对于语言的作用，王弼指出：

> 校实定名，以观绝圣，可无惑矣。③

对于这句话的含义，楼宇烈教授认为："如果从圣智之名的实际情况来考核一番的话，那末'绝圣弃智'的论断，是无可怀疑的了。"④ 王弼在这里的本意在于证明"绝圣弃智"的合理性，但恰恰从侧面说明了"校实定名"作为论证工具的有效性。所谓的"校实定名"就是指"正

---

① 参见［德］海德格尔《在通向语言的途中》，孙周兴译，商务印书馆 2004 年版，第 153—154 页。
② （魏）王弼：《王弼集校释》，楼宇烈校释，中华书局 1980 年版，第 196 页。
③ 同上书，第 199 页。
④ 同上书，第 209—210 页。

名",即考察"名"与"实"之间是否达到一致。这种考察之所以具有有效性,其理论前提正在于特定之"名"与特定事物的特定方面之间能够达到相互的对应,这种对应具有相对的确定性稳定性。这说明语言在一定的条件之下,其所包含的意义是确定的,人们可以通过语言去实现对对象的把握。从更深一层的理论前提而言,"名"与"实"之间之所以能够实现具体的对应是以"名"自身的特殊性及它所指向的对象的特殊性为基础的。只有"名"与"实"都是一种具体的存在,才能在两者之间建立起等价的联系。王弼在这里所强调的正是存在的具体性,区分和确定正是建立在存在的具体性之上。王弼的这种肯定还体现在他对《周易》卦名的分析当中,王弼指出:

> 寻名以观其吉凶,举时以观其动静,则一体之变,由斯见矣。①

这也就是荀子所说的"名定而实辨"②。在王弼看来,通过各卦之"名"的考察,就可以判断该卦所要指示的吉凶之"实"。在这里,王弼更明确地指出了特定的卦之"名"必定对应于特定的卦之"实",只有卦之"名"与卦之"实"之间互不错乱,通过卦之"名"认识卦之"实"才有可能。在一种严格的限制当中,王弼肯定了语言在人类知行过程当中所具有的意义。人类的知行活动是一个具体展开的过程,所指向的是特定的对象,而名实之间的对应关系是一种具体的对应关系,这种对应关系的具体性是人类知行活动得以现实开展的基础。假如名实之间的这种对应关系仅仅以无限性为其内涵,或者这种对应关系是变动不居的,那么人类的知行活动便无法通过语言这种形式去开展。

如果说王弼对语言作用的以上肯定还仅限于语言与实在的具体统一,那么王弼对语言能否把握圣人之"意"的考察则指向了语言与普遍原理之间的关系问题。所谓的圣人之"意"是指圣人有关性与天道的思想,但是其所指向的并不仅仅限于观念形态的思想和理论,其最终所指向的还是现实的世界,即圣人前此对于这个世界存在的终极根据和普遍基础的认识和把握。在这里并不需要对圣人如何实现对这个世界存在的终极根据和

---

① (魏)王弼:《王弼集校释》,楼宇烈校释,中华书局1980年版,第604页。
② 《荀子·正名》。

普遍基础的把握进行阐明，圣人之"意"与真理已然画上等号，问题的关键在于人们是否可以通过语言实现对圣人之"意"的把握，以最终再现圣人对这个世界存在的终极根据和普遍基础的认识和把握。因此，圣人之"意"总是以普遍性无限性为其内在的规定性，语言能否把握圣人之"意"的问题也转化为语言能否指向普遍之域的问题。从前面的分析我们可以看到，王弼对"名"的分析更多地突出了"专名""私名"所具有的"分"的作用，而没有注意到"共名""总名"所具有的"合"的作用。王弼认为语言具有"分"和"定"的品格，语言本身并不具有普遍性，因此人们无法直接用语言用"名"去表述本体之"无"。也正是从语言的这种有限性出发，王弼肯定了在人类具体的知行活动当中，可以实现主体、语言与对象三者之间具体的统一。从历史上看，哲人们对在知行活动当中实现主体、语言与对象三者之间具体的统一还是有着较多的肯定。然而也因为语言的此种有限性，哲人们对于语言能否把握普遍之"道"有更多的争论。如老子对语言能否把握普遍之"道"表示了怀疑，认为"道可道，非常道；名可名，非常名"。① 与此相对，有些哲人肯定了语言具有指向普遍之"道"的功能，如荀子认为"辨说也者，不异实名以喻动静之道"。② 不同于前人，王弼固然强调了语言所具有的局限性，认为无法通过有限之"名"直接描述本体之"无"，但是通过"象"的中介，对有限之语言与普遍之"道"之间的沟通，王弼作了更多理论上的尝试。

王弼对语言具有把握普遍之"道"的功能的肯定是通过引入"象"的思想来完成的，王弼试图通过"象"建立起"言"与"意"之间的沟通。这直接继承于《周易》当中的相关理论，对于"言""象""意"三者之间的关系，《周易·系辞》曾说：

> 子曰：书不尽言，言不尽意。然则圣人之意，其不可见乎？子曰：圣人立象以尽意，设卦以尽情伪。系辞焉，以尽其言。变而通之以尽利，鼓之舞之以尽神。③

---

① 《老子·第一章》。
② 《荀子·正名》。
③ 《周易·系辞》，(魏)王弼《王弼集校释》，楼宇烈校释，中华书局1980年版，第554页。

从这段描述看，孔子是持"言不尽意"的观点，然而孔子又认为，为了弥补"言"的不足，圣人通过"象"的辅助，以实现自己思想的澄明。在这里，孔子肯定了圣人可以通过"象"实现"意"的表达，卦之"象"又可以使用语言进行描述。对于"言""象""意"三者之间的关系，王弼展开了进一步的探讨，认为三者之间有着层层递进的关系。对此，王弼指出：

> 夫象者，出意者也。言者，明象者也。尽意莫若象，尽象莫若言。言生于象，故可寻言以观象；象生于意，故可寻象以观意。意以象尽，象以言著。①

在这里，王弼对卦意、卦象和卦辞三者之间的生成顺序进行了说明。王弼认为，卦象是《周易》作者为表达卦意所依托的工具，卦辞是《周易》作者为表达卦象所依托的工具。在王弼看来，澄明卦意的内涵没有比卦象更好的工具了，澄明卦象的内涵没有比卦辞更好的工具了。所以人们应该通过卦辞去实现对卦象的把握，通过卦象去实现对卦意的把握。这种目标之所以能够实现，其原因正在于卦辞的创生是以卦象为根据，卦象的创生是以卦意为根据。② 这样，王弼指出了"意""象""言"三者之间层层递进的创生关系，认为通过语言可以实现对圣人之"意"的把握。

事实上，王弼这里的论证方法与对"名"与"实"之间关系的说明是相一致的，即"名"的设立以"实"为基础。语言纵使具有各种局限性，其创生纵然夹杂了主体特定的视角，但语言终究不是无本之木无源之水，其创生并非毫无根据，不受约束，而是有客观的确定的基础。就这里代表卦辞的"言"而言，虽然中间经过了"象"的中介，但从终极的源泉来看，其创生的基础在于圣人之"意"。卦辞中的语言并不等同于圣人之"意"，但因为其创生的根据在于圣人之"意"，所以其中包含着圣人之"意"的信息，因此通过语言可以使圣人之"意"向人敞开。如前所

---

① （魏）王弼：《王弼集校释》，楼宇烈校释，中华书局1980年版，第609页。
② 在这里，我们必须区分清楚，王弼所说的卦象生于卦意，卦辞生于卦象，并不意味着卦象与卦辞的创生是一种主观任意的创造活动。如前所说，所谓圣人之"意"是指圣人前此对世界本质的把握，而非指圣人的情感意愿。因此，卦象与卦辞的创生依旧是以现实世界为基础，"名"或"言"在创生当中无法与客观之"实"相分离。

说，圣人之"意"总是以普遍性无限性为其内涵，语言则具有特殊性的品格，在面对作为整体出现的对象时，语言正是通过不同侧面的整合使对象得以全面展现。韩国学者尹锡珉认为："王弼也肯定了言不尽意论。虽然言不尽意，但无论任何方法，都要用它来尽意，这就是作为注释家的王弼的使命和责任。因此，注《老子》时，用辩名析理的方法来解释自然无为之道，又用道、玄、深、大、微、远之言表达'无'的含义。"① 的确，王弼虽然一再强调本体之"无"的"无名"，但又肯定语言可以通过不同的角度实现对本体之"无"的描述，如：

> 夫"道"也者，取乎万物之所由也；"玄"也者，取乎幽冥之所出也；"深"也者，取乎探赜而不可究也；"大"也者，取乎弥纶而不可极也；"远"也者，取乎绵邈而不可及也；"微"也者，取乎幽微而不可睹也。然则"道"、"玄"、"深"、"大"、"微"、"远"之言，各有其义，未尽其极者也。②

"道""玄""深""大""微""远"虽然不能使本体之"无"得到彻底的澄明，但都是对本体之"无"的一种描述。通过这些方面，我们可以实现对本体之"无"一定程度上的把握。当然，在这里我们也可以看到，王弼又讲"意以象尽""象以言著"，所谓"尽"和"著"似乎在"象"和"意"、"言"和"象"之间画上了等号，意味着语言能够完全实现对圣人之"意"的澄明，而不仅仅是局部的描述。可以说这是由于王弼对语言内涵的认识还不完善所造成的，或者说王弼在理论上最终还没有解决无限与有限之间的关系问题。王弼在这里是注意到了语言的现实基础问题，认为语言的产生有其确定的根据，反对以语言所具有的相对性而否定语言的确定性。哪怕是以普遍性无限性为内涵的对象，有限的语言同样可以对其进行说明和把握。

王弼在对语言的以上分析当中，强调了语言所具有的"分"和"定"的功用，认为运用语言的活动既受对象客观属性的制约，又受主体特定意愿和视角的影响，这使得语言成为一种具体的存在，又使得语言的运用不

---

① ［韩］尹锡珉：《王弼易学解经体例探源》，巴蜀书社2006年版，第203页。
② （魏）王弼：《王弼集校释》，楼宇烈校释，中华书局1980年版，第196页。

可避免有其自身的局限性。但是王弼并没有因此要求抛弃语言，而是一定程度上肯定了语言对于人类现实存在的重要性。人类需要语言展开思维和交流，对对象进行区分确定，甚至通向对形上本体的把握，人类现实的知行活动离不开语言这种工具。在这里，与其说王弼是强调了语言的重要性，还不如说是强调了人类现实的具体生存过程的重要性；与其说王弼是肯定了人类可以通过语言达到对形上本体的把握，还不如说是肯定了人类可以通过自身现实的具体生存过程达到对存在本真形态的把握，也就是他本体思想当中所说的通过具体之"有"实现对本体之"无"的把握。

第二节 得象忘言，得意忘象

王弼强调了语言对于人类现实存在的重要性，然而从王弼本体思想整个的理论体系来看，王弼对语言的地位和作用的肯定依旧还是有其限度的。在维特根斯坦那里，我们可以看到，维特根斯坦认为："世界是我的世界这个事实，表现于此：语言（我所理解的唯一的语言）的界限，意味着我的世界的界限。"① 在这里，维特根斯坦将人类的存在之域限定于语言之域，语言构成了人类存在的本真形态，但语言这种存在形式也构成了人类一切知行活动都无法超越的限制。在王弼那里，我们可以看到一种相异的理论进路，即他的"得象而忘言，得意而忘象"② 的思想。王弼肯定语言能够把握对象把握世界，但是在王弼看来，语言具有此种能力仅仅意味着语言是一种把握对象世界的工具，而非对象世界本身，对对象世界的把握最终建立在对语言的超越之上，而非停留于语言之中，这就意味着要超越语言的界限。假如人类的存在以语言为界限，执著于语言这种存在形式，不但不能实现对存在本真形态的把握，反而会导致存在本身对人的遮蔽。王弼对语言的此种定位与其本体思想当中对有无关系的设定是相一致的，即王弼认为普遍之"无"展现于具体之"有"当中，人们通过具体之"有"去实现对普遍之"无"的把握，但是普遍之"无"并不等同于具体之"有"，通过具体之"有"去达到对普遍之"无"的把握也意味着对具体之"有"的超越。王弼反对将具体存在直接视作形上本体，

---

① ［奥］维特根斯坦：《逻辑哲学论》，郭英译，商务印书馆1985年版，第79页。
② （魏）王弼：《王弼集校释》，楼宇烈校释，中华书局1980年版，第609页。

这反映在其言意思想当中就是反对赋予语言以本体论的地位。

如果说王弼本体思想的产生源自于对老子思想的继承与发展，那么王弼的言意思想更多的是源自于对庄子言意思想的借鉴和发挥。在言意之辨当中，庄子首先指出了"语之所贵者，意也"。①认为语言运用活动的目的在于"意"的把握。在庄子看来，语言的意义来自于"意"的赋予，语言只是把握"意"的一种形式化工具。庄子肯定了语言作为把握"意"的工具的地位，然而对于语言把握"意"的能力却作出了限制。庄子认为："意有所随，意之所随者，不可言传也。"②这里所谓的"意之所随者"指的是"意"的内在涵义，所指向的是现实世界的事实和规律。在庄子看来，语言以把握"意"为其内在的目的，但最终却不能实现对"意"的内在涵义的完整把握，"言"与"意"之间存在着一定的距离。语言具有这种局限性与语言仅仅作为一种形式化工具是相关联的，因此为了实现对"意"的内在涵义的完整把握，必须要超越语言这种工具。庄子对"言"与"意"之间关系的此种理解集中地体现在他的"筌鱼"和"蹄兔"的比喻当中，庄子指出：

> 筌者所以在鱼，得鱼而忘筌；蹄者所以在兔，得兔而忘蹄；言者所以在意，得意而忘言。吾安得夫忘言之人而与之言哉！③

在这里，庄子将"言"与"意"之间的关系类比作"筌"和"鱼"以及"蹄"和"兔"之间的关系。通过这种对比，鲜明地指出了"意""鱼""兔"相对于"言""筌""蹄"所具有的目的性，"言""筌""蹄"相对于"意""鱼""兔"所具有的工具性。这样，外在的工具在面对其内在的目的时被"忘"成为其题中应有之意，将工具视作目的会造成目的本身的遗忘。所以，对于"言"与"意"之间的关系，庄子最终提出了"得意忘言"的观点。

显然，王弼"得象而忘言，得意而忘象"的思想直接受到了庄子"得意忘言"思想的影响，所不同的是他在其中引入了"象"的观念。正是通过"筌鱼"和"蹄兔"的比喻，王弼进一步突出了"象"和"言"

---

① 《庄子·天道》。
② 同上。
③ 《庄子·外物》。

作为形式化工具的局限性。对此，王弼指出：

> 故言者所以明象，得象而忘言；象者，所以存意，得意而忘象。犹蹄者所以在兔，得兔而忘蹄；筌者所以在鱼，得鱼而忘筌也。然则，言者，象之蹄也；象者，意之筌也。是故，存言者，非得象者也；存象者，非得意者也。象生于意而存象焉，则所存者乃非其象也；言生于象而存言焉，则所存者非其言也。然者，忘象者，乃得意者也；忘言者，乃得象者也。得意在忘象，得象在忘言。故立象以尽意，而象可忘也；重画以尽情，而画可忘也。①

在这里，所谓的"象生于意而存象焉，则所存者乃非其象也；言生于象而存言焉，则所存者非其言也"。否认了"象"与"言"作为一种附属于目的的工具，其自身具有任何内在的意义，其存在的意义在于对目的的依附。同时，当"意"与"象"作为目的出现，面对作为工具出现的"象"和"言"时，所展现出的是一种普遍的必然的内容。而当"象"和"言"作为工具出现，面对作为目的出现的"意"和"象"时，所展现出的只是一种暂时的偶然的形式。通过这种对比，"言""象""意"三者之间重要性的差别得以彰显，对三者应当如何选择也相应得以指明。作为工具的"言"和"象"有其存在的意义，但只是被视作一种附属的偶然的工具而存在，因此在通向作为目的的"象"和"意"时，作为工具的"言"和"象"需要被超越性地遗忘。因为执著于工具而忽视目的，不仅使目的本身被遮蔽，也使得工具失去其应有的存在意义。这样，王弼在"言"与"象"之间以及"象"与"意"之间突出了作为目的的"象"及"意"所具有的主导地位。

不过，我们同时需要注意到王弼所说的"忘"是指超越性的遗忘，而不是抛弃性的遗忘。在王弼所说的"存言者，非得象者也；存象者，非得意者也。"与"忘象者，乃得意者也；忘言者，乃得象者也。"当中，对作为工具的"言"和"象"的"忘"与"存"似乎成为一对不可调和的矛盾，"得意""得象"的实现似乎与"存象""存言""用象""用言"的过程相分离。"筌"与"鱼"以及"蹄"与"兔"的比喻在于指

---

① （魏）王弼：《王弼集校释》，楼宇烈校释，中华书局1980年版，第609页。

出两者之间是目的与工具的关系，但"筌"与"鱼"以及"蹄"与"兔"之间的关系毕竟不能等同于"言""象""意"三者之间的关系。"筌"与"鱼"以及"蹄"与"兔"之间在形体上外在分离，所谓的"忘蹄""忘筌"可以通过形体的抛弃实现。"言""象""意"三者之间的差别更是一种逻辑上的差别，三者在人类运用语言的过程当中以一种统一的形态出现。所谓的"忘言""忘象"是指对作为工具的"言"和"象"的一种超越性遗忘，其所强调的是不要执着于作为工具的"言"和"象"，而非否定作为工具的"言"和"象"的现实存在。假如过于强调作为工具的"象"和"言"的"忘"和"存"之间的对立，在理论上反而可能造成对语言作用的忽视。

就卦象与卦意之间的关系而言，王弼认为只要能实现卦意的表达，人们就不必过于执着于卦象的具体表现形式。对此，王弼指出：

> 是故触类可以为其象，合义可为其征。义苟在健，何必马乎？类苟在顺，何必牛乎？爻苟和顺，何必坤乃为牛？义苟应健，何必乾乃为马？而或者定马于乾，案文责卦，有马无乾，则伪说滋漫，难可纪矣。互体不足，遂乃卦变；变又不足，推致五行。一失其原，巧愈弥甚。从复或值，而义无所取。盖存象忘意之由也。忘象以求其意，意斯见矣。①

所谓象是指在对现实世界的综合归纳当中，对某一类事物的象征。在王弼看来，对卦象以及其所代表的那一类事物展开分析，指明其中所内含之"义"，可以印证他们之间的对应关系。但是这种对应关系并不是绝对的，只要能实现对对象的象征，可以使用不同的象征物。王弼举例指出，只要能象征刚健进取，不一定使用马这一形象；只要能象征柔顺厚德，不一定使用牛这一形象。这样，从"名"与"实"之间的对应，进而推展到"言"与"意"之间的对应，王弼肯定了这种对应关系的存在，但是否定了这种对应关系的绝对性。卦象与卦意之间的确存在着对应关系，但这种对应关系是具体的有条件的，是有变动空间的，而非固定不变的，一种卦意的表达可以由不同的卦象去实现。假如将卦象与卦意之间的这种对

---

① （魏）王弼：《王弼集校释》，楼宇烈校释，中华书局1980年版，第609页。

应关系绝对化，最终只会妨碍对"意"的把握。这里所说的"定马于乾"之"定"并不是指"马"与"乾"之间有着确定的对应关系，而是指将"马"与"乾"之间的这种对应视作一种固定不变的关系，认为只能由"马"实现对"乾"的象征。如此展开对一卦的认识，人们从中得到的只能是作为卦象出现的"马"，却无法从中发现"乾"卦的本意，结果只能是"伪说滋漫"。当人们发现此种认识进路的不足时，又寻求"卦变""五行"的帮助，以寻求对卦的解释，也只能是"巧愈弥甚"。在王弼看来，人们在对卦的解释当中之所以会出现这种状况，其原因在于人们执著于作为工具的"言"的某种具体表现形式，而遗忘了作为目的的"意"，不能够认识到作为工具的语言为实现其目的可以具有多样的表现形式。

  语言具有可"忘"性正是因为语言作为把握对象的工具，自身具有多样的表现形式。语言作为人类把握对象世界的符号系统，在人类的知行活动当中被历史地创造，其内涵来自于人类的实践，离不开人类的赋予。历史地看，语言的产生与演化的一个重要特点便是"约定俗成"，这意味着语言的具体内涵与人类具体的存在情境相关联，这使得语言并不以一种绝对必然的形态出现，这就导致了人们对于语言总是有一定自由运用的空间。只要人们能够把握语言背后所要表达的含义，语言的具体表现形式并不是僵死不变的。将一些思想理论的文本奉作经典，视作不可改动的权威，是人类历史发展到一定阶段的产物，是政治上的专制统治在意识形态上的强制要求。就两汉对经文浩瀚的注解来看，正是儒家思想被统治者确立为官方哲学之后的结果。这种对经文文字的死守，表面上是对其思想的尊崇，实际上造成的是思想生命的扼杀。事实上，对经文浩瀚的注解不正表明了人们对于语言文字有着一定的自由运用的空间吗？这种对语言文字表面含义的死守，是没有正确认识到语言的作用和地位所造成的，王弼强调对语言文字的超越，正是针对性地指出了语言作为工具所具有的多样性。在人们日常生活对语言的运用中，人们何尝不是"得意忘言"呢？事实上人们更在乎的是语言所要表达的实质内容的获取，而不是关心语言的具体表现形式。正如王启涛教授所说的那样："从现代语言学的角度讲，王弼的看法是有道理的。王弼所言'得意忘言'之'言'，实为言句，包括句子、段落、篇章等。从数量和长度上讲，言语是无限的，人一生会生成无数的言语，也会听到无数的言语，但任何一个人在听到对方的言语或阅读到书面言语时，总是记住意思本身，而记不住甚至忘记了语言原话。因此，当听话人复述其内容时，完全用自己大脑生成的言语来叙述其大意，却无法一字不漏地将原话重讲一遍（反复记诵除例外）。从这个意义上讲，'得象而忘言'是一条非常真实而科学的语言学命题。"① 语言的这种可"忘"性正说明了语言作为实现目的的一种工具并不具有一种绝对必然的形式，只要能达到目的实现，语言在具体形式上可以有多样的选择。无论是书面用语，还是口头用语，人们都可以使用不同的方式去表达自己的意思。假如人们执著于各种表达方式之间的差别，或是将某种表达方式视作主体表达意思的唯一方式，当然会妨碍其原初目的的实现。所谓的"忘言"所指的正是对语言具体表现形式的超越性遗忘，不要将语言某一种表现形式看作绝对不变的。王弼认为"得意在忘象，得象在忘言"，也是注意到了语言作为通向目的的工具在具体表现形式上具有多样性，要求人们关注语言当中所包含的实质内容。

对于语言的表现形式所具有的多样性，当代学者也多有说明。如徐通锵、叶蜚声在其《语言学纲要》一书中便指出：

> 语言符号的最大特点就是它的音与义的结合是任意的，由社会约定俗成。符号和自己所代表的事物是两回事，相互之间没有必然的联系。
> 音义结合的任意性造成人类语言多样性的一个重要原因。不同语言可以用不同的音来表示相同的事物，也可以用相同的、类似的音表示不同的事物。这些都是符号任意性的表现。②

为了实现表达"意"、指称实在的目的，人们可以采样多样的语言形式。事实上，在人类的知行活动当中，人们除了需要使用语言，还需要大量使用各种非语言形式的人工符号和非人工符号。作为人类思维与交往的工具，相比于非语言形式的符号系统，"语言显然具有更基本的性质"③，

---

① 王启涛：《魏晋南北朝语言学史论考》，巴蜀书社 2001 年版，第 270—271 页。
② 徐通锵、叶蜚声：《语言学纲要》，转引自王启涛《魏晋南北朝语言学史论考》，巴蜀书社 2001 年版，第 262 页。
③ 杨国荣：《成己与成物——意义世界的生成》，人民出版社 2010 年版，第 44 页。

但也不是唯一的工具，非语言形式的符号系统同样具有其不可替代的作用。① 如在人类的交往过程当中，人们既需要通过语言来获取对方所要表达的内容，也要通过对方的肢体动作、面部表情等获取各种信息。也比如人类在对有形物体的认识当中，不仅需要以观念的形态对对象进行各种分析综合，也需要在意识当中以图像的形式重现对象，以使得对对象的认识更加完整。既然人类可以运用多样的符号系统去展开自己的知行活动，那么哪怕语言是其中最为基本的一种符号系统，人类在知行活动当中不必执著于语言也是情理之中。

虽然人类在知行活动当中所运用的符号系统具有多样性，既包括语言，也包括非语言形式的人工符号和非人工符号，但就某一特定的知行活动而言，人们运用多样的符号系统其所要实现的目标是单一的，即对对象的把握。从卦意与卦象、卦辞之间的关系来看，人们之所以可以不顾卦象、卦辞的具体表现形式，正在于人们最终的目的是要达到对某一特定卦意的把握。与此相对应，我们在这里可以看到，在王弼"得意在忘象，得象在忘言"的要求当中，王弼说明语言的工具性、多样性和可"忘"性，其最终的目标并不在于说明语言的局限性，否定语言在人类知行活动当中所具有的作用和地位，而在于突出"意"的重要性，强调人们运用语言的活动的最终目的在于对"意"的把握。

"意"的这种重要性首先体现在"意"构成了语言运用活动的起点，"言"创生于"意"，"意"是"言"的产生和存在的本体论前提。虽然王弼一再强调语言在人类知行活动当中所具有的作用和地位，但是显然并没有打算赋予语言以本体论的地位，语言所具有的重要性仅仅体现在作为一种工具所具有的重要性上。语言之所以产生，在于人们有表达"意"、交流"意"、把握"意"的需要。就"意"的一般形态而言，表现为一种观念形态的存在，指向人类主体的意识。但就言意之辨当中所特指的"意"而言，"意"所指向的是圣人之"意"。上文已经论及，在圣人被

---

① 杨国荣教授指出："事实上，以非语言形式存在的符号，其意义往往要通过语言才能呈现和理解。……在非语言的人工符号系统中，符号常常只有翻译或转化为语言之后，才成为有意义的符号，并获得理解。同样，自然符号意义的呈现和理解，也无法离开语言。"见杨国荣《成己与成物——意义世界的生成》，人民出版社2010年版，第54页。笔者这里所说的非语言形式的符号系统的不可替代，在于指出人类在其知行活动过程当中所运用的符号系统的多样性，在某些情境当中，非语言形式的符号系统具有语言所无法替代的作用。

权威化的时代，圣人之"意"被视作绝对的真理，圣人之"意"所代表的不是圣人一些主观任意的意见和意愿，而是圣人前此对现实世界的事实和规律的正确把握。所以，所谓的"言"生于"意"事实上就是指"言"生于"实"。这样，王弼在这里所解决的是语言与实在谁先谁后的问题，王弼实际上肯定了客观的现实世界相对于语言具有存在的优先性，是第一性的存在。从历史上看，孔子所谓的"正名"要求以"实"从"名"，这种"正名"虽然不是讲"实"生于"名"，而是强调了"名"具有指导人类实践，进而推动现实世界变革的作用，但是在这种强调当中却多少忽略了"名"生于"实"以及"名"随"实"变这一面。与此相对，荀子所谓的"正名"是突出了"名"生于"实"以及"名"随"实"变，肯定了"名"相对于"实"的从属地位。在儒学的后世发展当中，特别是在两汉儒学权威化神圣化的时代，孔子所说的"正名"被片面地放大，所谓的圣人之言、经典之文被奉为不变的权威，成为约束人们现实知行活动的强制性规范，"名"成为变革现实世界的根本标准。在王弼所说的"言"生于"意"当中，一方面的确有着维护传统的圣人之"意"的权威性的一面。但是同时我们可以看到，当王弼突出"言"对于"意"只是具有从属性的地位，实际上起到了削弱两汉时期语言文字所具有的权威地位的作用。从某种程度上可以说，王弼的"言"生于"意"延续了荀子的"正名"传统，"言"生于"意"在较弱的意义上可以看作对以"实"正"名"的继承。

"意"的这种重要性还体现在"意"构成了语言运用活动的终点，无论是"意"的表达、"意"的交流，还是"意"的把握，人类一切运用语言的活动都是为人与"意"之间的沟通服务，语言只是人与"意"之间的中介、桥梁，以"言"为过渡，人们最终需要通向"意"。如前所说，圣人之"意"的背后所展示的是现实世界，正如《周易》所展示的是现实世界的运行规律那样。要求人们通过语言的中介最终实现向"意"的回归，事实上就意味着要求人们回归现实世界本身，而不要停留于作为工具的语言当中。虽然语言运用活动的起点与终点都是"意"，或者说是其背后的现实世界，但是这里我们借用黑格尔的螺旋上升理论可以看到，作为终点的"意"和现实世界已经不同于作为起点的"意"和现实世界。从"意"的角度看，"言"生于"意"，这是因为人们有表达"意"、交流"意"、把握"意"的需要，人们进而以"意"为根据，创设相应的语言形式去表达、交流、把握"意"。当人们最终实现对"意"的回归,这时所面对的"意"已经不再是作为创生"言"的根据的那个"意",因为这个时候人们通过"言"的中介,已经实现对"意"的表达、交流和把握。从现实世界的角度来看,人类创造语言出于人类现实生存的需要,出于人类开展知行活动的需要,出于人类与现实世界沟通的需要。以现实世界为根据,人类展开语言的创造和运用的活动,并进而展开自身的知行活动。同样,当人们通过运用语言的活动"回到"现实世界时,这个时候人们所面对的现实世界已经不再是作为语言创造依据的那个现实世界,因为人们通过运用语言的活动,已经实现了认识世界、认识自己、变革世界、成就自己的目的。当然,这里所说的"意"和现实世界通过语言运用活动所产生的变动,并不能简单等同于黑格尔所说的螺旋上升式的否定发展,但是从"意"和现实世界所发生的这种变动当中,我们的确可以看到语言作为人类的一种现实的实践能力,在其运用过程当中具有创造和变革的作用。所以,要求"言"最终指向"意",就是要求最终实现"言"创生时所设定的那个目的,"言"与"意"的意义在语言运用活动过程当中得以实现和展开。从更广的角度看,通过语言运用活动这种形式,人类得以现实展开自身的知行活动,得以实现自身的存在。要求通过"言"而通向"意",突出了"意"相对于"言"所具有的主导地位,实际上就是强调了人类自身现实生存过程的重要性。

综上所述,我们可以看到,无论是强调"意"作为"言"的起点,还是强调"意"作为"言"的终点,王弼最终表达的是对人类现实生存的关注,要求人类面向现实世界,而不是执著于仅仅作为工具的语言。而且语言作为承载内容的形式,达成目的的工具,虽有重要的作用,但并不是人类在知行活动当中唯一可运用的工具。当然,从某一特定的知行活动着眼,语言的确表现出工具性,而从更广的视域着眼,语言同样是人类的一种现实的存在形态,运用语言的活动所展现的同样是人类现实存在本身。但是在王弼看来,语言可以是人类的一种存在形态,却显然不是人类现实存在的全部,语言绝不构成人类现实存在的界限。对于语言,王弼肯定了其在人类知行活动过程当中所具有的意义,王弼并不否定语言的地位和作用,但语言终究只是人类现实存在的一个部分,执著于语言,只会妨碍人类面向自身存在的整体。人类对自身存在的认识,不应拘泥于语言。王弼从一种普遍性的视域出发,要求人们去超越、去"遗忘"多样的作为工具的语言,而通向人类存在的本真形态。语言作为一套符号系统,本身并没有任何权威性、神圣性,其所具有意义只有在人类运用语言的活动过程当中才能得到具体的展现。通过"得象而忘言,得意而忘象"的要求,王弼强调了语言的工具性,彰显了"意"相对"言"所具有的根本地位,由此纠正了两汉时期对语言文字的权威化,也避免了"言不尽意"思想对"言"的作用的过度否定。

不过,王弼对语言的认识同样有其不足。如王启涛教授所指出的那样:"在现代语言学家的心目里,'意'指'意义',……然而,魏晋玄学家们心目中的'意'却是一个哲学概念。'意'指最一般的原则、原理,即指世界万物的本体'道'而言。根据王弼等人的看法,'意'既然是最抽象、最一般的东西,'象'只是具体、个别的事物,因此抽象的'意'不能停留在个别的'象'上,得意则应忘象。'意'应是魏晋玄学的最高命题,它与老子的'道'一样,象征着大自然精微、深邃、普遍的规律,其内涵极为广博复杂,它与语言学所言的'意'可能不是一回事。"① 在"言"与"意"的对比当中,"意"相对于"言"是一种普遍性的存在,具有一种本体论上的主导地位。通过强调"意"的优先地位,王弼要求人们面向工具背后的这个世界更为本质的一面。可是在王弼对本体之"无"的论述当中我们可以看到,王弼既有重视本体之"无"的具体展现的一面,也有注重本体之"无"的超越性普遍性的一面。王弼对这个世界存在的本真形态的理解,还不能够完全从人类自身的生存过程出发,而是常常将视角指向超越的普遍之域。王弼在对"意"的认识当中同样如此,有着将"意"超越化普遍化的倾向,"意"背后所展现的现实世界也往往指向作为这个世界终极根据的本体之"无",王弼所理解的这个世界存在的本真形态无法与超越的普遍的本体之"无"相分离。王弼所说的"得象而忘言,得意而忘象",要求超越性地"遗忘"语言,不能不说也与本体之"无"不具有任何具体规定性相关联。王弼认为:

> 夫物之所以生,功之所以成,必生乎无形,由乎无名。无形无名者,万物之宗也。
>
> 然则,言之者失其常,名之者离其真,为之者败其性,执之者失

---

① 王启涛:《魏晋南北朝语言学史论考》,巴蜀书社2001年版,第266—267页。

其原矣。
　　故名号大失其旨，称谓未尽其极。①

　　这里对语言的否定显然已经不仅仅是对作为工具的语言的超越性"遗忘"，而是突出了语言自身的有限性，强调有限的语言无法把握普遍的无限的对象。在王弼看来，"无"之所以成为这个世界的终极根据和普遍基础，正在于"无"不受任何具体的"形"和"名"的限制，而语言所指向的是特定的具体的对象。语言的运用不但不能有助于本体之"无"的把握，反而会阻碍人们通向本体之"无"，对本体之"无"进行任何形式的言说都将破坏本体之"无"的整体性，都是对本体之"无"的割裂。这样，对本体之"无"的把握与对语言的超越性"遗忘"便被联系在一起。语言的作用被王弼严格地限定在有限的范围之内，而王弼的本体思想典型地表现出一种普遍性的追求，在这种普遍性的追求之下，语言这种有限的存在形态显然不会被视作人类存在的本真形态。这时候要求人们超越性地"遗忘"有限的语言，也就是要求人们面向普遍的无限的本体之"无"。

　　通过要求超越语言的有限性，王弼在对语言内涵的探讨当中再次表现出他对普遍性的追求，不过这同时表现出他对语言内涵的认识还存在着不足。一方面，当王弼将本体之"无"设定为一种无形无象的存在，又认定语言以"分"和"定"为其基本的规定性，那么语言与本体之间便构成了一对无法调和的矛盾，语言必定被排除在对本体之"无"的把握方式之外，对本体之"无"的把握必须超越语言的限制。另一方面，在言意之辨当中，王弼虽然要求超越作为工具的语言，但其着眼点更多在于超越语言的工具性，在其"尽意莫若象，尽象莫若言""意以象尽，象以言著"的表述当中，王弼肯定了语言具有通向圣人之"意"的能力，而圣人之"意"往往与圣人对世界本质规律的把握相关联，以普遍性为其内在品格，这等于王弼间接地肯定了语言具有把握普遍性存在的能力。在王弼对语言内涵的探讨中，语言能否把握普遍的对象构成了王弼言意思想的关键点。王弼肯定语言作为人类的一种现实的存在方式，具有把握对象世界的能力，但是王弼对于语言这种能力所及范围的规定还是模糊不清，对

---

① （魏）王弼：《王弼集校释》，楼宇烈校释，中华书局1980年版，第195、196、198页。

于语言能否把握普遍对象的认识还存在着前后的不一致。事实上，王弼之所以对语言内涵的认识还存在着这种不足，其理论根源在于王弼对本体之"无"的规定上。王弼一方面强调本体之"无"必须通过具体之"有"展现自身，另一方面又将"无"规定为一种超越具体存在的形上本体。当我们从积极的角度出发，的确可以说王弼的本体思想既表现出了对普遍性的追求，又展现出了对具体性的关注。但是王弼对本体之"无"的普遍性和具体性的探讨还只是停留在分而述之的阶段，而两者之间的统一在理论上还没得到十分好的解决。那么，当王弼强调本体之"无"的超越性无限性时，否定语言可以把握普遍的对象，而当王弼强调本体之"无"的具体展现时，就肯定语言可以把握普遍的对象，也就在情理之中了。王弼的这种不足是其自身理论的局限性和历史的局限性所造成的，如何在理论上解决本体的普遍性与具体性之间的关系以及语言在何种意义上能够把握普遍的对象，这将是留给后世哲人进一步探讨的重要问题。

第六章　普遍性追求的历史演变

　　王弼的本体思想展现出了一种"崇本举末"的理论特质，既重视这个世界的普遍基础和终极根据，又强调从具体存在的角度切入对这个世界的普遍基础和终极根据的把握。在与同时代其他玄学思想的对比当中，王弼本体思想的这种理论特质可以得到更好的体现。因应时代的理论要求，魏晋玄学从一开始便表现出了对普遍性问题的关注。然而从魏晋玄学的历史演变来看，玄学家并不是从一开始便解决了普遍原理的普遍性与具体性之间的关系问题。何晏是早期玄学的代表人物，崇尚"贵无"之学，在对普遍之"无"的追求当中，何晏希望实现普遍之"无"与具体之"有"以及自然原则与名教规范之间的沟通，却始终不得其中要领。所以当少年天才王弼横空出世，倡"崇本举末"之说，何晏也不得不感叹"若斯人可与论天人之际"。① 相比于何晏的"贵无"论，王弼的"贵无"论在普遍性追求的基础上推进了对具体存在的关注。可是从王弼之后的玄学发展来看，玄学的理论重心逐渐从普遍性的追求转向对个体存在的关注。郭象吸收了裴頠崇有论的"自生"思想，提出"独化"之说，否定普遍之"无"的存在，强调万物自为而相因，表现出了一种个体主义的理论进路，在郭象这里对个体内在本性的遵从获得了普遍的意义。同时，无论是何晏、王弼，还是郭象，与他们的理论追求相伴随的是他们论证现实名教规范合理性的努力，这也代表了魏晋玄学的思想主流。与此相对，以嵇康、阮籍为代表的一部分玄学名士却表现出了对名教规范的强烈否定。如嵇康虽然同样向往普遍的自然原则，可是嵇康要求"越名教而任自然"，建立在自然原则基础之上的是对名教规范合理性的否定。这使得他们成为玄学发展当中的"异类"，为时代和社会所不容，最终造成了个体命运的悲剧。

---

① （魏）王弼：《王弼集校释》，楼宇烈校释，中华书局1980年版，第645页。

第一节　普遍性追求的先声：何晏

何晏（？—249）[①]，字平叔，南阳宛（今河南省南阳市）人，曹操的养子。何晏曾任吏部尚书等职，而且是正始时期玄学清谈的学术领袖，在当时社会拥有较高的地位和声望。正始时期，何晏在仕途上飞黄腾达，并完成了他的主要的玄学著作。何晏凭借自己的政治地位大倡玄风，形成了一个以他和夏侯玄等人为中心的学术团体，促进了玄学思想的形成和发展。也是在这个时期，少年王弼闯进了当时的玄学清谈当中，并因其才华，在仕途上受到了何晏的提携，在学术上受到了何晏的赞赏和鼓励。可以说，"正始玄学"的思想繁荣，既离不开作为学术活动推动者的何晏，也离不开直接参与其中作为理论开拓者的何晏。

作为早期的玄学家，何晏的哲学思想还留有许多两汉经学的痕迹，不过已经提出了一些基本的玄学命题，表现出了玄学的理论特色，即通过引入道家思想，以一种本体论的模式，而非宇宙生成论的模式，探讨这个世界存在的终极根据和普遍基础。何晏将这个世界存在的终极根据和普遍基础设定为"无所有"，因此他的哲学思想被称作"贵无论"，这为王弼进一步推进对"无"的内涵的追问奠定了基础。何晏的"无名论"一文体现了何晏贵无思想初步形成时的理论特色[②]，该文现存于《列子》张湛注的引文当中。何晏在《无名论》里说：

> 为民所誉，则有名者也；无誉，无名者也。若夫圣人，名无名，誉无誉，谓无名为道，无誉为大。则夫无名者，可以言有名矣，无誉者，可以言有誉矣。然与夫可誉可名者岂同用哉？
> 此比于无所有，故皆有所有矣。而于有所有之中，当与无所有相

[①] 何晏生年有公元 195 年前后、193 年前后、190 年前后等多种说法，具体参见余敦康《魏晋玄学史》，北京大学出版社 2004 年版，第 57 页。

[②] 《世说新语·文学》里记载："何晏注《老子》未毕，见王弼自说注《老子》旨；何意多所短，不复得作声，但应之。遂不复注，因作《道》、《德》论。"何晏的玄学思想也体现在他的《道论》《无为论》等文当中，但是据当代学者考证，《道论》《无为论》等文当是何晏在正始后期所著，而何晏后期思想受王弼影响较大，与王弼的玄学思想倾向一致，这里便不再进行论述。具体可参见王晓毅《王弼评传》，南京大学出版社 1996 年版，第 124—127 页。

从，而与夫有所有者不同。同类无远而相应，异类无近而不相违。譬如阴中之阳，阳中之阴，各以物类自相求从。夏日为阳，而夕夜远与冬日共为阴；冬日为阴，而朝昼远与夏日同为阳。皆异于近而同于远也。详此异同，而后无名之论可知矣。

凡所以至于此者何哉？夫道者，惟无所有者也。自天地已来皆有所有矣；然犹谓之道者，以其能复用无所有也。故虽处有名之域，而没其无名之象；由以在阳之远体，而忘其自有阴之远类也。

夏侯玄曰："天地以自然运，圣人以自然用。"自然者，道也。道本无名，故老氏强为之名，仲尼称尧"荡荡无能名焉"，下云"巍巍成功"，则强为之名，取世所知而称耳。岂有名而更当云无能名焉者邪？夫唯无名，故可得遍以天下之名名之；然岂其名也哉？惟此足喻而终莫悟，是观泰山崇崛而谓元气不浩芒者也。①

在这里何晏虽然还在使用同类相感的方法进行论证说明，但已经在使用"无所有""有所有"等概念对这个世界的万事万物进行抽象总结，试图从万事万物当中归纳出这个世界的共同本质。在对这个世界终极根据的追问当中，两汉思想往往赋予这个世界终极根据各种特定的规定性，如阴阳、善恶、动静等等，这种对终极根据的烦琐设定不仅使得终极根据被限制于特定的规定性当中，导致其解释效力的下降，也使得两汉思想理论的发展逐渐烦琐化。魏晋玄学的兴起正在于删繁就简，摆脱两汉的烦琐学风，这表现在本体论上便是其所追寻的这个世界的终极根据要求克服一切特定的规定性的限制，所谓"无"便表达了这样一种理论进路。何晏在"无名论"当中虽提及"阴""阳""元气"，却只是以阴阳的同类相感和元气的内在于物去说明世界的终极根据与具体存在之间的关系，而不是以"阴""阳""元气"去规定这个世界的终极根据。何晏将这个世界的终极根据规定为"无所有"，所谓"无所有"相比于"无"仍然是一种相对粗糙复杂的形态，不过"无所有"也是以一种否定的形式，表达了终极根据之所以为终极根据正在于不具有任何特定的规定性，王弼的"无"便是对何晏的"无所有"的进一步抽象。何晏在这里具体通过"无所有"的"无名"来说明"无所有"不具有任何特定的规定性，进而说明"无

---

① 引自杨伯峻《列子集释》，中华书局1979年版，第121页。

所有"所具有的普遍性。在何晏看来，只有"无名"之存在才可以遍于天下而无所不及，赋予一切具体对象以特定之"名"。哪怕是圣人"名无名，誉无誉，谓无名为道，无誉为大"，所得到的依旧是有名有誉的对象。人们对"无所有"的"名"，也只能是"取世所知"，而"强为之名"。

"无所有"在魏晋之前并不是常见的概念，对于"无所有"概念的提出，王葆玹教授认为："'有所有''无所有'同宇宙发生的问题有关。'无所有'是天地形成以前的阶段，……从'无所有'到'有所有'的过程就是虚无创世的过程。"① 王晓毅教授认为何晏的"无所有"受到了东汉佛教译经的影响，"何晏是继佛经之后第一个明确运用'无所有'表示宇宙本体的中国哲学家"，但"何晏仍是按中国传统的宇宙观去消化佛教的'空'观。他笔下无名的宇宙本体'无所有——空'，不是指宇宙万有的'真相'，而是宇宙万有自我完善的内在决定力量"。② 从两位学者的如上分析我们可以看到，何晏"无所有"概念的提出正抓住了时代的理论关切，使得对世界统一性原理的追问由两汉的"溯源"转向至魏晋的"立本"。从"无所有"的提出受到宇宙生成思想的影响来看，"无所有"简化了天地形成以前所有的生成阶段，如太始、太初、太素等过程都被抽象为一个"无所有"的整体，这种简化事实上消解了宇宙生成思想本身所内含的过程性，为转向对世界的结构性的理解提供了理论上的契机。从"无所有"的提出受到佛教译经的影响来看，"无所有"采用否定性的方法，通过对特定规定性的否定，以通向普遍之域。同时，被设定为宇宙本体的"无所有"作为宇宙的"决定力量"，并非"非存在"，也非彻底的虚无，而是表现为一种实存，为一切事物的存在提供基础。这样，在对世界统一性原理的探寻当中，何晏所提出的"无所有"虽然还只是一个内容贫乏的抽象概念，却避免了对世界统一性原理单纯的消极意义上的理解，也突破了传统哲学以质料之"五行"、本源之"天"去探寻世界统一性原理的理论进路。实现两汉生成思想向魏晋本体思想的转化并非何晏一人之功，但何晏"无所有"的提出的确起到了承前启后的作用。

在对孔子所说的"一以贯之"的注释中，何晏曾说："善有元，事有

---

① 王葆玹：《正始玄学》，齐鲁书社1987年版，第198页。
② 王晓毅：《王弼评传》，南京大学出版社1996年版，第138、139页。

会，天下殊途而同归，百虑而一致，知其元则众善举矣。故不待多学，一以知之也。"① 所谓"殊途同归""百虑一致"所表达的正是对普遍性、统一性的追求。在何晏看来，这种普遍性、统一性就是"无所有"，也就是"道"。何晏这里的"道"是指道家的自然之"道"，作为一个出身于正统官僚阶层的士人，何晏却大量地运用道家的自然无为思想去展开对儒家经典的解释。正是以形上本体"无所有"作为理论前提，何晏大力推崇道家的自然无为思想。在其《论语集解》当中，何晏强调了自然原则的作用，如"仁者乐如山之安固，自然不动，而万物生焉"。② 也肯定了无为而治的地位，如"言任官得其人，故无为而治也"。③ 对于颜回的品性，何晏也以道家特色的"虚中"进行描述，何晏说道：

> 言回庶几圣道，虽数空匮，而乐在其中矣。……屡，犹每也。空，犹虚中也。以圣人之善道，教数子之庶几，犹不至于知道者，各内有此害。其余庶几每能虚中者，唯回怀道深远。不虚心，不能知道，子贡无数子病，然亦不知道者。虽非天命而偶富，亦所以不虚心也。④

何晏认为，颜回之所以能够知"道"，正在于他能做到"虚中"，也就是"虚心"。从道家的本体思想来看，本体之"道"之所以能包容万物因为自身具有"虚""空"的品格。从道家的认识思想来看，主体要实现对"道"的把握同样需要具备"虚""空"的品性，排除自身前见。可以说，何晏将"虚中"设定为理想人格所应具有的规定性与道家思想是一脉相承的，而其本体论前提正是"无所有"。

从以上分析我们可以看到，何晏贵无思想所体现出的对普遍性与统一性的追寻与王弼本体思想是基本一致的。对于经学在理论上以及在社会现实当中所造成的消极影响，玄学名士们都有着直接的感受，这使得他们在理论上都有追寻普遍原理的迫切需要。在何晏与王弼看来，这个

---

① 《论语集解义疏》，（曹魏）何晏集解，（南朝梁）皇侃义疏，中华书局1970年版，第214页。
② 同上书，第79页。
③ 同上书，第215页。
④ 同上书，第152页。

世界的本体之"道"就是"无所有",就是"无"。作为这个世界存在的终极根据和普遍基础,这种形上本体统摄一切具体的存在,何晏认为一切"有所有"都与"无所有""相从",王弼认为一切"有"的产生和运行都"必由"本体之"无"。同时,何晏与王弼都肯定了这种形上本体对一切具体存在所具有的普遍必然的效力在时间的维度当中,自古及今不曾变化。何晏与王弼也指出了这种形上本体之所以具有这种普遍必然的效力,是因为形上本体并不具有任何特殊的规定性,何晏认为"无所有"是"无名""无誉",王弼认为"无"是"无名""无象"。而且在他们看来,这种"无名"的形上本体之所以被称为"无所有"或"无",也是一种不得已而为之的表述。以普遍必然的形上本体为基础,何晏与王弼都进而提出了普遍的自然原则。何晏认为圣人处世必自然无为,王弼认为名教规范的设立和运行必须以事物的自然本性为依据。追寻普遍原理,为现实世界构建形上依据,这是时代赋予魏晋士人的理论任务,何晏以及王弼的贵无思想显然都已经自觉地展现出了一种普遍性的视域。就历史地位而言,王弼对"无"的理论构建相较于何晏对"无所有"的理论构建取得了更高的理论成就。不过,王弼贵无思想的提出并不是一种"无中生有"的理论创造,而是有其理论的渊源。从历史的继承来看,王弼贵无思想的提出以老子的道论为其理论资源。从现实的学术环境来看,王弼贵无思想的提出受到了以何晏贵无思想为主的早期玄学的直接影响。可以说,王弼对本体之"无"的追寻直接继承于何晏的"无所有"思想,这种继承首先就体现在对形上本体的设定。所谓"无所有"或是"无",都是以一种否定性的方法,通过对事物特定规定性的否定,指向这个世界普遍性的一面,为一切具体事物构建存在的基础。魏晋之际,在以道家的普遍性思想对两汉经学进行改造的过程当中,何晏起到了开拓性的作用。不过何晏与王弼两人在思想上的一致性也更多停留在对普遍性的追寻上,在进一步深化形上本体所具有的内涵时,两人思想上的分野就此产生。

何晏提出的"无所有"代表了魏晋士人寻求这个世界统一性原理的初步尝试,作为这个世界存在的终极根据和普遍基础,"无所有"相较于王弼所提出"无"在理论内涵上显得更为空疏。这种空疏首先体现在何晏的"无所有"相比于王弼的"无"具有更强烈的否定性,较少具有实质的内容。黑格尔曾指出:"这个界说(绝对即是无)所包含的意思不外说：物自身是无规定性的东西，完全没有形式因而是毫无内容的。"① "无所有"所具有的内容虽然不至于完全空洞，但同样是在以"无"为绝对的设定当中，何晏对"无所有"的界说相比老子与王弼对"无"的界说的确是更加抽象。何晏以"无所……"的形式否定一切特定的规定性，保留了"无所有"作为这个世界存在的终极根据所具有的实存性，却没有进一步赋予"无所有"更多的内容。王晓毅教授指出："汉魏时期语言学上的'无所某'是个否定句型，指'没有某'，比表示否定的单音词'无'，否定意义更强。"② 何晏的"无所有"虽然避免了彻底的虚无和"非存在"，但是这样的"无所有"除了是这个世界的最高本质之外，只是一个空虚的抽象物。这样的世界最高本质包容万物，事实上也空无一物。这种被设定为世界最高本质的"无所有"，从某种程度上可以说近似于黑格尔所说的"纯有"。黑格尔指出："只有'有'作为纯粹无规定性来说，'有'才是无——一个不可言说之物；它与'无'的区别，只是一个单纯的指谓上的区别。"③ 何晏将"无所有"设定为这个世界存在的终极根据和普遍基础，相比于"纯有"，却是同样的虚少实质的内容。相较之下，王弼虽然同样将本体之"无"设定为"无形""无象"，却又同时指出，在一种加以限制的视域内，"道""玄""深""大""微""远"都是对本体之"无"的描述。所谓"道""玄""深""大""微""远"虽然只是对本体之"无"的片面描述，却避免了本体之"无"成为毫无内容的空无。

何晏的"无所有"相较于王弼的"无"在内容上的空疏，不仅仅体现在自身缺少足够的理论设定，更体现在"无所有"未能建立起与"有所有"之间有效的沟通。天道的追寻最终需要落实到人道的运用，形上本体的追寻最终需要指向与具体存在的统一，何晏与王弼对形上本体的设定同样不能例外。王弼认为本体之"无"必须通过具体之"有"展现自身，普遍的自然原则展现为个体的自然本性。不过类似的理论设定在何晏那里却看不到，正如黑格尔所指出的那样："当整个世界皆据此唯一原则来解释时——这就叫哲学系统。我们自然必须了解这全部解释。但如果这原则还是抽象的，不充分的，则它就不能充分地解释属于我们世界观内的

---

① ［德］黑格尔：《小逻辑》，贺麟译，商务印书馆1980年版，第192页。
② 王晓毅：《王弼评传》，南京大学出版社1996年版，第138页。
③ ［德］黑格尔：《小逻辑》，贺麟译，商务印书馆1980年版，第193页。

各种形态。例如,空疏的'单一'(即原子——译者)这范畴便不能表达出精神的深度。"① "无所有"就是这样一个依旧抽象的概念,"无所有"自身的理论局限使得何晏在寻求形上本体与具体存在之间的统一时有着难以克服的理论困境。《南齐书·张绪传》记载:

> 绪长于《周易》,言精理奥,见宗一时。常云何平叔所不解《易》中七事,诸卦中所有时义,是其一也。②

对此,康中乾教授认为:"他不明白的,当不在'卦义'为何,而在卦义与'无'本论的关系上,即如何具体运用'以无为本'的原则和方法来阐释《易》之卦义,亦即如何用'无'本论原则来解《易》。"③ 事实上,何晏无法运用"以无为本"的原则和方法去解释卦义,其原因在于无法实现形上本体与具体存在之间的统一,从更深的理论层面上看,其原因在于形上本体自身的抽象空疏。在何晏的思想理论当中,形上本体"无所有"实质上是以一种与具体存在相分离的形态出现,这种形上本体与具体存在之间的分离表现为多种形式。

为了说明形上本体"无所有"与具体存在之间的关系,何晏运用了两汉思想当中常见的同类相感的方法。在"无名论"当中,何晏便以阴阳相感为喻去论证"无所有"内在于万事万物之中。在何晏看来,"无所有"内在于"有所有"之中,因此"有所有"虽不同于"无所有",却必然遵从于作为终极根据的"无所有"的运行法则。当"无所有"具有某种存在的品格时,那么"有所有"便相应地具有某种存在的品格。"无所有"与"有所有"之间的这种联系具有必然性,而不论两者之间在距离上的远近,这是因为"无所有"以某种形式内在于"有所有"之中,使得"无所有"与"有所有"之间具有类的一致性。假如"无所有"与"有所有"之间不具有这种一致性,那么"无所有"便无法对"有所有"产生任何作用。何晏认为,"无所有"对于"有所有"所产生的作用正类似于阴阳之间的同类相感。无论是"阴中之阳",还是"阳中之阴",只

---

① [德] 黑格尔:《哲学史讲演录》第一卷,贺麟、王太庆译,商务印书馆1959年版,第41页。

② (梁) 萧子显:《南齐书》,中华书局1972年版,第601页。

③ 康中乾:《有无之辨——魏晋玄学本体思想再解读》,人民出版社2003年版,第160页。

会遵从于同类的法则，而不会服从于自身所处环境的非同类的法则。如"夏日"所具有的是阳之性，但处于"夏日"的"夕夜"却与"冬日"一样，共同遵从阴的法则。同理，"冬日"所具有的是阴之性，但处于"冬日"的"朝昼"却与"夏日"一样，共同遵从阳的法则。这样，何晏通过阴阳相感的比喻指出，作为终极根据的"无所有"可以以同类相感的方式去影响支配一切"有所有"的运行。这就意味着终极根据"无所有"以某种形式内在于一切"有所有"之中，因为一切"有所有"与"无所有"同属一类，一切"有所有"都遵从于"无所有"的法则，因此将"无所有"设定为这个世界存在的终极根据和普遍基础是可行的。

在这里，何晏尝试着解决这样一个问题，即当人们追寻某种统一性原理之时，这种统一性原理从具体存在当中抽象而来，异于人们对于具体存在的感官经验，人们应当如何说明这种统一性原理与具体存在之间的关系，即两者之间的联系与统一，以及这种统一性原理支配具体存在运行的机制。何晏同类相感的方法是两汉思想传统的继续，的确为该问题的解决提供了一种方案，可是以同类相感的方法论证形上本体与具体存在之间的统一却有着诸多的不足。所谓的同类相感以同一类事物的共性为基础，但所指向的往往是同一类事物当中的不同个体，这些不同的个体之间因具有相同的属性而具有相互感应的能力。而所谓统一性原理是从一切个体当中抽象归纳出来的一般，其所指示的是一类事物的共性自身。形上本体与具体存在之间的统一所要解决的是一类事物的一般与具体个体之间的关系问题，而以同类相感去说明形上本体与具体存在之间的关系问题，意味着以一类事物当中不同个体之间的关系取代一类事物的一般与个体之间的关系。虽然这两种关系均涉及事物的共性，但是这种证明方式显然是无效的。即使这种证明方式提供了一些较弱的理论上的支持，其最终所得到的结果也是与何晏的目的相违背的。何晏意图通过同类相感的方法说明"无所有"内在于"有所有"，如若何晏所说，"无所有"与"有所有"之间具有相互感应的能力，就可以认为"无所有"以某种形式内在于"有所有"。可是所谓的相感只能发生在不同个体之间，它以事物在形体上的相互外在分离为前提。这样同类相感恰恰说明了"无所有"以某种形式外在于"有所有"，即"无所有"是一种外在于"有所有"的存在。在何晏对形上本体的设定当中，"无所有"还是以一种与具体存在相分离的形态出现，是超越于现实世界之外的决定力量。如果说，同类相感是何晏在方法上对两汉思想的继续，那么形上本体"无所有"与具体存在之间的分离是保留了两汉宇宙生成思想的痕迹。

王弼的贵无思想在一定程度上也有着宇宙生成论的痕迹，但是相比之下，王弼在推动形上本体与具体存在之间的统一上取得了更多的理论成果。如王弼在解释"大衍义"时曾指出："夫无不可以无明，必因于有，故常于有物之极，而必明其所有之宗也。"① 又认为："圣人体无，无又不可以训，故言必及有。"② 在王弼看来，对本体之"无"的认识必须通过具体之"有"来实现。本体之"无"是支配具体之有的决定力量，但本体之"无"并不与具体之"有"相分离，这个世界并没有脱离本体之"无"独立存在的具体之"有"，也没有脱离具体之"有"独立存在的本体之"无"。王弼对"无"与"有"之间关系的此种理解已经注意到必须从个体出发把握一般，必须从特殊出发认识普遍。任何具体存在的个体都是普遍与特殊的统一体，所谓的普遍性与特殊性只是人们从不同角度出发对同一事物进行考察所得到的不同结果，两者的"分离"只能出现在人类思维当中，出现在对事物分别考察的不同阶段当中。任何现实的存在必定是普遍性与特殊性相结合的存在，两者的分离所导致的不仅仅是两者的消灭，也导致事物现实性的消灭。何晏固然希望说明"无所有"具有现实支配"有所有"的能力，但是当"无所有"超然于"有所有"之外时，何晏只能在"无所有"与"有所有"之间建立起一种遥远的疏松的联系，"无所有"所拥有的只能是一种较弱的支配能力。

何晏无法合理解决形上本体与具体存在之间的统一问题，这进一步加剧了其所设立的形上本体"无所有"在内容上的抽象空疏，使得"无所有"孤悬于现实世界之外。以此种本体思想为基础，何晏在人性思想上得出了"圣人无情"的结论。何劭的《王弼传》记载："何晏以为圣人无喜怒哀乐，其论甚精，钟会等述之。"③ 所谓的圣人作为一种理想的人格典范，往往被视作与天地合其德，实现了对形上本体的把握，达到了与形上本体相统一的境界。因此对于圣人这种人格形态，中国传统的哲人一般会认为圣人已经摆脱了情感的束缚。然而对于何为摆

---

① （魏）王弼：《王弼集校释》，楼宇烈校释，中华书局1980年版，第548页。
② 同上书，第645页。
③ 同上书，第640页。

脱情感的束缚，哲人们的认识却很不相同。何晏认为圣人摆脱情感的束缚就是"无情"，表现为圣人不再有任何情感的发生。这种对圣人人格的设定显然是与其对形上本体的设定是相一致的，形上本体孤悬于现实世界之外，不具有任何特定的规定性。同样，理想人格也是纯而又纯，不具有任何经验情感。何晏这种对理想人格的认识还表现在他的人物品评活动当中，《周易·系辞》曾说道："夫易，圣人之所以极深而研几也。唯深也，故能通天下之志；唯几也，故能成天下之务；唯神也，故不疾而速，不行而至。"① 何晏便以此来比附当时的社会名流。"初，夏侯玄、何晏等名盛于时，司马景王亦预焉。晏尝曰：'唯深也，故能通天下之志，夏侯太初是也；唯几也，故能成天下之务，司马子元是也；唯神也，不疾而速，不行而至，吾闻其语，未见其人。'盖欲以神况诸己也。"② 何晏对于所谓"神"的境界只是"闻其语，未见其人"，一方面是"欲以神况诸己"，另一方面也是对"神"的境界的拔高。对此，余敦康教授认为："实际上，脱离了'极深'和'研几'的神化境界是根本不存在的，即令何晏自以为达到了这种神化境界，而这种神化境界既不能'极深'，也不能'研几'，那就只能算作是一种知识分子的一种概念的游戏，或者是一种神秘的呓语。"③ 的确，何晏这种对理想人格近乎神化的描述是不具有任何现实性的，无论圣人的人格如何趋于完善，始终无法摆脱圣人是人这一事实，圣人终究是生活于现实世界当中，不可能没有情感的发生，不可能不"极深"不"研几"便可"神化"。以"无情"去理解圣人人格，其理论根源就在于不能从现实世界出发去认识理想人格，割裂了理想人格与现实世界之间的沟通和统一，"无情"的圣人注定是一种抽象的空洞的人格形态。

与此相对，王弼对理想人格与现实世界之间的沟通问题取得了更多的理论成果。王弼同样追寻理想的与道相合的圣人之境，但是却认为理想的圣人也无法避免情感的发生。王弼指出："圣人茂于人者神明也，同于人者五情也。神明茂，故能体冲和以通无；五情同，故不能无哀乐以应

---

① 《周易·系辞》，（魏）王弼《王弼集校释》，楼宇烈校释，中华书局1980年版，第551页。

② （晋）陈寿：《三国志·魏书》，（宋）裴松之注，中华书局1959年版，第293页。

③ 余敦康：《魏晋玄学史》，北京大学出版社2004年版，第108页。

物。"① 圣人异于常人在于其人格趋于完善，圣人同于常人在于都有喜怒哀乐之情，只是圣人之情应物而发，能够做到自我节制而不受制于物。肯定圣人具有情感的品格是注意到了理想人格的现实性问题，理想人格的养成离不开现实的土壤，一种不具有任何现实可能性的理想人格只能是空洞的理论假设。何晏单单执著于一种抽象的理想人格的追寻，从而忽视了理想人格的现实性，这是何晏不如王弼的地方。能否注意到理想人格与现实世界的沟通和统一，从其理论前提看，在于能否注意到形上本体与具体存在之间的沟通和统一。对此，汤用彤先生就指出："然何晏、王弼同祖老氏，而其说相违者疑亦有故，何晏对于体用之关系未能如王弼所体会之亲切，何氏似犹未脱汉代之宇宙论，未有本无分为二截，故动静亦遂对立。王弼主体用一如，故动非对静，而动不可废。……平叔言圣人无情，废动言静，大乖体用一如之理，辅嗣所论天道人事以及性情契合一贯，自较平叔为精密。"② 同样是对老子之"道"的追寻，何晏只是片面强调了"道"的普遍性和理想性的一面，在理想人格的设定当中，忽视了理想人格的现实性，最终未能合理实现天道与人道的统一。王弼则在追寻"道"的普遍性与理想性的同时，注意到了"道"的具体性和现实性的一面，注重理想人格的现实展现，在天道与人道的统一上得到了更多的理论成果。不能说王弼的人性思想在理论上已经一劳永逸地解决了理想人格与现实世界的沟通问题，不过其"圣人有情"思想显然是对何晏抽象人性思想的积极纠正。

总体而言，何晏虽然试图建立起形上本体与具体存在之间的沟通和统一，但是他思想的关注点更多停留在这个世界普遍性、超越性的一面，未能有效解决普遍原理的具体展现问题。正如余敦康教授所指出的那样："何晏玄学思想的缺陷可以这样来表述：当他谈论本体时，却遗落了现象，当他讨论现象时，又丢掉了本体。"③ 何晏的玄学思想始终没能够确立起"有所有"的地位和作用，这使得他对"无所有"的探讨更多地以一种抽象思辨的形式展开。何晏的历史功绩主要在于打破了两汉经学对文字注疏的执著，在思想上重新燃起了对普遍原理的兴趣，在理论上初步建

---

① （魏）王弼：《王弼集校释》，楼宇烈校释，中华书局1980年版，第640页。
② 汤用彤：《魏晋玄学论稿》，上海古籍出版社2005年版，第68页。
③ 余敦康：《魏晋玄学史》，北京大学出版社2004年版，第102页。

立起了本体论的思维模式,肯定了发现这个世界存在的终极根据和普遍基础对于认识世界的重要性。而对于自己在理论上的不足,何晏自己也是有一定的认识的,《世说新语》里曾记载:

>　　何晏注老子未毕,见王弼自说注老子旨,何意多所短,不复得作声,但应诺诺。遂不复注,因作道德论。①

王弼长于何晏之处正在于既"崇本",又"举末"。何晏困于自身的理论局限,不能够作出相应的理论突破和创新。所以当作为学术领袖的何晏发现作为学术新人的王弼解决了一直困扰着他的问题时,也不得不为王弼的才华所折服。事实上,人们也无须过多批评何晏在理论上的不足,人类思想的进步是一个不断发展的过程,假如没有何晏及其他学术前辈的积淀,也不可能会有王弼的创新。何晏对"无所有"的理解固然抽象空洞,但也正是对"无所有"的关注将王弼带入"贵无"的视域当中,为王弼进一步推进本体之"无"和具体之"有"的统一打下了基础。正如黑格尔所说的那样:"这种普遍的规定,那自己建立自己的思想,是抽象性的。它却是哲学的起始,这起始同时是历史性的,是一个民族的具体的思想形态,这个思想形态的原则构成我们所说的哲学的起始。"② 就魏晋之际而言,正是何晏抽象的贵无思想开启了玄学的大门。

第二节　普遍性追求的衰落:郭象

郭象(？—311)③,字子玄,为西晋玄学名士,其主要学术活动发生于西晋元康至永嘉年间。《文士传》里曾记载,郭象"少有才理,慕道好

---

①　(魏)王弼:《王弼集校释》,楼宇烈校释,中华书局1980年版,第645页。

②　[德]黑格尔:《哲学史讲演录》第一卷,贺麟、王太庆译,商务印书馆1959年版,第93—94页。

③　因为郭象出身寒门,史书对郭象出生时间并没有详细记载,据王晓毅教授考证,郭象出生时间应大致在262—269年之间。具体请参考王晓毅《郭象评传》,南京大学出版社2006年版,第121、380—381页。

学，托志老、庄。时人咸以为王弼之亚"。① 郭象是魏晋之际继王弼之后又一玄学巨擘，其代表性的玄学著作是《庄子注》。② 历史上对郭象的评价褒贬不一，批评往往针对郭象对于权势的贪恋。不同于王弼，郭象长于事功，一生当中长期身居要职。论者常以为，郭象在现实生活当中对于权势过度执著，与其玄学思想所表现出的高远境界不符。事实上，相比于王弼，郭象不仅在现实生活当中更加热衷于政治，其思想当中对名教的肯定、对个体的关注等都表现出更加偏向于经验世界的理论倾向。

　　从大的时代背景来看，西晋初年的现实社会仍然处于一种相对动荡的状态，但是相比于三国的混战，社会进入到一个相对稳定的恢复和发展的时期。现实社会的这种转变同样展现于思想的发展当中，以郭象为代表的西晋玄学是对正始玄学的发展和继续，不过其理论所关注的重点却在悄然地发生转变，这个时期的玄学家们追求超越无限的普遍原理的热情在逐渐地衰退。在一些玄学末流那里，所谓的玄学清谈更是演变成了空谈，玄学成为一些士人装点门面的工具。东晋的戴逵便指出："若元康之人，可谓好遁迹而不求其本，故有捐本徇末之弊，舍实逐声之行，是犹美西施而学其颦眉，……然竹林之为放，有疾而为颦，元康之为放，无德而折巾者也，可无察乎。"③ 郭象作为一代玄学大师，并不会如同玄学末流那般东施效颦，但是郭象同样有着所谓的"捐本徇末"之弊。

　　玄学中所谓的"本"指向的是本体之"无"，何晏王弼的玄学思想的历史功绩就在于树立起本体之"无"作为这个世界存在的终极根据和普遍基础的地位和作用，将"有生于无"的宇宙生成论模式不断向"有本于无"的本体论模式推进。如果说在何晏的贵无思想那里，本体之"无"还是以一种外在于具体之"有"的形态出现，那么在王弼的贵无思想那里，已经通过更为巧妙精致的方式说明了本体之"无"与具体之"有"

---

① （南朝宋）刘义庆：《世说新语笺疏》，（南朝梁）刘孝标注，余嘉锡笺疏，中华书局出版社 1983 年版，第 244 页。

② 对于郭象《庄子注》与向秀《庄子注》的关系问题，即郭象《庄子注》是对向秀《庄子注》的"继承发展"还是"剽窃"，以及郭象《庄子注》的"序"的真伪问题，学界多有争论。在这里，笔者采信王晓毅教授的结论，即郭象《庄子注》是对向秀《庄子注》的"继承发展"，郭象《庄子注》的"序"并非郭象本人的作品，不再作另外的讨论。具体请参考王晓毅《郭象评传》，南京大学出版社 2006 年版，第 140—160 页。

③ 转引自王晓毅《郭象评传》，南京大学出版社 2006 年版，第 105—106 页。

的内在统一。何晏与王弼的贵无思想都试图在理论上解决本体之"无"与具体之"有"之间的关系问题,避免本体之"无"与具体之"有"之间的分裂,他们这种理论上的努力必然有着这样一个理论前提,即肯定本体之"无"的存在,虽然本体之"无"在他们那里还是以不同的形态出现。这样一种对本体之"无"的追求往往被视作何晏王弼玄学思想的基本特征,也构成了他们玄学思想的理论基础。何晏与王弼正是以本体之"无"为基础,在理论上通过对本体之"无"的不断转化,表达了对各种普遍原理的肯定和追求。

然而在郭象那里,普遍的本体之"无"已经被抛弃,郭象所关注的是个体的"独化",郭象将万事万物存在的根据和基础归因于事物自身的"本性",即在对这个世界的存在的追问当中,以具体之"有"作为理论的出发点,这也就是所谓的"捐本徇末"。郭象玄学思想的理论关注点由何晏王弼的本体之"无"转向具体之"有",从玄学的历史发展来看,不能不说受到了裴頠的"崇有论"的影响。在《崇有论》当中,裴頠写道:

> 悠悠之徒……阐贵无之议,而建贱有之论。贱有则必外形,外形则必遗制,遗制则必忽防,忽防则必忘礼。礼制弗存,则无以为政矣。
>
> 夫至无者无以能生,故始生者自生也。自生而必体有,则有遗而生亏矣。生以有为已分,则虚无是有之所遗者也。故养既化之有,非无用之所能全也;理既有之众,非无为之所能循也。心非事也,而制事必由于心,然不可以制事以非事,谓心为无也。匠非器也,而制器必须与匠,然不可以制器以非器,谓匠非有也。是以欲收重泉之鳞,非偃息之所能获也。陨高墉之禽,非静拱所能捷也;审投弦饵之用,非无知之所能览也。由此而观,济有者皆有也,虚无奚益于已有之群生哉。①

在裴頠看来,"贵无"必定会带来"贱有"的后果,最终导致人们对现实世界的忽视,阻碍礼法名教的推行。裴頠之所以如此对立"无"与"有",其理论前提是"无"并不构成"有"的存在根据。裴頠指出,人

---

① (唐)房玄龄等:《晋书》,中华书局1974年版,第1044、1046—1047页。

们总是习惯于为事物的存在寻求外在的原因，因为有形事物难免"所禀者偏，偏无自足，故凭乎外资"。① 那么，若要成为事物存在的根据，必须是一种自身独立自足、无需外资的存在。裴頠认为，"无"并不是这样一种绝对永恒的存在，"无"只是"有"消灭了的形态，"无"既不能创生"有"，也不能成为"有"存在的根据。能够创生有形事物的必定自身也是一种实存，而不可能是一种虚无，这事实上就是说"有"生于"有"或"有"本于"有"。同时，裴頠又否认一种超越之"有"的存在，所以所谓的"始生者"就是指"有"的"自生"，即人们对事物存在根据的追问只能从事物自身出发，而不可以与事物的现实存在相脱离。在裴頠看来，真正的大道就是这个世界的整体，"夫总混群本，宗极之道也"。② 事物的有形之"分"是一种"偏"，但在某种程度上又构成了事物的本性。在这个世界的整体当中，所有事物相互资借，无法分离。正是在各有所"偏"的群有之间的相互运动当中，这个世界整体才成为大道。也就是在这统一的整体当中，群有才能成其"足"。在这里，裴頠通过整体之"足"论证了具体之"有"的"自生""自有"。

总体而言，裴頠所期望的是通过现实世界自身去探寻这个世界存在的本质，否定任何超越的独立自足的本体的存在，并进而批判了贵无论玄学以超越之"无"作为形上本体所带来的消极后果。在论证当中，裴頠一定程度上认识到了事物存在所需要的内在根据（自有）与外在条件（外资）之间的区别。然而，裴頠的论证同样有其自身的理论局限性。任何个体都是以一般为基础的个体，任何特殊性（分、偏）都是与普遍性相统一的特殊性，只有在与一般和普遍相结合的形态当中，"有"才是一种具体的存在，否则同样流于空洞、抽象。裴頠否定了超越本体的存在，却同时忽视了对一般与普遍的探寻。这样，裴頠为了说明从事物自身出发探寻事物的"自生""自有"，错误地将事物的本质归结于事物的特殊性。这种思想倾向容易导向思想仅仅停留在对事物特殊性的关注，使得理论不能得到足够的升华，只是执著于经验所及的对象。同时，为了说明事物各有所"偏"所造成的不能"自足"，裴頠将个体纳入到统一的整体当中，以整体的完满、个体间的相互运动去弥补个体自身的"不足"。裴頠的这

---

① （唐）房玄龄等：《晋书》，中华书局1974年版，第1044页。
② 同上。

种论证的确是注意到了整体与个体之间的统一关系，但是当这种论证在理论上缺少普遍与一般的支持时，当个体缺少普遍与一般的联接而被纳入到整体当中时，却容易导向整体对个体的过度压制，所谓个体间的相互资借最终演化成个体对整体的服从。裴頠崇有思想的理论价值在于对现实世界的关注，不足在于缺少对普遍和一般的探寻，由此在理论上容易导向对特殊个体的执著与对整体的偏重两种倾向。事实上，这两种倾向在郭象那里都被进一步地强化。

郭象同样反对超越的本体之"无"的存在，郭象将裴頠的"自生"、"自有"思想进一步精致化、绝对化，提出了"独化"之说。在郭象看来，"有"并非生于"无"或本于"无"，"无则无矣，则不能生有"。① 而且不仅"无"不能生"有"，"有"同样不能生"有"，"有之未生，又不能为生"。② 从根本上说，事物的创生和发展并不需要一个共同的根据和基础，郭象指出："万物万情，取舍不同，若有真宰使之然也。起索真宰之朕迹，而亦终不得，则明物皆自然，无使物然也。"③ 何晏与王弼的贵无思想在不同程度上都有着宇宙生成论的痕迹，就是因为在设定一个超越的本体之后，无法彻底说明超越本体与具体存在之间的统一关系所造成的。显然，郭象希望在理论上克服超越本体与具体存在之间的紧张关系，其方法是抛弃任何超越的本体，其最终的目的在于回归对现实世界的关注，要求理论的视野不可进入现实世界的范围之外。因此郭象不仅认为"无"不能生成或转化为"有"，而且"有"同样不能转化为"无"，即所谓"无"并非是"有"消灭后的形态。郭象指出："非唯无不得化而为有也，有亦不得化而为无也。是以夫有之为物，虽千变万化，而不得一为无也。不得一为无，故自古未有之时而常存也。"④ 郭象对现实世界的这种关注较之裴頠已经更进了一步，认为"无"所指示的是不存在，而不是一种存在的形态，并否认了存在与不存在之间有转化的可能。正如汤一介教授所指出的那样："郭象只承认'有'，'有'就是现实存在的一切，是唯一的存在。"⑤ 这多少有点像希腊哲人巴门尼德所说的

---

① 《南华真经注疏》，（晋）郭象注，（唐）成玄英疏，中华书局1998年版，第26页。
② 同上。
③ 同上书，第29页。
④ 同上书，第435页。
⑤ 汤一介：《郭象与魏晋玄学》，湖北人民出版社1983年版，第191页。

"存在者存在，它不可能不存在"① 那样，将理论的关注点紧紧地指向了这个世界的实存性。

不过正如同大多数古代哲学家那样，郭象并不能完全抛弃寻求这个世界起源的思维模式。事实上，当反对理论的视野越出现实世界的范围时，当否定有任何超越的形上本体时，郭象最终是为了说明事物创生的根据在于自身。对此，郭象在多处指出：

> 然则生生者谁哉？块然而自生耳。自生耳，非我生也。我既不能生物，物亦不能生我，则我自然矣。自己然而然则谓之天然。天然耳，非为我也，故以天言之。
>
> 请问夫造物者有邪？无邪？无也则胡能造物哉！有也则不足以物众形。故明众形之自物，而后始可与言造物耳！……故造物者无主，而物各自造。
>
> 道，无能也。此言得之于道，乃所以明其自得耳。自得耳，道不能使之得也。我之未得，又不能为得也。然则凡得之者，外不自于道，内不由于己，掘然自得而独化也。夫生之难也，犹独化而自得之矣；既得其生，又何患于生之不得而为之哉！
>
> 夫死者独化而死耳，非夫生者生此死也。生者亦独化生耳。独化而足。生与死，各自成体。谁得先物者乎哉？吾以阴阳为先物，而阴阳者即所谓物耳，谁又先阴阳者乎？吾以自然为先之，而自然即物之自尔而；吾以至道为先之矣，而至道者乃至无也，既以无矣，又奚为先？然者先物者谁乎哉？而犹有物无已，明物之自然，非有使然也。取于自然，故恩流百代而不废也。
>
> 死生出入，皆欻然自尔，未有为之者也。……夫有之未生，以何为生乎？故必自有耳，岂有之所能有乎？此所以见明有之不能为有而自有耳，非谓无能为有也。若无能为有，何谓无乎！一无有则遂无矣。无者遂无，则有自欻生明矣。任其自生而不生生。②

---

① 北京大学哲学系外国哲学史教研室编译：《西方哲学原著选读》（上卷），商务印书馆1981年版，第31页。

② 《南华真经注疏》，（晋）郭象注，（唐）成玄英疏，中华书局1998年版，第26、57、435、455页。

这样，郭象否定了超越的形上本体，但也绝非认为这个世界的生成和发展没有任何的原因或根据，所谓"有"之"自生"便指出了事物生成和发展的根据在于自身。但是在这里，这个"自生"之"有"并不是指"万有""群有"，而是指特定的个体，如王江松教授所指出的那样："郭象之有，乃指具体的存在者，即所谓'独有'。"① 而且所有的个体之间不具有任何普遍的共同的本质。在这里，个体自身获得了某种类似于本体的地位。在哲学史上，普遍的形上本体的设定可以为人们带来一种统一的视角，可是当人们不能在理论上合理解决普遍的形上本体与具体存在之间的关系时，普遍的形上本体便容易导向超验化、绝对化。在理论上，对这种普遍的形上本体的过度关注可能导致对个体的忽视，在现实实践当中，这种普遍的形上本体有可能转化为普遍的外在规范，形成对主体的约束。两汉的天命就演化成这样一种普遍的外在强制力量，天命思想在两汉的历史发展中的确也引起了一定的消极后果。王弼以"无"为本体，要求"崇本举末"，一定程度上克服了天命作为外在的普遍权威所带来的消极后果。以普遍之"无"为基础，王弼寻求对个体的关注，试图实现普遍之"无"与具体之"有"的统一。总体而言，王弼的这种努力更多地还是偏向于这个世界所具有的普遍性的一面，以本体之"无"作为理论基础，这使得"无"仍然有着被绝对化的可能。郭象将这个世界生成和发展的根据归因于个体之"有"，这显然起到了消解超验本体的作用，避免了普遍的规范以外在于主体的形态强加于主体，在理论的延伸上容易导向对个体个性与主体自愿性的关注。只是在郭象这里，这种对个体的关注却被过度地强化了。

从以上分析我们可以看到，郭象的独化论与王弼的贵无论虽然都被称作玄学思想，所指向的都是玄远之境，但是两人的思想在理论特质上却有着重大差异，这首先表现在理论切入点的不同，王弼贵无论展现了一种普遍性的视野，郭象独化论则转向对个体存在的关注。正如汤用彤先生所讲的那样："王弼与向、郭均深感体用两截之不可通，……二方立意相同，而推论则大异。"② 在这里，所谓"体用两截之不可通"所关涉的是事物的存在与事物存在的根据之间的关系问题。王弼与郭象两人都在一定程度

---

① 王江松：《郭象个体主义哲学的现代阐释》，中国社会科学出版社2008年版，第37页。
② 汤用彤：《魏晋玄学论稿》，上海古籍出版社2005年版，第43页。

上解决了"体用两截"之间的沟通问题，不过是基于不同的理论设定。对于事物存在的根据，王弼归因于本体之"无"，郭象归因于个体自身。当王弼设立本体之"无"时，也就肯定了事物的存在有着共同的基础，这种共同的基础对于一切事物都普遍适用。当郭象强调事物的"自生""自得"时，也就否定了事物的存在之间有任何共同的基础。面对多样的变化的事物，王弼突出了个体之间的统一性，郭象突出了个体之间的差别。对于同样的问题，哲人有着不同的解读。不同的解读意味着不同的理论追求，当郭象通过个体自身说明个体的存在，表明了在何晏王弼的贵无思想当中所展现出的玄学对普遍性的追寻正在逐渐地衰落。

郭象与王弼对事物存在根据的不同理解也进一步造成了两人在理论构建上的差异。郭象与王弼都表达了对自然的重视，不过王弼首先强调了自然原则的普遍适用，进而说明了自然原则具体化为个体的自然本性，郭象仅仅突出了个体的自然本性对于个体存在的作用，对于自然原则作为一种必然原则对于一切个体所具有的普遍适用性并未多加说明。在事物的生成和发展当中，郭象认为事物之所以如此存在，其所依据的是个体自身的本性。在郭象看来，个体自身的本性是一种内在于个体自然而然的规定性，是个体与个体之间相互区别的根本属性。个体自身的本性构成了个体生成和发展的基础和动力，也构成了个体生成和发展的目标和终点，这使得个体的生成和发展不受制于任何外在的目的，也确保个体的生成和发展依照某种确定的轨迹或范围进行。对此，郭象在多处指出：

> 物各有性，性各有极。
> 天性所受，各有本分，不可逃，亦不可加。
> 丘者，所以本也。以性言之，则性之本也。夫物各有足，足于本也。
> 夫率性直往者，自然也。
> 各正性命之分也。
> 任性自生，公也。心欲益之，私也。容私果不足以生生，而顺公乃全也。
> 物各任其性，乃正正也。
> 凡所谓天，皆明不为而自然。言自然则自然矣，人安能故有此自然哉。自然耳，故曰"性"。

不知其然而自然者，非性如何。①

在这里，郭象强调了个体的自然之"性"对于个体存在所具有的作用，这种自然之"性"构成了一物之所以为一物的根据，也构成了一物在存在过程当中所要遵从的必然法则。个体的"自生""自造"以个体的内在之"性"为基础，郭象这种对个体自身本性的关注显然是注意到了事物生成与发展的内在根据问题，王晓毅教授因此称郭象的玄学思想是一种"性"本体论哲学②。这种对"性"的关注使得郭象思想的视野从这个世界整体进一步转向个体自身，在理论上牢牢地树立起了个体性原则。如果说个体的"自生""自造"否定了普遍本体对个体的压制，那么对个体自身本性的关注则要求尊重个体特有之"性"，反对以他物之"性"去审视个体的存在。个体性原则的加强，从现实实践着眼，可以进一步转向对主体自身的关注，要求主体在采取行动时以主体自身之"性"为准则，避免主体以对象性的要求作为自身行动的标准，在实践中起到克服追逐外在目的和提升主体地位的作用。从魏晋之际的社会现实来看，这种对个体和主体的关注显然确有所指，起到了对外在强制的批判作用。

在郭象对个体自然本性的以上说明当中，郭象突出的是"性"之特殊，而非"自然"之普遍。相比于王弼，郭象也讲"性"之"自然"，但对自然原则作为必然原则所具有的普遍适用性并没有进行特别地强调。郭象这种对个体自身之"性"的重视将在以下说明当中进一步凸显，不过这种对"性"的重视却混淆了"性"自身所具有的普遍性与特殊性之间的关系。现实地看，对所谓事物之"性"可以有着不同层次的理解。对于同一类事物，或者对于同一个体的存在过程而言，自身的自然之"性"表现为一种普遍的规定性，适用于该类事物的所有个体，或者该个体的整个存在过程。但是"性"的这种普遍性也仅仅适用于该类事物或该个个体，当该类事物或该个个体面向他物时，这种自身的自然之"性"又构成了自身的特有之"性"。不同类的事物之间或者不同的个体之间具有不同的自然本性，事物的自然之"性"可以说是一种特殊性。这种特殊之"性"之所以被称作"性"，在于"性"对于事物自身的存在而言

---

① 《南华真经注疏》，（晋）郭象注，（唐）成玄英疏，中华书局1998年版，第5、71、141、162、171、172、398、501页。

② 王晓毅：《郭象评传》，南京大学出版社2006年版，第255—256页。

具有内在必然性。郭象对"性"的认识突出了"性"对于个体所具有的内在的必然性，突出了个体不同个"性"之间的差异性。不过对"性"所具有的普遍性，郭象做了错误的理解。一方面在郭象看来，所谓个体自身的本性不是指一类事物所依赖的共同基础，"性"并不指向某种普遍的共性，"性"仅仅指个体自身的特殊性，也就是所谓的"性分"。王弼认为，个体之间并不具有任何共同的本性。另一方面，郭象指出了个体特有之"性"对于个体自身存在所具有的内在根据的地位，却又将这种个体特有之"性"绝对化。在包括老庄、王弼、裴頠在内的许多哲人看来，个体自身这种特有之"性"往往意味着有所偏，是个体较之于他物所具有的特别的规定性，是一种相对的属性。然而郭象却认为个体自身的本性完满，无所偏且无所待，使其获得了某种类似于本体的地位。郭象指出："故物各自生而物所出焉。""物各自造而无所待焉。""至于无待，而独化之理明矣。""独生而无所资借。"① 这样郭象所说的个体特有之"性"便成为一种绝对的独立自足的存在，而无需任何外在的资借。个体的"自生""自造"都是限定于自身之内的发展，不与外部环境发生任何相互作用。个体相互之间各自独立，相互之间不发生任何关系。显然，郭象这种对个体自身本性的理解是抽象的空洞的，绝对化了的特殊性只能是超验的。与其说郭象突出了个体个性对于个体存在过程所具有的普遍性和必然性，不如说郭象只是放大了个体个性所具有的特殊性。这种对个体自然之性的说明既不关注一类事物之间的共同本性，又将个体个性所具有的特殊性绝对化，必将导致理论上的多种不足。

首先，个体所具备的这种独立自足的本性消解了统一整体的作用。在裴頠的崇有思想里，裴頠认为事物"自生""自有"，然而任何个体都不可避免地有所"偏"，为弥补个体自身的不足，必须有所资借。各有所"偏"的个体在统一的整体当中相互资借，相互作用，最终实现大道，个体的存在对统一的整体有所依赖。然而在郭象的独化思想当中，个体自身的本性独立自足，不依赖任何外部条件，这也包括不依赖整体的统一。郭象认为整体不过是对所有个体简单相加的统称而已，郭象指出："天地者，万物之总名也。""故天者，万物之总名也。"② 天地是万物的总名，

---

① 《南华真经注疏》，（晋）郭象注，（唐）成玄英疏，中华书局1998年版，第26、57、57、425页。

② 同上书，第9、26页。

所指向的是所有事物的简单相加,从而削弱了作为整体的天地与万物之间的联系。在郭象看来,整体是和谐统一的整体,可是个体并不是作为有机的部分参与到整体的统一当中,整体的统一也不发生在个体间的相互作用当中。整体之所以以一种和谐统一的秩序存在,仅仅是因为某种神秘的预设,个体在整体当中只是自我封闭的不与整体发生相互作用的独立部分。

与此相对,王弼固然也重视个体个性,但依旧对个体个性作了一定的限制。个体的存在无法与自身的自然本性相分离,个体个性规定了个体所特有的存在方式。但是个体个性作为个体特有的一种规定性,是一种有限的规定性,而不是一种绝对的完满的规定性。因此个体的存在无法与世界整体相分离,个体的存在依赖于整体的存在。王弼认为:"物反窈冥,则真精之极得,万物之性定。"① 在这里,所谓"窈冥"指向的是与本体之"无"相关联的整体之域。在王弼看来,只有在这个世界整体当中,每一个个体的特有之"性"才能得以确立,个体个性以世界整体的存在为基础。一旦脱离整体,个体之"性"将归于消解。王弼还指出:"道不违自然,乃得其性。"② 所谓自然正是"道"之"性",是宇宙之"性",是这个世界整体的内在之"性"。一切个体之"性"都必须服从于这种整体之"性",个体之"性"对于个体之所以具有根本地位正因为个体之"性"是本于个体自身的自然之"性",个体特有之"性"作为普遍自然原则的一种具体展现才能获得相应的合法地位。显然,王弼并不将个体之"性"视作一种绝对的完满的规定性,可以与整体的自然之"性"相区别而独立存在,个体之"性"只能作为整体的一个有限部分存在。的确,郭象也对个体之"性"的自然作了说明,不过并没有强调自然作为这个世界整体的必然原则所具有的普遍性,更没有指出个体之"性"作为自然原则的具体展现所具有的特殊性。

其次,个体所具备的这种独立自足的本性消解了个体之间的相互作用。个体自身的本性独立自足,不依赖任何外部条件,这就意味着个体的存在不依赖他物,个体之间不发生相互的作用。事实上,个体不依赖于整体、不与整体发生相互作用正是以个体与个体之间互不依赖、互不发生作用为前提的。从个体的生成来看,个体是"块然而自生",个体之间的生

---

① (魏)王弼:《王弼集校释》,楼宇烈校释,中华书局1980年版,第53页。
② 同上书,第65页。

成各自独立，互不影响。从个体所禀之"性"来看，是"性各有分"，"而天地万物各当其分，同于自得"。① 个体的存在就是自身本性的完成，并不需要他物的参与。可是郭象对个体的此种设定无法合理解释现实世界当中个体之间的相互作用相互影响，为此郭象提出了"相因"说。郭象指出：

> 故彼我相因，形景俱生，既复玄合而非待也。明斯理也，将使万物各反所宗于体中，而不待乎外。外无所谢，而内无所矜，是以诱然皆生而不知所以生，同焉皆得而不知所以得也。今罔两之因景，犹云俱生而非待也，则万物虽聚，而共成乎天，而皆历然莫不独见矣。故罔两非景之所制，而景非形之所使，形非无之所化也。则化与不化，然与不然，从之与由己，莫不自尔，吾安识其所以哉。②

郭象认为个体之间是一种"相因"的关系。个体间所谓的"相互作用相互影响"只是一种"玄合""俱生"的神秘状态，并不意味着个体之间相互依赖。个体只是依照各自的本性发展，从而在个体之间产生一种类似于"相互作用相互影响"的契合状态，而不会产生任何相互制约的实质关系。这种忽视事物之间现实联系的理论设定显然无法对现实世界进行合理解释，对于个体之间为何具有此种"玄合"的关系，郭象最终只能归因于所谓的"突然自生""忽然自死"③，以超验的神秘描述去应付现实的理论困境。

与此相对，王弼对个体之间的相互作用作了更多的说明。王弼同郭象一样，认为事物各有其"性"，"性"各有"分"。不过郭象将"性"之"分"视作绝对完满，所以将个体之间的相互作用视作"相因"而"无待"；王弼却因为"性"各有"分"，指出了"性"的特殊性，每一个个体都是有限的存在，所以要依靠个体之间的相互作用，来维持自身的存在，维持整体的存在。王弼指出："天地相应，乃得化醇；男女匹配，乃得化生。阴阳不对，生可得乎？"④ 事物应当依据各自特性，与他物发生

---

① 《南华真经注疏》，（晋）郭象注，（唐）成玄英疏，中华书局1998年版，第30、36页。
② 同上书，第57—58页。
③ 同上书，第516页。
④ （魏）王弼：《王弼集校释》，楼宇烈校释，中华书局1980年版，第422—423页。

作用，只有在事物之间的相互作用相互运动当中，这个世界整体与个体都才能得以存在，得以发展变化。如果每一个个体都限于自身，不与他物发生作用，所谓的"相因"得到的只能是绝对的静止。当王弼对个体之"性"的说明指向社会之域时，便关涉到社会的等级秩序。王弼认为，人们处于不同的社会等级之中，不同的社会等级具有不同的特性，人们应该根据各自等级的特性与他人交往。王弼指出："妇制其夫，臣制其君，虽贞近危。"[①] 显然，王弼在这里认为"夫制妇""君制臣"是一种必然的合理的交往方式，这种交往方式是由各自本性所决定的。这种对个体之间交往方式的说明是王弼所处时代固有的等级观念的一种反映，不过这种说明也的确指出了个体需要依据自身的特性，与其他个体展开交往。处于一定社会等级当中的个体，如"夫""君"如果不根据自身等级地位的特性与其他社会等级当中的个体，如"妇""臣"发生交往（制），最终导致的是自身特性的消灭。个体的存在依赖于其他个体的存在，依赖于个体与个体之间的交往。王弼注重个体的自然本性，但是其所要求的是个体依据自身的个性去实现自身，去与其他个体交往，而不是将个体完全限制于自身的个性之中，否定个体之间的相互作用。

总体而言，郭象对个体自身本性的关注是注意到了个体生成和发展所依赖的内在根据问题，并进而树立起了个体原则。可是个体的地位却被过度强化了，当郭象将个体的特殊性绝对化，设定为个体生成和发展的内在根据时，这种个体的个性只能是一种抽象的本性，最终无法实现对现实世界的合理解释。从更深的理论根源上看，郭象之所以存在这样的理论困境是没能够认识到以下问题。首先，郭象没能够认识到任何的个性、特殊性必然以共性、普遍性为基础，脱离共性、普遍性的个体、特殊性是不现实的。正如黑格尔所说的那样，"脱离普遍者的个体性是毫无能力、会趋于毁灭"[②]，被郭象绝对化的特殊性只能是一种缺少生命力的理论。在现实实践当中，片面夸大个性、特殊性的地位，使其与共性、普遍性相对立，固然起到了弘扬自由，树立个体原则的作用，但容易滑向忽视普遍规范与必然法则对个体的引导和约束。其次，郭象将个体自身的本性绝对化，将其视作独立自足，是注意到了事物的存在所依赖的内在根据，却忽视了事

---

① （魏）王弼：《王弼集校释》，楼宇烈校释，中华书局1980年版，第267页。
② ［德］黑格尔：《哲学史讲演录》第一卷，贺麟、王太庆译，商务印书馆1959年版，第346页。

物的存在所依赖的外部条件。黑格尔曾指出:"一个事物的条件,含有两种意义,第一是指一种定在,一种实存,简言之,指一种直接的东西。第二是指此种直接性的东西的本身被扬弃,并促成另一事物得以实现的命运。"① 这就意味着事物的发展是一个开放的过程,其中有着他物的参与。事物依照自身的本性发展,同时在自身的发展当中促成他物的发展。郭象否定个体之间的相互作用,等于是将个体的发展视作一个封闭的过程,将个体的发展仅仅限定于自身。

所以我们可以看到,郭象的独化思想最终滑向两种极端。一方面,郭象寻求神秘主义的帮助。个体各自独立自性完满的"自生""自造"过程无法用于说明个体之间的现实联系,也无法合理说明个体源初的发生根据,郭象便将一切统统归结于神秘的力量。不同于裴頠以"有"作为理论的出发点,郭象在否定掉作为普遍本体的"无"与作为"有"的消灭状态的"无"之后,并没有彻底放弃"无"的使用,只是这个"无"不再作为这个世界存在的终极根据与普遍基础出现了。郭象认为,老庄对"无"的使用反而恰恰说明了事物的创生是"自生""自造",而非"无"生"有"。对此,郭象指出:

> 窈冥昏默,皆了无也。夫庄老之所以屡称无者何哉?明生物者无物,而物自生耳。自生耳,非为生也,又何有为于己生乎?②

在郭象看来,老庄通过"无"描绘了一种"窈冥昏默"的状态。在这里郭象用这种神秘之境的混沌一片去消解了目的论当中清晰明确的对应关系,认为老庄喜好"无"所指向的神秘之境正是为了说明事物的创生是一种"自生",而不是"为生",事物的"自生"过程不具有任何外在的目的,也不与外界环境发生实质联系。郭象又进而指出:

> 庄子之所以屡称无于初者,何哉?初者,未生而得生,得生之难,而犹上不资于无,下不待于知,突然而得此生矣,又何营生于己生,以失其自生哉!③

---

① [德]黑格尔:《小逻辑》,贺麟译,商务印书馆1980年版,第304页。
② 《南华真经注疏》,(晋)郭象注,(唐)成玄英疏,中华书局1998年版,第220页。
③ 同上书,第242页。

不仅个体的"自生"与他物之间没有实质关系，就算是个体自身，其"自生"也是"突然"而然地发生，没有任何确定的原因。个体"自生"的这种"突然"发生同样是一种神秘之境，在郭象看来，庄子屡屡使用"无"正是为了说明这种神秘之境。郭象的这种论证多少显得有点强人从己的意味，不过这正是他所需要的。在郭象这里，"无"所指向的神秘之境就是他自己所说的"玄冥"之境，"玄冥者，所以名无而非无也"。① 郭象认为，一切个体"自生""自造"的"独化"过程正发生于"玄冥"之境，"是以涉有物之域，……未有不独化于玄冥者也"。② 正是在这种"名无而非无"的"玄冥"之境当中，郭象为个体"自生""自造"的"突然"发生设定了一个神秘混沌的背景，以期在理论上消解一切因果链条上的回溯。正是这种对"名无而非无"的"玄冥"之境的关注，使得郭象的"独化"思想不同于裴頠的"崇有"思想，从而在理论上表现出一种玄远的风格。

郭象这里的"无"所指向的"玄冥"之境所表现出的玄远风格与神秘主义有着更多的关联，这就不同于王弼贵无思想所展现出的理性主义的理论进路。毫无疑问，王弼对本体之"无"的描述，如"窈冥""无形""无象"等，同样包含有神秘主义的成分，但是相比郭象的独化论，的确有着更多的理性主义的成分。就王弼的理论目的而言，在于追寻一种可以指导现实名教规范设立和运行的普遍原理。普遍原理自身的普遍性、必然性和超越性往往意味着普遍原理有着与现实经验世界相分离的一面，事实上，王弼引入的理论资源——老子思想正是包含了大量的对现实世界的批判。不过王弼对普遍原理的追寻并没有仅仅停留在一种抽象的神秘形态的普遍原理，王弼仍然试图实现普遍原理的具体化现实化，实现对现实世界的肯定。王弼认为，本体之"无"必须通过具体之"有"展现自身，普遍的自然原则具体展现为个体的自然之性，建立在自然原则基础上的名教规范有其存在的合理性。在王弼看来，人们可以通过现实的手段去把握超越的遥远的普遍原理，人们可以通过具体之"有"把握本体之"无"。这种将普遍原理具体化现实化的理论进路正是一种理性主义的理论进路，避免了普遍原理的超验化。与此相反，郭象的独化论从个体自身入手，并没

---

① 《南华真经注疏》，（晋）郭象注，（唐）成玄英疏，中华书局1998年版，第150页。
② 同上书，第57页。

有为个体的存在设立一种普遍的基础，最终为了说明个体的存在，只能求助于一种超验的神秘力量。

对于这个世界为何如此这般地存在，郭象在理论上除了寻求神秘主义的帮助之外，另一方面则从现存的世界当中寻求帮助，并将两者结合在一起。郭象认为事物的"自生""自造"是一个由自身本性决定的自然而然无所外待的过程，可是郭象又认为"寻其原以至乎无极，则无故而自尔也"①，反对为"性"设定一种形上的根据。所以郭象最终以所谓的所"遇"之"命"来解释个体所禀之"性"。对此，郭象指出：

> 其理固当，不可逃也。故人之生也，非误生也；生之所有，非妄有也。天地虽大，万物虽多，然吾之所遇在于是，则虽天地神明，国家圣贤，绝力至知而弗能违也。故凡所不遇，弗能遇也；其所遇，弗能不遇也。凡所不为，弗能为也；其所为，弗能不为也。故付之而自当矣。②

所谓"命"是指一种神秘的超验的必然性，所谓"遇"是指事物存在的偶然性，所指向的是现实的存在。在郭象看来个体偶然之"遇"就是必然之"命"。郭象认为，个体所"遇"之"命"都必然发生而"弗能违"，并不存在"误生""误有"的可能。神秘之"命"恰恰证明了现实存在的合理性，一切现实存在都是合理地必然地发生，也就是合乎个体自身本性而发生。具体从社会层面而言，就是指一切现实的社会规范社会等级都是合理的必然的，都是合乎本性的合乎自然的，这就是所谓的"名教即自然"。其逻辑延伸就是，一切不合乎现实的，即不合乎名教规范的，便是不合乎自然不合乎本性的。正因为如此，郭象认为个体的自我完善就是安于各自的"性分"，就是接受各自实际所面对的状况。对此郭象指出：

> 故理有至分，物有定极，各足称事，其济一也。若乃失乎忘生之主，而营生于至当之外，事不任力，动不称情，则虽垂天之翼不能无

---

① 《南华真经注疏》，（晋）郭象注，（唐）成玄英疏，中华书局1998年版，第287页。
② 同上书，第123页。

穷,决起之飞,不能无困矣。

若皆私之,则志过其分,上下相冒,而莫为臣妾矣。臣妾之才而不安,臣妾之任则失矣。故知君臣上下,手足外内,乃天理自然,岂直人之所为哉!

任之而自尔,则非伪也。凡得真性,用其自为者,虽复皂隶,犹不顾毁誉而自安其业。故知与不知,皆自若也。若乃开希幸之路,以下冒上,人忘其本,则毁誉之间,俯仰失错也。言性各有分,故知者守知以待终,而愚者抱愚以至死,岂能中易其性者也。

所谓齐者,何必齐形状同规矩哉!故举纵横好丑,恢诡谲怪,各然其所然,各可其所可,则理虽万殊,而性同得,故曰"道通为一"也。①

在这里,郭象再次将特殊性绝对化,认为"万殊"之"理"——也就是个体各自所面对的特定现实和特殊状况,都是"同得"于"性"。所以个体要"各然其所然,各可其所可",只要接受现实便是"自得"其"性"。这种将一切现实存在都视作合理必然,是忽视了现实世界在其运动当中具有多样的发展可能,在实践当中也就消解了主体自由选择的空间,主体所能做的就是接受现实。正如杨国荣教授所指出的那样:"个体实质上即成为一种被决定的存在,它虽然无故而自尔,亦即处于普遍的因果序列之外,但却又受冥冥之中的超验之命的支配,其行为结果完全无法自主。"② 在社会整体当中,一个被决定了的个体在面对现实的社会规范社会等级时,毫无抗争的能力。郭象的"独化"思想树立起了个体原则,但是在以"遇"为"命"当中,最终反而走向个体的失落。在对现实存在的肯定当中,郭象的玄学思想展现出了一种现实主义的风格,忽视了普遍的超越的理想对现实的调整和引导。

与此相对,王弼固然肯定了现实名教规范存在的合理性,但是以自然原则作为名教规范设立的前提,强调普遍原理对现实世界的指导地位使得王弼的玄学思想更有一种理想主义的风格。在为现实世界树立指导原则的

---

① 《南华真经注疏》,(晋)郭象注,(唐)成玄英疏,中华书局1998年版,第3、29、30、37页。

② 杨国荣:《善的历程——儒家价值体系的历史衍化》,上海人民出版社1994年版,第229页。

时候，王弼的理论追求就指向了超越的世界。在王弼看来，直接从现实的经验世界入手，无法说明现实世界存在的合法性，无法指导现实世界的运行。王弼认为，必须为杂多之"众"设立"统众"之"一"，才能实现杂多之"众"的有序。因此，要实现对现实世界的治理，实现对现实世界更深层次的把握，必须要达到对普遍原理的把握。王弼所确立的"统众"之"一"就是本体之"无"，就是自然原则。本体之"无"统摄万"有"，是万"有"的存在根据。名教规范的设立和运行必须遵从普遍的自然原则，否则将归于失败。以本体之"无"以及自然原则这些普遍原理为基础，王弼进而说明了普遍原理在具体之"有"和名教规范当中的现实展现。只有首先确立了普遍的必然的指导原则，对现实世界的说明才能有合法性的依据。正是在通向超越的普遍原理的途中，王弼的本体思想展现出了一种理想的追求，而不是仅仅停留于现实的经验世界。这种对普遍原理的追求，显然与郭象将一切现存的都视作合理的有着重大的差别。

相比于王弼，郭象的"独化"思想注重个体的价值，强调现实存在的合理性，但是忽略了普遍原理的构建和超越理想的追求。可是这与那种完全着眼于具体经验世界仍然是有一定距离的，郭象所期望的是从个体的角度着手为名教寻找设立和运行的指导原则，对个性原则的遵从在某种程度上获得了普遍的意义，普遍的原则内化为个体的本性。郭象如同其他玄学家一样，都在从事着本与末、理想与现实、普遍与具体、自然与名教之间的统一工作。只是在这种统一当中，王弼强调了普遍的自然法则对现实对个体所具有的指导和规范的作用，而郭象凸显了现实与个体的地位，将现存的世界视作理想追求的真实展现，将尊重个体各自的本性设定为普遍的要求。这使得郭象的玄学风格如余敦康教授所说的那样，"既无慷慨，也无悲凉"①，更多的是对现实的迎合。所以从郭象的"独化"思想当中我们可以看到，魏晋玄学在何晏、王弼的贵无思想当中所展现出的对普遍性的追求已经逐渐衰落。

第三节 普遍性追求的偏离：嵇康

嵇康（223—262），字叔夜，会稽上虞（今浙江上虞市）人，是魏晋

---

① 余敦康：《魏晋玄学史》，北京大学出版社2004年版，第349页。

时期著名士人团体"竹林七贤"的领袖人物。从魏晋玄学的发展演变来看，何晏、王弼的贵无思想更多地偏重于这个世界普遍的、超越的、理想的一面，郭象的"独化"思想更多地展现了对个体和现实的关注。不过无论他们的理论取得何种成果，他们的玄学思想都试图实现本与末、理想与现实之间的统一，他们的差别在于各有侧重。特别是在魏晋玄学的主要论题——自然与名教之间的关系问题上，他们都一致肯定传统的名教规范的合理性，并希望通过引入道家的自然原则对这种合理性进行说明。可以说肯定自然与名教之间的统一是魏晋玄学的主流观点，思考合理的社会秩序反映了时代的需求，表达了当时的中国社会寻求统一安定的努力。可是历史的发展总是复杂多变，正如我们所看到的那样，魏晋社会的统一安定是局部的短暂的脆弱的。各种新旧的社会矛盾积聚着，名教社会的各种腐朽现象并未因玄学的批判而得到即刻的纠正。面对丑恶与黑暗，对理想与超越的追求和对现实社会秩序的批判就会增强了，阮籍与嵇康就代表了这种社会力量。与时代的理论风气相一致，嵇康同样好老庄，法自然。然而与王弼、郭象不一样的是，嵇康在对普遍自然原则的追求当中所表达的却是对名教规范的否定，要求"越名教而任自然"①。自然与名教在王弼、郭象那里得到统一，在嵇康那里走向紧张与分离。这种观点不仅偏离了魏晋玄学普遍性追求的主流，更为统治者所不容，最终造成了个人命运的悲剧。

作为一名玄学名士，嵇康在历史上为人所称道更多在于其高洁的志向，他的玄学思想不具有典型的玄学风格，并没有围绕"有"与"无"、"本"与"末"之间的关系展开说明，更多的是针对自然与名教之间的关系进行探讨。王弼与郭象会通儒道，对名教秩序的肯定和追求反映了时代的需要。嵇康要求"越名教而任自然"，猛烈批判礼教的虚伪堕落同样是对时代的真实感受。只是自身所处情境的不同，使得嵇康对名教社会当中各种不合理的成分有了更多的体会。他在《幽愤诗》里写道：

> 嗟余薄祜，少遭不造，哀茕靡识，越在襁褓。母兄鞠育，有慈无威，恃忧肆妲，不训不师。爰及冠带，凭宠自放，抗心希古，任其所

---

① 嵇康：《嵇康集》，《鲁迅全集》第九卷，人民文学出版社1973年版，第87页。

尚。托好老庄，贱物贵身，志在守朴，养素全真。①

嵇康自幼好老庄，法自然。在老庄思想的熏陶下，嵇康从小培育了高洁的志向和勇猛的批判精神。这种天生的高傲正直使得嵇康对那些虚假仁义难以容忍，展现了老庄思想所具有的对现实社会的批判性与反思性。由于他长期浸染于老庄的人格境界当中，对自己、对社会有着极高的理想化的要求，无半点妥协，这也加剧了他与当权者冲突的力量。与何晏、郭象、山涛等历任高官不同，宁可锻铁于乡间也不愿事于权贵的嵇康只出任过中散大夫，始终处于政治边缘地带。所处政治地位的不同，使得嵇康对统治秩序的维护和认同要少得多了。不过与嵇康此种桀骜不驯性格相联系的并非放任妄为，而是老庄逍遥游世的人生境界。对于注重个体自由的庄子，嵇康更是喜爱。在嵇康的诗文当中，我们可以看到：

俯仰自得，游心泰玄。嘉彼钓叟，得鱼忘筌。郢人逝矣，谁与尽言。
泽雉虽饥，不愿园林。
斥鷃擅蒿林，仰笑神凤飞。坎井蜩蛙宅，神龟安所归。②

这种对《庄子》的引用所表达的正是嵇康对庄子所描述的人生境界的向往，只是嵇康最终并没有真正遁隐山林，超脱世间，对于现实社会他仍然以他的方式保持着关注，这也为他自己人生的悲剧埋下了伏笔。

对于嵇康而言，老庄的自然不仅仅意味着逍遥的人生境界或者"永啸长吟，颐性养寿"③的山林生活，更意味着普遍必然的自然原则。在嵇康这里，所谓普遍原理往往表现为"至理"，对于"至理"的把握，嵇康指出：

夫推类辨物，先求自然之理。理已足，然后借古意以明之耳。今未得之于心，而多恃前言以为谈，自此以往，恐巧历不能纪耳。④

---

① 《嵇康集》，《鲁迅全集》第九卷，人民文学出版社1973年版，第23—24页。
② 同上书，第21—22、25页。
③ 同上书，第24页。
④ 同上书，第76页。

在这里，所谓"推类辨物"是指通过推理分析等方法去探讨现实世界的存在规律，所谓"理"是指规律性的知识，所谓"足"是指在逻辑上所具有的充分必然性，所谓"古意""前言"指向的是经验性的知识。嵇康认为，人们对现实世界的认识必须建立在把握普遍规律的基础之上，然后再通过经验证据予以证明，这样的认识过程才具有可靠性。假如缺少普遍规律的理论支持，仅仅依靠经验知识是无效的。正如曾春海教授所说的那样，嵇康是"先求确定普遍的自然之理，再举古义以诠释"。① 在嵇康看来，这种普遍之"理"就是自然原则。嵇康理想当中的社会应当是以自然原则为标准建立的，社会的治理和运转应当做到自然无为。对此，嵇康曾从"至人"的角度对合于自然原则的社会治理进行了说明，嵇康指出：

> 圣人不得已而临天下，以万物为心，在宥群生，由身以道，与天下同于自得。穆然以无事为业，坦尔以天下为公。虽居君位，飨食万国，恬若素士接宾客也。虽建龙旗，服华衮，忽若布衣在身也。故君臣相忘于上，蒸民家足于下。岂劝百姓之尊己，割天下以自私，以富贵为崇高，心欲之而不已哉？②

在这里，嵇康表达了对自然无为的崇尚和追求，要求统治者能够做到"以万物为心""以无事为业"，使百姓素朴无欲，克制私心自利，最终达到天下万物各"自得"的状况。他所描述的理想社会与道家一贯的社会政治思想相一致，也凸显了魏晋玄学的理论主题。

崇尚自然是玄学思想的一个基本方面，王弼与郭象的思想都以自然原则为理论基础。嵇康对自然的如上表述，与时代的思想主流并无大异，表达了一种对理想的自然状态的追求。嵇康与王弼一样，都认为人们之所以要崇尚自然，在于自然原则是一种普遍必然的法则。以自然原则这种必然法则为基础，人们进而以自然原则为标准开展自己的知行活动。在王弼看来，自然原则是万事万物"必由"之"理"，人们要根据事物各自的自然之"性"采取相应的行动。在嵇康看来，自然原则是自足之"理"，圣人

---

① 曾春海：《嵇康的精神世界》，中州古籍出版社2009年版，第31页。
② 《嵇康集》，《鲁迅全集》第九卷，人民文学出版社1973年版，第61—62页。

之所以为圣人就是能做到以自然无为管理社会。对于玄学名士而言，自然原则就意味着理论支柱和精神理想。在处理"本"与"末"、自然与名教的关系当中，王弼与嵇康这些玄学名士正是通过对自然原则的肯定，强调了树立普遍原理对于指导现实世界的重要性，表达了对超越之境的向往。仅仅就崇尚自然这一点而言，嵇康不仅未溢出玄学正统，反而是紧紧扣住了时代主题，可以说与王弼的玄学思想是一脉相承。

不过嵇康与王弼在思想上的一致也就仅仅停留在对自然的崇尚之上，在进一步处理自然与名教的关系问题上，两人就表现出了完全相反的态度。王弼崇尚自然，要求以自然原则指导现实世界的活动。在王弼看来，这种指导就是名教规范的设立和运行必须以自然原则为基础，在合乎自然原则的名教规范当中，人们就可以实现对自然原则的把握。嵇康崇尚自然，然而对于嵇康而言，以自然原则指导现实世界更多是一种遥远的理想。在嵇康看来，不仅现实社会当中的名教规范不符合自然原则，而且从根本上说名教规范与自然原则就是对立的，应当通过对名教规范的超越，实现对自然原则的追求。嵇康眼中的现实世界与理想的自然状态尖锐对立，对于现实世界，嵇康曾痛心疾首地指出：

> 下逮德衰，大道沉沦。智愚日用，渐私其亲。惧物乖离，攘臂立仁。名利愈竞，繁礼屡陈。刑教争驰，夭性丧真。季世陵迟，继体承资。凭尊恃势，不友不师。宰割天下，以奉其私。故君位益侈，臣路生心。竭智谋国，不吝灰沉。赏罚虽存，莫劝莫禁。若乃骄盈肆志，阻兵擅权。矜威纵虐，祸崇丘山。刑本惩暴，今以胁贤。昔为天下，今为一身。下疾其上，君猜其臣。丧乱弘多，国乃陨颠。①

嵇康认为，与社会发展相伴随的是自然状态的丧失。自然原则的缺失使得人们以仁义、名利、刑教去实现对社会的治理，可是最终却导致社会愈加黑暗和混乱。在这里，我们可以看到嵇康对现实统治秩序强烈的痛恨与无奈，正是基于此种情感，嵇康进一步推进了对名教规范的批判。

如果说嵇康的以上说明只是从历史发展的角度对现实社会当中的仁义礼智进行了批判，那么嵇康的以下论述将从更一般的角度对名教规范的合

---

① 《嵇康集》，《鲁迅全集》第九卷，人民文学出版社1973年版，第123—124页。

理性进行了否定。嵇康指出:

> 夫民之性,好安而恶危,好逸而恶劳。故不扰,则其愿得;不逼,则其志从。……六经以抑引为主,人性以从欲为欢。抑引则违其愿,从欲则得自然,然则自然之得,不由抑引之六经;全性之本,不须犯情之礼律。固知仁义务于理伪,非养真之要术,廉让生于争夺,非自然之所出也,由是言之:则鸟不毁以求驯,兽不群而求畜;则人之真性,无为正当;自然耽此礼学矣。
>
> 夫口之于甘苦,身之于痛痒,感物而动,应事而作。不须学而后能,不待借而后有。此必然之理,吾所以不易也。①

在这里,嵇康将自然原则指向了人类的情感欲望。嵇康认为,"好安恶危""好逸恶劳""感物而动""应事而作"这些情感愿望是人类不学而能的天生之性,是人类生存所遵循的必然不易之理。人类一切行为都应以这种自然而发的情感欲望为基础,以合乎自然之情的方式去开展行动(从欲)也就意味着自然原则的实现(得自然)。可是在嵇康看来,所谓"六经"不但无法达到"自然之得""全性之本",反而是对人类真实情感的抑制,恰恰是对人类自然天性的戕害,这种与人类自然情感相对立的名教规范应该被否定抛弃。嵇康在这里将人类自然天性的内涵仅仅理解为"好安恶危""好逸恶劳"之类的情感欲望显然是片面的,忽略了人类天性当中理性的一面。这种对人类情感欲望的注重在理论上的意义在于指出了普遍的理性规范所具有的压制人类自然情感的可能,注意到了人类开展知行活动所需要的内在意愿问题,正如杨国荣教授所说的那样:"在嵇康和阮籍那里,自然便开始与自愿沟通起来。"② 当然之则作为一种普遍的规范无法与个体真实的情感愿望相分离,否则将失去其现实推行的可能性。可是嵇康此种观点的不足在于未注意到个体的情感欲望同样需要普遍的规范进行引导和约束,仅仅因为六经对于人类情感有所"抑引",便要求彻底抛弃六经,在现实的实践当中就有可能走向欲望的放纵。

显然,嵇康对名教规范的此种观点已经偏离了魏晋玄学的主流,以王

---

① 嵇康:《嵇康集》,《鲁迅全集》第九卷,人民文学出版社 1973 年版,第 98—99、99 页。
② 杨国荣:《善的历程——儒家价值体系的历史衍化》,上海人民出版社 1994 年版,第 197 页。

弼郭象为主的玄学名士都试图实现自然原则与名教规范之间的统一，而嵇康却突出了自然原则与名教规范之间的对立。对于王弼而言，自然原则作为一种价值理想最终必须落实到现实世界。王弼固然对名教规范的各种弊端展开了大量批判，但并没有完全否定名教规范存在的合理性。在王弼看来，在现实的社会管理当中，名教规范有其存在的必要，人们所需要做的是使名教规范的设立和运行以自然原则为基础。实现名教规范与自然原则之间的统一，既是促使现实社会以自然理想为标准实行变革，也避免了自然原则只是一种遥远的不切实际的空洞理想。从社会现实来看，王弼肯定名教规范的作用，并为其树立普遍的指导原则，符合了魏晋时期统治者管理社会和变革社会的需要。从理论上看，王弼促使自然原则与名教规范之间的统一，一方面是注意到了个人的行为需要普遍的当然之则的约束和引导，而当然之则的设立和运行又以必然的法则为基础。另一方面，王弼是注意到了理想追求与现实存在之间的沟通问题，强调了理想追求所应具有的现实可能性。总体而言，魏晋士人都表达了对玄远的自然之境的向往和追求，但是对现实世界的批判都保持在一定限度之内，避免对自然的追求完全与现实世界相分离。

与此相对，嵇康所追求的自然表现为一种超越的理想。对于嵇康而言，对自然原则的追求就意味着对现实名教规范的否定和超越，而不是以自然原则指导名教规范的设立和运行。当然之则不仅表现为一套形式化的规则体系，也以某种确定的价值追求作为其核心内容，这样的规范系统构成了文明社会发生和发展的重要基础。就中国传统社会而言，以儒家的价值理想为核心内容的名教规范有着两千多年的延续，在中国的历史发展当中有其自身存在的合理性和必要性。就魏晋的社会现实而言，门阀士族的腐朽堕落使得名教所蕴含的价值理想走向虚伪和衰落，道家自然思想的引入就在于为名教规范注入全新的价值追求，而非否定名教存在的必要性。名教规范在当权者那里失去了其应有的价值追求，但是外在的形式规则却依然被鼓吹和标榜。当西晋初建之时，当权者急需建立稳定的社会秩序，这套规则体系便被特别地强调和重视。在泾渭分明的规则体系内，任何违反与超越都不被允许。嵇康自称"每非汤武而薄周孔，在人间不止此事，会显世教所不容"[①]，嵇康追求自然，却走向对名教规范的彻底否定，其

---

① 《嵇康集》，《鲁迅全集》第九卷，人民文学出版社1973年版，第47页。

所说的"非""薄"正是以理想的标准去消解名教的规则,但同时又不能够为社会提供一套全新的规则体系,如此否定现实社会秩序的合法性,难免会为当权者所记恨,理想与现实的差距使得冲突不可避免。

在对自然的追求当中,嵇康所消解的不仅仅是名教的规则体系,同时也消解了个体的地位。嵇康批判六经的理论基础是个体情感欲望的合理性,嵇康这是注意到了名教规范对个体个性的压制,表达了对主体的自愿性的关注。可是在嵇康看来,对自然的追求最终同样需要个体以否定自我的方式融入到自然当中去,个体对自我的消解首先恰恰表现为对自我情感的消解,嵇康指出:

> 养生有五难:名利不灭,此一难也。喜怒不除,此二难也。声色不去,此三难也。滋味不绝,此四难也。神虚精散,此五难也。五者必存,虽心希难老,口诵至言,咀嚼英华,呼吸太阳,不能不回其操,不夭其年也。五者五于胸中,则信顺日济,玄德日全,不祈喜而有福,不求寿而自延。此养生大理之都所也。①

所谓养生就是个体在自己的生存过程当中以合乎自然原则的方式去存在,嵇康认为,"喜怒""声色""滋味"等等都构成了个体养生的障碍,必须予以去除。在这里,嵇康显然持一种"圣人无情"观。在嵇康看来,养生之所以需要去除喜怒之情,也是因为理性思虑的参与使得情感欲望发生了质变。因此养生同样需要去除理性的思虑,嵇康指出:

> 难曰:感而思室,饥而求食,自然之理也。诚哉是言!今不使不室不食,但欲令室食得理耳。夫不虑而欲,性之动也;识而后感,智之用也。性动者,遇物而当,足则无余。智用者,从感而求,倦而不已。故世之所患,祸之所由,常在于智用,不在于性动。②

所谓"室食得理"便是指情感欲望合乎自然的原则,嵇康认为"得理"的标准在于是否有"虑""识"的参与。在嵇康看来,"虑""识"

---

① 《嵇康集》,《鲁迅全集》第九卷,人民文学出版社1973年版,第70页。
② 同上书,第63页。

的参与使得情感欲望由自然之性演变为理智之用，人们不再满足于情感欲望的实现，而走向情感欲望的放纵。所以，自然之性的实现就要做到克制智用。

在以上说明当中，嵇康对情感欲望的态度在"足则无余"和"除喜怒"之间存在着矛盾和反复，这是因为他不能将作为情感欲望指导原则的自然原则落实到现实层面造成的。在以下论述当中，克制自我的要求又得到了进一步的强化。事实上在嵇康看来，任何对自我的执著都将妨碍人们通向自然之境。对此嵇康指出：

> 夫称君子者：心无措乎是非，而行不违乎道者也。何以言之？夫气静神虚者，心不存乎矜尚；体亮心达者，情不系于所欲。矜尚不存乎心，故能越名教而任自然；情不系于所欲，故能审贵贱而通物情。物情顺通，故大道无违；越名任心，故是非无措也。是故言君子，则以无措为主，以通物为美。言小人，则以匿情为非，以违道为阙。
>
> 夫渴者唯水之是见，酗者唯酒之是求。人皆知乎生于有疾也。今若以从欲为得性，则渴酗者非病，淫湎者非过，桀跖之徒皆得自然，非本论所以明至理之意也。①

这里对"从欲"的批评以及"情不系于所欲"的要求已经与嵇康在反对六经时所提出的"从欲"要求产生了明显的冲突。当嵇康要求对"矜尚""所欲"做到"不存""不系"时，容易导向要求主体切断与对象世界之间的联系。而所谓"心无措乎是非"则更进一步，是通过消解对象世界各种差别和特性的方式来实现自我情感欲望的消融，这显然没能够注意到现实世界各种差别和特性所具有的确定性。在嵇康看来，只有"心无措乎是非"，才能"大道无违"，正如余敦康教授所说的那样，嵇康是"要求超越自我，否定自我，把自我投身到宇宙本体中去，与本体合而为一"。② 嵇康虽然一再强调社会对个体尊重，但是当他将理想的自然之境视作一种脱离现实的"气静神虚"的状态，最终还是没能够在理论上树立起个体的地位，反而是在整体当中消解了个体。嵇康试图通过消解

---

① 《嵇康集》，《鲁迅全集》第九卷，人民文学出版社1973年版，第87、68页。
② 余敦康：《魏晋玄学史》，北京大学出版社2004年版，第319页。

一切对立和差别的方式通向自然之境，试图将一切特殊性排除在自然整体之外。这种自然之境是脱离现实世界的，这反而是突出了理想的自然与现实世界之间的差别和对立。

  嵇康之所以不能正确树立起个体的地位，最终走向对个体个性和个体情感的否定，是因为他最初就未能正确地树立起自然的理想。嵇康将自然理想设定为一种远离现实世界的超越追求，而王弼坚持从现实世界出发展开对自然的追求。王弼将自然原则规定为适用于一切事物的普遍原理，不过在王弼看来，自然原则的普遍性并不意味着自然原则以一种一成不变的形式展现自身。在不同的个体那里，自然原则就有着不同的展现，即自然原则在不同的个体那里展现为不同个体的自然本性。个体并不需要通过消解自身达到与自然原则的统一，个体的自然本性恰恰就是普遍的自然原则的现实展现。进一步而言，个体的自然本性不是表现为一种抽象的本质，同样需要通过多样的形式现实地展现自身。就人类而言，人的自然本性无法与个人的情感相分离。基于自愿的情感表达正是人类自然本性的现实展现，固然情感有走向放纵的可能，但是合理的一定限度之内的情感表达是人类自然本性的应有成分。在王弼看来，就算达到自然之境的圣人同样也具有情感，而不是无情无欲。自然之境并不表现为至纯无情，情感与自然并不相冲突。所谓达于自然之境不是消灭情感的发生，而是使情感的发生能够受到自身的控制，能够合乎个人自身自然的天性，出于个人真实的感受，避免情感走向放纵。嵇康将个体个性以及个人情感与自然对立起来，这是因为他将自然视作一种远离现实世界的超越追求。这种远离现实世界的超越追求，最终带来的只能是一种虚幻的理想。

  嵇康理想中的自然远离现实世界，这种分离在以下的论述当中将得到进一步的展现。嵇康所追求的至和之声是一种客观的存在，自身并没有哀乐之分，所谓哀乐只是源自人类情感的特定需要而对自然之声所做的外在附加。而且从根本上说，"心之与声，明为二物"。"音声有自然之和，而无系于人情。"① 人之情与自然之声之间并没有必然的联系。嵇康对"声"与"哀乐"的区别接触到了对象"是什么"与"意味着什么"之间的差别，但是他却将这种差别绝对化了。正如杨国荣教授所指出的那样："对象不仅包含着'是什么'的问题所指向的规定和性质，而且也以'意味

---

① 《嵇康集》，《鲁迅全集》第九卷，人民文学出版社1973年版，第80、77—78页。

着什么'所追问的规定为其题中之义。"① 现实地看，人类对自然之声的理解无法与人之情完全分离，当所谓的自然之声进入人类世界当中，便已经成为取得人化形态的对象物，这其中一开始便有人类情感意愿的加入。而且嵇康所说的"声"不仅仅是指物理学意义上的声音，更多是指作为艺术形式的音乐。音乐之所以为音乐就在于他表达了人类情感，是人类情感的载体，剥离了情感也就无法再称之为音乐了。嵇康对"声"与"哀乐"之间的关系的评价，固然注意到了"哀乐"并非"声"自身所固有，却夸大了两者之间的对立，忽略了两者之间的联系。

以"声无哀乐"思想为基础，嵇康又提出了他的"言不尽意"说，嵇康指出：

> 请问圣人卒入胡域，当知其所言不乎？难者必曰：知之。知之之理，何以明之？愿借子之难一立鉴识之域焉。或当与观接，识其言邪？将吹律鸣管，校其音邪？观气采色，知其心邪？此为知心，自由气色；虽自不言，犹将知之。知之之道，可不待言也。若吹律校音，以知其心。假令心志于马，而误言鹿。察者故当由鹿以知马也。此为心不系于所言，言或不足以证心也。若当关接而知言，此为孺子学言于师，然后知之。则何贵于聪明哉。夫言非自然一定之物，五方殊俗，同事异号，趣举一名，以为标识耳。②

在嵇康看来，语言是"非自然一定之物"，不仅"声"与"哀乐"之间没有必然的对应关系，"言"与"心（意）"之间也没有必然的对应关系。嵇康认为人们无法通过语言去"知心"，而只能通过"观气采色"的方法。嵇康的此种评价显然割裂了"言"与"意"之间的联系，正如康中乾教授所说的那样："嵇康要通过其'言不尽意'的论述，以把握独立人格和精神自由的境界。"③ 不过嵇康所追求的高远境界远离现实世界。嵇康认为人们无法通过哀乐之情把握太和之声，无法通过语言把握对象之"心"，无法在自己现实的生存过程当中把握这个世界存在的本真

---

① 杨国荣：《存在之维——后形而上学时代的形上学》，人民出版社 2005 年版，第 69 页。
② 《嵇康集》，《鲁迅全集》第九卷，人民文学出版社 1973 年版，第 78—79 页。
③ 康中乾：《有无之辨——魏晋玄学本体思想再解读》，人民出版社 2003 年版，第 411 页。

形态，嵇康几乎将人类一切现实的存在形态都统统否定。正如余敦康教授所说的那样："嵇康认为，只有'息末'才能'崇本'，应该'越名教而任自然'，否定自我的哀乐之情去聆听太和之声。嵇康的这种主张，事实上无法做到，逻辑上也难以讲通。"①

"声"之中并无"哀乐"，"言"并不对应一定之"意"，嵇康以理想自然否定现实世界，最终也取消了事物之间各种确定的对应关系，可以说嵇康将"本"与"末"之间的对立推到了极致。与此相对，在言意之辨当中，王弼指出了语言作为把握对象的工具所具有的作用是有限度的，但是王弼也肯定了在人们对对象的认识当中，无法抛弃语言这种工具。王弼批判了人们对语言这种工具的过度执著，而忽视了这个世界本身。王弼进而要求人们超越作为工具的语言，去把握这个世界存在的本真形态。嵇康认为"言"不能"证心"，也是指出了语言所具有的这种局限性。不过，嵇康就此将"言"与"意"对立起来，王弼则肯定了语言在知行活动当中的作用。王弼不仅要求"得意忘象，得象忘言"，同时也认为"尽意莫若象，尽象莫若言"。王弼指出了语言所具有的"分"和"定"的作用，"分"和"定"意味着对世界的整体进行一种分割。这种分割使对象不再作为整体出现，却使语言和对象之间产生了确定的对应关系，使人类能够实现对对象的具体把握。事实上，在人类现实的生存过程当中，人类作为一种有限的存在，其所把握的也只是对象的有限方面，语言这种工具使主体与对象之间的具体统一得以实现。王弼这种对语言的肯定就是对人类现实生存过程的肯定，而不是以理想的自然否定人类的现实生存过程，不是将人类的追求仅仅指向遥远不可知的理想世界。对人类现实生存的关注和思考，所展现的正是一种理性的精神。

嵇康在对现实世界的强烈否定之中，最终将心灵寄托于神秘之境。相比王弼，嵇康对现世秩序的关注更加少了，他对超越自然的追求显得更加强烈，更加超脱玄远。王弼玄学思想当中理性化的普遍自然原则在嵇康的思想当中已经逐渐演变为一种超越现实世界的自然仙境，这使得他的玄学思想有了更多接近道教的内容，有了更多神秘主义的成分。嵇康曾说道：

遥忘山上松，隆谷郁青葱。自遇一何高，独立迥无丛。愿想游其

---

① 余敦康：《魏晋玄学史》，北京大学出版社2004年版，第321页。

下,蹊路绝不通。王乔弃我去,乘云驾六龙。飘飘戏玄圃,黄老路相逢。授我自然道,旷若发童蒙。采药钟山隅,服食改姿容。蝉蜕弃秽累,结交家梧桐。临殁奏《九韶》,雅歌何邕邕!长于俗人别,谁能睹其踪?①

在这里,嵇康所描述的黄老授自然之道的地方是一个神仙乘云驾龙的仙境,是一个超越尘世的彼岸世界,嵇康对超越的自然之境的追求就是对这种超越仙境的追求。而且在嵇康看来,这样的彼岸世界并非虚幻的文学描述,而是一种必然存在的理想之境。嵇康指出:

> 夫神仙虽不目见,然记籍所载,前史所传,较而论之,其有必矣。似特受异气,禀之自然,非积学所能致也。②

在这里,嵇康以"记籍所载,前史所传"作为神仙存在的证据,这显然有别于他在"推类辨物"当中要求"先求自然之理"而反对"多恃前言以为谈"的观点,表现出了理性精神的缺失。嵇康好饮酒,饮酒让情感得以释放,也让他对这种虚幻的境界多了几分真实的感受。这种对彼岸世界的追求,不仅仅是无奈的逃避,更是对现实社会的不满与痛恨。对理想世界的期望正是建立在对现实世界的失望之上,对现实的批判正是建立在理想的高标准之上。嵇康对仙境的追求所展示的不是老庄的平静与逍遥,而是冲突对立当中的紧张情绪。嵇康认为这种超越之境也非"积学所能致",似乎又加剧了理想与现实之间的冲突。刘勰曾说"嵇康师心以遣论,阮籍使气以命诗"③,认为嵇康相比之下更擅长于说理分析。嵇康的著作的确也以"论"为主,而且嵇康对仙境的向往与底层民众所表现出的非理性的宗教狂热仍然是有着较大的距离的,但是相比于王弼玄学思想所表现出来的理性精神,我们可以说嵇康的玄学思想已经偏离了玄学理性思考的主流,对神秘的超越之境有了更多的追求。

嵇康的一生是追求自由的一生,对于理想的追求他过于执着,对于现实的批判他过于认真。他向往一个任自然的世界,但是却不能为这个理想

---

① 《嵇康集》,《鲁迅全集》第九卷,人民文学出版社 1973 年版,第 26 页。
② 同上书,第 53—54 页。
③ 《文心雕龙·才略》。

的世界奠定现实的基础，这只能使他的追求成为一种虚幻。总体而言，不同于何晏、王弼以及郭象等人寻求天道与人道的统一，嵇康"越名教而任自然"的思想走向了天道与人道的分离。嵇康对名教的批判的确指出了名教的弊端，却使得他招致当权者的迫害。嵇康无法合理说明名教规范现实存在的必要性，也使得他最终不能成为玄学发展当中的主流。

第四节　王弼本体思想在玄学普遍性追求中的地位

　　千百年来，魏晋玄学以其超脱玄远为中国的文人学者所推崇。玄学本身涵盖了一个较大的范围，不同人物的玄学思想表现出了不同的甚至相反的理论特性。不同的思想展示了对时代变迁的不同感受，但都是对历史发展的真实反映，只有将它们视作发展变化的统一整体才能对玄学作出更为全面的解读。在这统一的整体当中，王弼本体思想的理论特质也将得到更为全面的展现。

　　在大一统的汉代，儒学获得了独尊的地位。在严密的封建统治秩序当中，儒学却逐渐走向了僵化，演化成了纠缠文字注疏的经学。以董仲舒"天人感应"的神学目的论为主干的汉代经学夹杂了大量的巫术迷信的内容，各种自然与社会现象成为天意的神秘体现。但在"天人感应"当中，"天"并非人们追求的目标，"天"只是为论证现实人类社会各种活动的合理性而存在。君主受命于"天"，王道纲常成为天命的完美展现，"天"已经赋予了这套统治秩序神圣性权威性，人们所崇拜的实际上是作为天命代言人的君主及其背后的权力。汉代经学的追求是世俗性的，是对封建统治秩序内功名道义的追求支撑起了汉代士人的精神世界，士人们缺少追求超越的、永恒的、普遍的存在的热情，在对经典的注释中缺少了抽象思辨的兴趣。现实的满足让追求超越存在缺少了必要，需要的是对具体的名教规范进行完善。经学拘泥于烦琐的文字注疏，执著于此的章句小儒已经无力冲破束缚。汉代的社会文明达到了空前的繁荣，社会秩序不断完善规范，但相伴随的是思想生命的逐渐衰亡。

　　随着汉代政治统治的腐化堕落，君权孝道的神圣性权威性在逐步地丧失，真诚逐渐沦为形式。在森严的统治秩序内，名教还可以维持其作为规范的约束力。在汉末的农民起义与群雄争霸当中，王权旁落，社会秩序崩溃，名教受到怀疑挑战，这种强制的约束力也丧失了。同时丧失的还有名教对士人精神世界的保护，面对着名教的失落，士人难免感到迷茫与困惑。因此，重新树立名教的权威，为名教规范构建理论上的根据，成为魏晋士人必须面对的理论任务。士人为名教设定的根据便是自然，这在理论上所得到的成果便是魏晋玄学。

　　魏晋之际，最早提出一些玄学基本命题的是以何晏、夏侯玄为代表的正始名士。何晏的玄学思想典型地表现出一种普遍性的追求，他将思想的追求指向了这个世界普遍性的一面。何晏认为"善有元，事有会"①，人们可以从多样的事物当中抽取出统一性的内容。对于这个世界存在的终极根据和普遍基础，何晏将其设定为"无所有"，"无所有"是这个世界的共同本质。所谓"无所有"既可以认为是对宇宙生成思想当中天地形成以前所有生成阶段的抽象简化，也可以视作是对各种特定规定性的否定，其目的都在于达到一种普遍性的视域。对于社会生活，何晏强调了普遍的自然原则的作用，如"仁者乐如山之安固，自然不动，而万物生焉"，"言任官得其人，故无为而治也"。② 何晏的思想初露玄学端倪，代表了魏晋士人寻求这个世界统一性原理的初步尝试。然而，作为这个世界存在的终极根据和普遍基础，何晏的"无所有"仍存在诸多不足，这首先表现为与具体存在的疏离。何晏试图以两汉常见的同类相感的方法去说明本体之"无所有"与具体之"有所有"之间的关系，并最终论证"无所有"内在于"有所有"之中。同类相感使得"无所有"与"有所有"之间具有类的一致性，这种一致性使得"无所有"对"有所有"的支配得以实现。然而所谓的同类相感所指向的是不同个体之间的相感，其理论前提是相感双方的外在分离，"无所有"与"有所有"的相感反而说明了"无所有"外在于"有所有"。形上本体与具体存在之间的关系所指向的是事物的共性与事物的个性，而同类相感的方法将这种共性与个性之间的关系置换为个体与个体之间的关系，在理论上最终未能实现普遍原理与具体存在的统一。这样一种普遍原理显然还是不能令人满意的，"无所有"似乎统摄万物，最终却是远离现实世界。何晏试图达到形上本体与具体存在之间的统一，最终却未能成功，这种理论上的不足也有待何晏之后的玄学名士去发展推进。

---

　① 《论语集解义疏》，何晏集解，皇侃义疏，中华书局1970年版，第214页。
　② 同上书，第79、215页。

第六章　普遍性追求的历史演变

以王弼、郭象为代表的玄学巨擘正是继承发展了这种普遍性的追求，既为这个世界的存在寻求本体论上的依据，也为名教规范的设立寻求普遍的原则。同时，在解决形上本体与具体存在之间的关系问题时，王弼与郭象也取得了更多的理论成果。王弼在《老子指略》里指出："故古今通，终使同；执古可以御今，证今可以知古始；此所谓'常'者也。"① 在《周易略例》里指出："夫古今虽殊，军国异容，中之为用，故未可远也。品制万变，宗主存焉；象之所尚，斯为盛矣。"② 在这里，王弼所要追求的是那种古今不变的常道，是万变世界之宗主。在对普遍原理的追求当中，王弼对事物的变化过程的关注减少了，王弼所着眼的是历史进程背后一直起支配作用的永恒法则。具体而言，王弼所追求的普遍原理既包括作为这个世界存在的终极根据与普遍基础的本体之"无"，也包括作为名教规范运行法则的自然原则。相比于王弼，郭象对个体的关注增多了，对普遍原理的追求减少了，可是这与完全着眼于经验世界仍然是有一定距离的。郭象所期望的是从个体个性的角度入手为这个世界为名教规范设立一般的必然法则，对个性原则的遵从在某种程度上获得了普遍的意义，普遍的原则已经内化为个体的本性。个体的本性是个体存在的根据，任何事物都应从自身而非外物去寻找自己的存在法则。个体之间的本性虽然各不相同，但对个体本性的遵从却是相同的。同时，郭象的相因之说也寻求个体之间的普遍联系，只要实现个体自身的本性，就能实现个体之间的普遍联系，就能创造出整体的和谐。

不同于何晏，王弼、郭象所追求的普遍原理并没有远离现实的世界，这最主要表现在对自然与名教之间关系问题的解决上。名教规范作为一套具体的规则系统，其设立和运行离不开普遍原理的指导，王弼和郭象正是以普遍的自然原则完成了对具体的名教规范的解释。王弼认为："圣人达自然之性，畅万物之情，故因而不为，顺而不施。除其所以迷，去其所以惑，故心不乱而物性自得之也。""道以无形无为成济万物，故从事于道者以无为为君，不言为教，绵绵若存，而物得其真。与道同体，故曰同于道。"③ 既然道以自然无为的法则成就万物，那么君主治国设教也应当以自然无为的法则成就天下。在王弼看来，自然原则是万事万物的运行都必

---

① （魏）王弼：《王弼集校释》，楼宇烈校释，中华书局1980年版，第195页。
② 同上书，第591页。
③ 同上书，第77、58页。

须遵从的规律，那么名教规范的设立和运行应当遵从自然原则也就是其题中应有之义了。以必然的自然原则为基础，名教的存在获得了合法性，这样王弼就为在魏晋时期饱受质疑的名教规范重新树立起了地位，这就是王弼的"名教本于自然"的思想。郭象要求遵从个体的自然本性，对于个体的自然本性，郭象一方面认为"物各自造而无所待焉"①，每一个个体的自然本性都是自足完满的，另一方面又以所"遇"为"命"，认为一切现实的存在都是个体自足的自然本性的一种展现，人们都无法回避。因此，现实存在的名教规范也合乎个体的自然本性，是对个体合理的必然的要求。人们遵从名教规范，就是遵从自身的自然本性，这就是郭象的"名教即自然"思想。在王弼和郭象这里，自然与名教并非两套相对立的系统，两者之间有着内在的一致性。自然与名教之间的统一既为破碎零散的形式规则找到了共同的基础和统一的标准，也通过名教规范使自然原则得到了具体的展现，避免了他们所追求的自然原则成为理论上的空洞之物。王弼、郭象沟通自然与名教可以说都在一定程度上实现了普遍原理与具体存在之间的统一，虽然王弼与郭象的思想当中统一普遍原理与具体存在的努力远不止这一处，但从魏晋之际的社会现实来看，自然与名教的统一是普遍原理与具体存在之间统一问题的典型。

在推进普遍原理与具体存在之间的统一当中，我们可以说王弼与郭象都取得了骄人的理论成果。不过对王弼思想与郭象思想展开比较，我们可以发现，同样是寻求普遍原理与具体存在的统一，王弼更多地偏重于普遍性的追求，而郭象更多地侧重于个体性的落实。王弼与郭象通过自然原则展开对名教规范的解释，可是王弼的自然原则以本体之"无"为理论基础，郭象的自然原则以个体之"有"为理论基础。在王弼看来，任何有形有象之物都无法成为这个世界终极根据和普遍基础，因为有形有象也就意味着有所限，有所偏。王弼认为："无形无名者，万物之宗也。"② 只有无形无名之"无"才能成为这个世界存在的终极根据和普遍基础，本体之"无"因为不受任何特定规定性的限制，获得了普遍适用于万事万物的效力。只有依赖于本体之"无"，万事万物才能得以生成和发展。就本体之"无"自身而言，其运行的法则在于自然无为。既然本体之"无"

---

① 《南华真经注疏》，（晋）郭象注，（唐）成玄英疏，中华书局1998年版，第57页。
② （魏）王弼：《王弼集校释》，楼宇烈校释，中华书局1980年版，第32页。

支配着这个世界所有的存在物，那么自然原则同样适用于这个世界所有的存在物。正是以自然原则的普遍性为基础，王弼提出了名教规范的设立和运行必须遵从于普遍的自然原则。可以说王弼的理论追求从一开始就是要摆脱特殊性的限制，指向普遍性的视域，"无"和"自然"只是两个不同的切入点。而且在这种普遍性的追求当中，王弼并未疏离具体的存在。与王弼相对，郭象从一开始就否定普遍之"无"的存在。郭象认为："无则无矣，则不能生有。"① 具体之"有"并不是由本体之"无"创生而来。同时，郭象也否认"有"可以生"有"。可以说郭象根本就否认任何形式的形上本体的存在，否认事物的存在和发展有终极的根据和普遍的基础。最终，郭象将事物存在的根据归结于个体自身。郭象认为："然则生生者谁哉？块然而自生耳。"② 个体在一种神秘的状态当中块然而独化。因此，任何对这个世界的进一步说明都无法与个体相分离。再具体而言，个体的自生独化所依赖的是个体自身的自然本性。在郭象看来，个体之"性"是各有所"分"，个体本性所指向的是个体的特有之"性"，而不是什么个体之间的共同本质。郭象所说的个体的自然本性正是突出了个体个性的特殊性，并进而展开了对名教规范的解释。当郭象认为个体必然遵从自身的自然本性时，我们可以说个体的自然本性在某种程度上获得了必然法则和普遍原理的地位。但是当这种个体的自然本性指向个体的特有之"性"时，其所具有的普遍性难免还是有限的。通过对两人的比较，我们不得不说，郭象思想当中对普遍性的追求相比于王弼已经在逐渐衰落了。

　　汉末魏晋南北朝时期，我国社会处于频繁的动荡与战乱之中，各种力量不断地分化与整合。这是一个充满剧烈冲突与对立的时代，社会生活中是地主与农民、士族与庶族、中央政权与地方强权之间激烈的斗争，反映在思想文化上就是名教与自然、有与无、本与末的二元对立。一方面，在动荡战乱当中，原先严密完整的社会秩序趋于解体崩溃，大一统的局面不复存在，名教规范的效力失去了现实的基础。面对破碎零乱的现实世界，人们追求普遍；面对剧烈无常的时代变迁，不安的人们期待永恒。另一方面，群雄不仅仅是破坏同样也是建设的力量。曹操统一北方，在北方建立了一个相对稳定的政权，西晋政权的建立则完成了全国短暂的统一。魏晋

---

① 《南华真经注疏》，（晋）郭象注，（唐）成玄英疏，中华书局1998年版，第26页。
② 同上书，第26页。

之际，整个社会进入一个相对平稳的状态。在安定的社会环境当中，人们对稳定的社会秩序的需求增加了，人们更多地希望去肯定而非批判和否定现实的存在。通过以上说明，我们便不难理解魏晋玄学一方面表现出了强烈的对普遍性的追求，另一方面又努力实现理想追求与现实世界、普遍原理与具体存在之间的沟通。玄学正是产生于曹魏政权建立稳固之后，表现出了试图摆脱迷茫与混乱的努力。面对虚伪化形式化的名教规范，士人必须予以改变。士人既要为名教树立超越的根据，又要避免在贫苦民众的理想追求当中那种对现实社会秩序的过度否定。

基于此种历史背景，王弼本体思想在魏晋之际的普遍性追寻当中的地位就得到了更好的展现。一方面，魏晋玄学首先典型地表现出对普遍性的追求，这种对普遍性的追求最主要表现为对普遍的自然原则的追求，何晏、王弼、郭象、嵇康等人无不如此。另一方面，在寻求普遍原理与具体存在的统一时，王弼相比其他士人可以说达到了最高的理论成果。何晏所追求的最高根据"无所有"疏离于具体存在，郭象在对自然原则的追求当中偏向了对个体作用和地位的关注。在对普遍原理与具体存在的沟通和协调当中，王弼对对立双方都做了很好的说明。在"有"与"无"的关系当中，王弼一方面认为本体之"无"是这个世界的终结根据和普遍基础，是万事万物存在和发展的依据，另一方面又认为本体之"无"必须要通过具体之"有"才能现实地展现自身，人们必须通过具体之"有"去体认把握本体之"无"。在自然与名教的关系当中，王弼一方面认为自然原则是这个世界的运行所必然遵从的普遍法则，名教规范的设立和运行必须以普遍的自然原则为基础，另一方面通过对名教规范的肯定，使自然原则得到了现实的具体的落实，并让在魏晋之际饱受质疑的名教制度重新树立起了权威，使得理论的追求对现实存在有了更多的关注。在"性"与"情"的关系当中，王弼一方面要求"性其情"，认为必须要以普遍之"性"统摄多变之"情"，人类的自我成就过程必须以普遍的人性为基础，另一方认为"圣人有情"，认为在人类现实的生存过程当中必然有情感欲望的发生，在普遍人性的引导下，人类即使表现出喜怒哀乐等情感也是合理的。在"言"与"意"的关系问题上，王弼一方面要求"得象忘言，得意忘象"，认为人类对对象世界的认识和把握不能停留于作为工具的文字，必须超越语言文字的束缚，另一方面认为"尽意莫若象，尽象莫若言"，认为人类现实的知行活动无法离开作为工具的文字，人类对语言文字的超越是建立在肯定语言文字现实作用的基础之上的超越。王弼对对立双方都作出了足够的关注和说明，这使得王弼的本体思想在寻求普遍原理与具体存在的统一时取得了更多的理论成果，这些都展现了王弼本体思想"崇本举末"的理论特质。这种思想成就既让王弼成为魏晋之际的学术巨子，也让王弼为后世学者所尊崇。

从这种沟通普遍原理与具体存在的视野出发，嵇康为社会和时代所不容也就能得到更好的理解了。嵇康要求"越名教而任自然"，在嵇康看来，对普遍自然原则的追求必须建立在对名教规范的否定之上。这种将理想的自然原则与现实的名教规范视作不可调和的对立双方，显然已经偏离了魏晋玄学寻求沟通普遍原理与具体存在以及沟通自然与名教的主流，最终使得理想的自然追求缺少了现实的展现。士人寻求自然与名教之间的统一并不是士人毫无缘由的自由创造，从根本上说是源自时代和社会的现实需要。魏晋之际的政治统治缺少坚定的社会根基，当权者对于挑战现存社会秩序的行为异常敏感。当嵇康公开否定名教的合理性时，自然是要遭到当权者的迫害的。固然嵇康与所有士人一样，追求普遍的自然原则，但在自然原则的引导下，嵇康并没有对名教的作用和地位作出合理说明，这不得不说是嵇康思想的内在的理论缺陷。

参考文献

一　基本文献

（晋）陈寿：《三国志·魏书》，（宋）裴松之注，中华书局1959年版。

（唐）房玄龄等：《晋书》，中华书局1974年版。

黄晖：《论衡校释》，中华书局1990年版。

《嵇康集》，《鲁迅全集》第九卷，人民文学出版社1973年版。

《论语集解义疏》，（曹魏）何晏集解，（南朝梁）皇侃义疏，中华书局1970年版。

《南华真经注疏》，（晋）郭象注，（唐）成玄英疏，中华书局1998年版。

（魏）阮籍：《阮籍集校注》，陈伯君校注，中华书局1987年版。

（魏）王弼：《王弼集校释》，楼宇烈校释，中华书局1980年版。

（汉）许慎：《说文解字》，中华书局1963年版。

《周易·系辞》，（魏）王弼《王弼集校释》，楼宇烈校释，中华书局1980年版。

二　参考专著

（一）

《陈寅恪魏晋南北朝史讲演录》，万绳楠整理，贵州人民出版社2007年版。

高龄芬：《王弼与郭象玄学方法之研究》，台北花木兰文化出版社2008年版。

韩强：《王弼与中国文化》，贵州人民出版社2001年版。

何善蒙：《魏晋情论》，光明日报出版社2007年版。

贺昌群：《魏晋清谈思想初论》，《贺昌群文集》第二卷，商务印书馆2003年版。

胡海：《王弼玄学的人文智慧》，人民出版社2007年版。

康中乾：《有无之辨——魏晋玄学本体思想再解读》，人民出版社2003年版。

罗宗强：《玄学与魏晋士人心态》，天津教育出版社2005年版。

牟宗三：《才性与玄理》，广西师范大学出版社2006年版。

容肇祖：《魏晋的自然主义》，东方出版社1996年版。

汤一介：《郭象与魏晋玄学》，湖北人民出版社1983年版。

汤用彤：《魏晋玄学论稿》，上海古籍出版社2005年版。

田永胜：《王弼思想与诠释文本》，光明日报出版社2003年版。

［德］瓦格纳：《王弼〈老子注〉研究》，杨立华译，江苏人民出版社2008年版。

王葆玹：《正始玄学》，齐鲁书社1987年版。

王江松：《郭象个体主义哲学的现代阐释》，中国社会科学出版社2008年版。

王启涛：《魏晋南北朝语言学史论考》，巴蜀书社2001年版。

王晓毅：《郭象评传》，南京大学出版社2006年版。

王晓毅：《儒释道与魏晋玄学形成》，中华书局2003年版。

王晓毅：《王弼评传》，南京大学出版社1996年版。

许建良：《魏晋玄学伦理思想研究》，人民出版社2003年版。

［韩］尹锡珉：《王弼易学解经体例探源》，巴蜀书社2006年版。

余敦康：《何晏王弼玄学新探》，齐鲁书社1991年版。

余敦康：《魏晋玄学史》，北京大学出版社2004年版。

曾春海：《嵇康的精神世界》，中州古籍出版社2009年版。

（二）

陈鼓应：《老庄新论》，上海古籍出版社1992年版。

［美］陈汉生：《中国古代的语言和逻辑》，周云之、张清宇、崔清田等译，社会科学文献出版社1998年版。

陈锐：《社会科学的理论与方法》，人民出版社2010年版。

陈锐：《思想与生存》，中国社会科学出版社2004年版。

方克立、冯契、汤一介等：《中国哲学范畴集》，人民出版社1985

年版。

冯友兰：《中国哲学史新编》，人民出版社 1998 年版。

傅有德、［美］斯图沃德、［美］克拉克编：《跨宗教对话：中国与西方》，中国社会科学出版社 2004 年版。

［美］鲁惟一：《汉代的信仰、神话和理性》，王浩译，北京大学出版社 2009 年版。

马小虎：《魏晋以前个体"自我"的演变》，中国人民大学出版社 2004 年版。

马一浮：《马一浮集》，浙江古籍出版社 1996 年版。

庞朴主编：《中国儒学》，东方出版中心 1997 年版。

徐复观：《两汉思想史》，华东师范大学出版社 2001 年版。

徐复观：《中国人性论史》，《徐复观文集》第三卷，湖北人民出版社 2002 年版。

杨国荣：《成己与成物——意义世界的生成》，人民出版社 2010 年版。

杨国荣：《存在之维——后形而上学时代的形上学》，人民出版社 2005 年版。

杨国荣：《善的历程——儒家价值体系的历史衍化》，上海人民出版社 1994 年版。

余治平：《唯天为大——建基于信念本体的董仲舒哲学研究》，商务印书馆 2003 年版。

俞宣孟：《本体论研究》，上海人民出版社 2005 年版。

张岱年：《中国哲学大纲》，江苏教育出版社 2005 年版。

赵敦华：《西方哲学简史》，北京大学出版社 2001 年版。

周山：《解读周易》，上海书店出版社 2002 年版。

周山主编：《中国学术思潮史纲》，上海社会科学院出版社 2008 年版。

朱晓鹏：《道家哲学精神及其价值境域》，中国社会科学出版社 2007 年版。

朱晓鹏：《智者的沉思——老子哲学思想研究》，杭州大学出版社 1999 年版。

（三）

［法］笛卡尔：《第一哲学沉思集——反驳和答辩》，庞景仁译，商务

印书馆 1986 年版。

［德］H. 赖欣巴哈：《科学哲学的兴起》，伯尼译，商务印书馆 2004 年版。

［德］海德格尔：《在通向语言的途中》，孙周兴译，商务印书馆 2004 年版。

［德］黑格尔：《精神现象学》，贺麟、王玖兴译，商务印书馆 1979 年版。

［德］黑格尔：《历史哲学》，王造时译，上海书店出版社 2001 年版。

［德］黑格尔：《小逻辑》，贺麟译，商务印书馆 1980 年版。

［德］黑格尔：《哲学史讲演录》，贺麟、王太庆译，商务印书馆 1959 年版。

［德］康德：《纯粹理性批判》，邓晓芒译，杨祖陶校，人民出版社 2004 年版。

［德］马克斯·韦伯：《学术与政治》，钱永祥等译，广西师范大学出版社 2004 年版。

［英］伊萨克·牛顿：《自然哲学之数学原理·宇宙体系》，王克迪译，袁江洋校，武汉出版社 1992 年版。

［美］R. 卡尔纳普：《科学哲学导论》，张华夏、李平译，中国人民大学出版社 2007 年版。

［英］史蒂芬·霍金：《果壳中的宇宙》，吴忠超译，湖南科学技术出版社 2002 年版。

［英］史蒂芬·霍金：《时间简史——从大爆炸到黑洞》，许明贤、吴忠超译，湖南科学技术出版社 2006 年版。

［美］梭罗：《瓦尔登湖》，潘庆舲译，上海社会科学院出版社 2007 年版。

［奥］维特根斯坦：《逻辑哲学论》，郭英译，商务印书馆 1985 年版。

许良英、范岱年编译：《爱因斯坦文集》，商务印书馆 1976 年版。

［比］伊·普里戈金、［法］伊·斯唐热：《从混沌到有序——人与自然的新对话》，曾庆宏、沈小峰译，上海译文出版社 1987 年版。

［德］于尔根·奈佛：《爱因斯坦传》，马怀琪、陈琦译，中央编译出版社 2008 年版。

周中之选编：《趋赴真理——黑格尔如是说》，上海文艺出版社 1996 年版。

三　参考论文

（一）

冯达文：《王弼哲学的本体论特征》，《中山大学学报》（社会科学版）1999 年第 6 期。

冯友兰：《魏晋玄学贵无论关于有无的理论》，《北京大学学报》（哲学社会科学版）1986 年第 1 期。

李晓春：《王弼"体用论"述真》，《兰州大学学报》（社会科学版）2010 年第 4 期。

［韩］林采佑：《略谈王弼体用范畴之原义——"有体无用"之"用体论"》，《哲学研究》1996 年第 11 期。

沈艳华、任国升：《王弼"崇本息末"思想探微》，《河北大学学报》（哲学社会科学版）2010 年第 2 期。

杨国荣，《论魏晋价值观的重建》，《学术月刊》1993 年第 1 期。

（二）

陈嘉映：《普遍性：同与通》，《中国文化》2010 年第 1 期。

韩星：《秦汉政治文化整合中儒学思想的变异》，《孔子研究》2006 年第 5 期。

杨国荣：《道德的形上内蕴》，《华东师范大学学报》（哲学社会科学版）2001 年第 5 期。

赵法生：《孔子的天命观与超越形态》，《清华大学学报》（哲学社会科学版）2011 年第 6 期。

后　　记

　　本书是对我的博士学位论文进一步修改和完善的成果。现在有幸出版，回首往事，仍然不免感慨！作为中国哲学专业研究生的六年多时间，紧张而又充实，带给我的既是知识的收获，更是人生的成长，为我指明了人生道路的方向。

　　再回首，我首先要感谢我的博士生导师杨国荣教授。很庆幸能在杨老师门下求学。杨老师是谦谦君子，治学严谨，本书的基本思路是在课堂上与杨老师的讨论中形成的，本书的写作是在杨老师的悉心指导下完成的，杨老师的谆谆教诲让我受益终生。

　　还要感谢的是我的硕士生导师朱晓鹏教授。是朱老师带我走进了中国传统文化的大门，我的学术道路从此启航。朱老师像魏晋名士，好老庄、法自然，我也深受感染，从那时起就选择王弼作为一生的研究对象。更忘不了一直以来朱老师对我的关心和照顾。

　　更要感谢多年来陪伴、我鼓励我的诸位师友。"相濡以沫，不如相忘于江湖"，这里便不再一一列出你们的名字，但你们的帮助千里时时感念于心。

　　2013年入职于浙江农林大学，从此以后我多了一个老师的身份，多了一份教书育人的责任。彷徨之中，在领导和同事的帮助下，我一路努力前行，自认尚属勤奋，自觉长进不大，本书的出版也算是对自己的督促。

　　本书能顺利出版还要感谢本书的责任编辑伊岚老师。与伊老师的交流心情舒畅，伊老师的工作也细心细致，虽未曾谋面，我也断定她是一个阳光明媚、和风细雨的人。

　　本书的写作得到了教育部"博士研究生学术新人奖"的资助，本书的出版得到了浙江农林大学人才启动项目的资助，在此特别致谢。

洪千里

2019年12月31日